Hegel
et le principe d'effectuation

Ouverture philosophique

Collection dirigée par Aline Caillet, Dominique Chateau, Jean-Marc Lachaud et Bruno Péquignot

Une collection d'ouvrages qui se propose d'accueillir des travaux originaux sans exclusive d'écoles ou de thématiques.

Il s'agit de favoriser la confrontation de recherches et des réflexions, qu'elles soient le fait de philosophes « professionnels » ou non. On n'y confondra donc pas la philosophie avec une discipline académique ; elle est réputée être le fait de tous ceux qu'habite la passion de penser, qu'ils soient professeurs de philosophie, spécialistes des sciences humaines, sociales ou naturelles, ou… polisseurs de verres de lunettes astronomiques.

Dernières parutions

Michel J.F. DUBOIS, *La métaphore et l'improbable. Émergence de l'esprit post-scientifique ?*, 2015.
Ado-Dieumerci BONYANGA, *Émancipation et révolution biologique selon Habermas*, 2015.
Olivier LAHBIB, *Phénoménisme et empiriocriticisme*, 2015.
Camille LACAU ST GUILY, *Henri Bergson en Espagne. Une histoire contrariée (1875-1930)*, 2015.
Guylain BERNIER, *La Vidéo de soi sur Internet : rendre visible sa différence. Au-delà de la technologie, les fondements sociaux*, 2015.
Jean PIWNICA, *Le temps des philosophes*, 2015.
Robert PUJADE, *Fantastique et Photographie, Essai sur les limites de la représentation photographique*, 2015.
Nassim EL KABLI, *La Rupture. Philosophie d'une expérience ordinaire*, 2015.
Laurent CHERLONNEIX, *De la volonté de vérité à la Mort de dieu*, 2015.
Paul DUBOUCHET, *De Georg Wilhem Friedrich Hegel à René Girard. Violence du droit, religion et science*, 2015.
Oscar BRENIFIER, *Apologie de la métaphysique. Ou l'art de la conversion*, 2015.
Reza ROKOEE, *L'attitude phénoménologique comparée, de Husserl à Avicenne*, 2015.
François BESSET, *L'âme de la guerre. Petite métaphysique de la Nation*, 2015.
Philippe FLEURY, *Hegel et l'école de Francfort*, 2015.
Pierre ZIADE, Généalogie de la mondialisation, analyse de la crise identitaire actuelle, 2015.
Hamdi NABLI, *Foucault et Baudrillard : la fin du pouvoir*, 2015.
Richard GROULX, *Michel Foucault, la politique comme guerre continuée. De la guerre des races au racisme d'État*, 2015.

Hamdou Rabby Sy

Hegel
et le principe d'effectuation

La dialectique des figures de la conscience
dans *La Phénoménologie de l'esprit*

L'Harmattan

Du même auteur, chez L'Harmattan

Hegel et le procès d'effectuation. Des figures abstraites de la conscience aux figures de l'esprit, 2015.

5-7, rue de l'Ecole-Polytechnique, 75005 Paris

http://www.harmattan.fr
diffusion.harmattan@wanadoo.fr
harmattan1@wanadoo.fr

ISBN : 978-2-343-06681-3
EAN : 9782343066813

Introduction

S'interroger sur le procès phénoménologique de la conscience à partir de l'énonciation d'un principe d'effectuation est l'objectif que nous voulons poursuivre comme hypothèse. Cette réflexion a pour cadre la *Phénoménologie de l'esprit*, dont le contenu est l'exposé de la conscience dans son autodétermination, de la certitude sensible jusqu'au savoir absolu. Il ne peut s'agir, pour nous de procéder à une étude, ou à une élaboration d'un principe d'effectuation dans la philosophie de Hegel, encore moins dans la philosophie en général. Pourtant, cette ambition est souterraine à notre réflexion dans la mesure où il nous semble que l'effectuation en tant qu'« unité du mouvement en devenir » définit bien le procès du concept depuis l'introduction au Système de la science que constitue la *Phénoménologie de l'esprit* jusqu'aux *Principes de la philosophie du droit* en passant par la *Science de la logique* et l'*Encyclopédie des Sciences philosophiques*. Tels sont les quatre ouvrages fondamentaux qui sont « les piliers du système hegelien ». Une approche totalisante du système hegelien montrerait à travers le dynamisme constituant du concept le caractère fonctionnel de ce principe dans l'immanence dialectique de l'Idée comme « âme » du mouvement constitutif du philosopher hegelien.

Toutefois, pareille entreprise serait démesurée dans le cadre de cette réflexion. La difficulté et la complexité de l'hegelianisme étant d'une saisie ardue, il serait plus approprié de s'attacher à une réflexion plus modeste pour cerner les contours d'une partie qui joue à même la totalité. Cette partie que constitue la *Phénoménologie de l'esprit* jouant « une partition » assez éloquente et exemplaire de la totalité du Système au point que l'étudier pour elle-même est une entreprise qui requiert une attention rigoureuse et exigeante. Aussi, avons-nous choisi, la *Phénoménologie* pour mettre en évidence le principe constituant du mouvement phénoménologique de la conscience qui s'effectue à travers des figures dont chacune, révélatrice de l'inscription de l'esprit dans cet advenir à soi, n'accède à son effectivité que par une sursomption dynamique.

Dans la tradition philosophique, le principe se présente comme fondement, source, point de départ, comme c'est le cas chez Descartes et Leibniz. Ces deux philosophes ont élaboré une philosophie des principes qui constitue la spécificité de la pensée de leur époque. S'il nous semble important de souligner la différence entre le sens courant de la notion de principe dans la philosophie du XVIIème siècle principalement chez Descartes et Leibniz et son sens hegelien, c'est pour situer l'énonciation d'un principe qui, sans être proprement thématisé par Hegel est pourtant, inhérent à son mode de pensée.

Dans son sens philosophique, le principe offre un cadre fondateur d'où sont déductibles les pensées dans la mesure où elles découleraient des propositions fondamentales et fondatrices que sont donc les principes. Une réflexion sur les principes est une élaboration de ce à partir de quoi, quelque chose trouve son fondement et sa source première.

En revanche, pour le philosopher hegelien, le principe n'est pas défini en tant que proposition fondatrice qui ferait advenir quelque chose. Ce que nous voulons déterminer dans cette perspective, c'est *ce qui se meut* en tant que *cela* est mouvement de la conscience elle-même. Et la *Phénoménologie de l'esprit*, à travers le voyage conscientiel de l'esprit, révèle la nature de ce mouvement qui peut être appréhendé dans son procès en tant que principe d'effectuation des figures de la conscience comme abstractions de l'esprit.

Il s'agit de montrer l'élaboration sous-jacente de ce principe dans la réalisation transformante de l'esprit à travers le procès de la conscience. Celle-ci, dans la dialectique de conversion qui l'anime est riche d'un mouvement dont l'essence négative se manifeste sous la modalité de la dualité conscientielle. En soi, la conscience est porteuse d'un procès qui met en scène le devenir de l'esprit à travers une progression dont l'enjeu est la réduction de la dualité sujet/objet qui structure de façon dynamique son cheminement. Le chemin de la conscience est d'expérience ; d'où son extériorisation dans un procès que nous appelons le principe d'effectuation qui est aussi, pour l'intériorité qu'elle est, un procès de dépouillement et de négativité.

Dans la formulation de notre problématique et pour la clarté de la configuration de notre réflexion, il nous semble important de réfléchir sur l'architecture de l'œuvre pour rendre explicite l'histoire du cheminement de la conscience à travers ses grandes articulations. La structure de la *Phénoménologie* nous montre les grandes parties ou sections : Conscience, Autoconscience, Raison, Esprit, Religion, Savoir absolu. Telles sont les constellations apparentes de l'œuvre.

C'est ainsi que Pierre- Jean Labarrière, dans son étude rigoureuse et minutieuse portant sur l'articulation des « structures » et du « mouvement » de la *Phénoménologie de l'esprit*[1] a dégagé de façon précise deux totalisations partielles (l'esprit dans la conscience, l'esprit dans l'autoconscience) et « une unification » de ces deux réconciliations (le savoir absolu) qui commandent le procès de la conscience.

Le principe d'effectuation se définit alors comme le fil conducteur de cette « nécessité intérieure » qui constitue la cohérence logique et unitaire de l'œuvre, laquelle se manifeste à travers la connexion des figures qui, chacune, dans sa particularité, se déploie dans son principe jusqu'à sa sursomption dans la figure suivante.

La méthode d'investigation qui est à l'œuvre dans notre étude va épouser les contours de la démarche phénoménologique telle qu'elle prend en charge le procès des figures dans leur surgir-disparaître : l'Aufhebung comme mode de continuité sursumante des étapes qui constituent le cheminement de la conscience. Pour appréhender la réalité effective de la conscience dans son advenir, il convient de suivre le procès de son déroulement en séjournant de manière effective dans l'expérience qui est sienne.

Enoncer la « nécessité intérieure » du procès de concrétisation de la conscience sous le registre du principe d'effectuation, c'est se laisser porter par la logique de mutation et de conversion qui meut la conscience en transitant par les formes déterminées des figures et des effectivités, de la certitude sensible au savoir absolu, dans le but de parvenir à la Science.

C'est en ce sens que Hegel conjugue l'auto-devenir de la conscience avec l'automouvement du concept en les présentant sous la forme déterminée de la figure. Il en ressort que la figure assume sa phénoménalité en devenir et sa dimension logique qui l'apparente aux déterminations de l'Etre, qui, sous le signe du « passer »,

---

[1]Pierre-Jean Labarrière, *Structures et Mouvement dialectique dans la Phénoménologie de l'esprit*, Aubier, Paris, 1966. C'est dans cet ouvrage qu'il procède à une investigation minutieuse des « parallèles internes » de la *Phénoménologie de l'esprit* qui dégagent l'originalité de cette œuvre dans sa dimension unitaire comme mouvement et dans sa diversité « foisonnante » à travers ses structures. La lecture de cet ouvrage nous a toujours stimulés dans notre quête de l'intelligence de la *Phénoménologie de l'esprit*.

correspondent aux catégories logiques inscrites dans le procès du devenir. Le *devenir est une catégorie autant phénoménologique que logique*. Nous pouvons nous interroger sur la conversion logique des mutations des figures en convoquant le concept de devenir comme synthèse et vérité de la dialectique de l'être et du néant ; de même que la vérité de la certitude sensible n'est ni le sujet, ni l'objet, mais la relation qui les inscrit dans une unité constitutive, résultant de leur dualité fonctionnelle.

C'est pourquoi, une investigation au sujet de la *Phénoménologie de l'esprit* qui cherche à mettre en œuvre un principe constituant à l'aune de la logique, laquelle est le principe même d'intelligibilité du Système hegelien, ne peut faire l'économie de la circularité dialectique de la pensée de Hegel. Puisque l'esprit est toujours en mouvement, le principe de son dynamisme se révèle être dans son essence un procès d'effectuation et de configuration des figures dans leur progression phénoménologique.

Notre objectif est de prendre acte de cette énonciation problématique entre d'une part, une méthode qui est « la conscience à propos de la forme de son auto-mouvement intérieur»[2] et d'autre part son principe dont le sens est d'actualisation. Dans son principe et dans son mouvement, la conscience est auto-différenciation et procès de distinction qui s'élève à l'effectivité du savoir dont elle est porteuse après avoir parcouru tous les moments constitutifs de son parcours phénoménologique. C'est pourquoi, notre propos porte sur le **Principe d'effectuation de l'esprit dans sa conscience**. Comment se présente le principe d'effectuation au niveau de l'esprit dans sa conscience ? Cette configuation du principe d'effectuation se meut dans la sphère des figures qui s'inscrivent dans la dynamique de l'advenir de l'esprit sous la diction de la dualité conscientielle. Cette dynamique recouvre les trois premières sections de la *Phénoménologie de l'esprit* : Conscience, Autoconscience et Raison. Telles sont les trois parties autour desquelles s'articule et s'organise notre réflexion.

[2] *Science de la logique, l'Etre, op.cit*, p. 24.

A-LE PRINCIPE D'EFFECTUATION SOUS LE SIGNE DE LA CERTITUDE

I- L'universel en effectuation

Sous l'impulsion de la visée de l'immédiateté, notre réflexion va partir de la première configuration du principe d'effectuation à travers la figure de la certitude sensible, dont la structuration détermine l'enjeu de la certitude dans les trois figures de la Conscience : certitude sensible, perception et entendement. Le mode d'effectuation de ces figures est sous le signe de la certitude. Celle-ci constitue le dynamisme fonctionnel et structurant de la dialectique de la Conscience dans les trois moments qui rythment son fonctionnement.

Il est nécessaire de suivre le procès qui s'inaugure ici de façon native dans la manifestation de la certitude sensible, figure qui ouvre le procès d'effectuation, sous sa forme la plus élémentaire, la plus pauvre, la plus complexe et la plus abstraite. Pauvreté, complexité et abstraction qui expriment sa richesse de mouvement, par conséquent d'effectuation. C'est une figure exemplaire du procès qui s'engage en ce moment précis et décisif, dont l'économie propre annonce une règle de lecture fondamentale à l'aune de l'entreprise hegelienne.

Explorer la figure de la certitude sensible, c'est se confronter avec la nature dialectique au niveau élémentaire de cette première figure ; elle est sous la règle de l'immédiateté qui se révélera médiatisée. A ce propos Hegel écrit : « Le savoir qui d'abord ou immédiatement est notre ob-jet (...) est savoir immédiat, *savoir* de l'*immédiat* ou de [l'] *étant.* (...)[3]. » Hegel affiche toute l'ambition de la conscience phénoménale, à partir la certitude sensible qui va rythmer et structurer le procès du principe d'effectuation. C'est dans ce sens que Pierre-Jean Labarrière écrit : « Le dessein de la *Phénoménologie*, tel que l'exprime l'Introduction, consiste, nous l'avons vu, à mener la conscience depuis son état inculte jusqu'au savoir scientifique d'elle-même et de toutes choses [...][4] . » Cet « état inculte » analysé et décortiqué, nous permettra de voir en quoi, l'intelligence de cette figure est source de compréhension de l'enjeu de la visée de la

[3] *Phénoménologie de l'esprit*, p. 147.

[4] Pierre-Jean Labarrière, *Structures et mouvement dialectique, op.cit*, p. 73.

certitude dans les trois figures constitutives de la première figuration que représente la Conscience.

Qu'est-ce que la certitude sensible ? Elle se présente comme « la connaissance *la plus riche*, et même comme une connaissance d'une richesse infinie, pour laquelle il n'est pas de limite à trouver, [...]. Elle apparaît en outre comme la *plus véritable* ; car de l'ob-jet elle n'a encore rien laissé tomber, mais l'[a] devant soi dans sa toute intégralité[5]. »

Le rapport de la conscience à l'objet est de constatation, de visée dans le sens d'une appréhension qui ne s'implique pas dans le « concevoir », d'où la richesse infinie et indéterminée d'une saisie immédiate, indéfinie et interminable. C'est pourquoi, elle ne connaît de l'objet que la visée du « ceci ». En langage phénoménologique « De ce qu'elle sait elle n'énonce que ceci : c'*est* ; et sa vérité contient seulement l'*être* de la Chose ; [...] »[6]. Le principe énoncé dans cette figure ouvre le procès de l'universel sous le mode de la confrontation de la certitude avec l'objet, par la médiation du ceci, qui se révèlera être d'une multiplicité phénoménale insaisissable.

La relation du sujet et de l'objet dans la certitude sensible qui est décrite dans ce passage révèle la complexité de la dialectique de la conscience sensible. La pureté qui caractérise à la fois le sujet et l'objet constitue la caractéristique de l'abstraction de la conscience dans son émergence. Elle se meut dans l'abstraction de l'immédiateté en attente de l'effectuation. Configurée sous le signe de la certitude, la conscience sensible s'offre dans sa dynamique comme une relation oscillante entre le Je et l'objet.

Si le maintenant est la conjonction du temps de la conscience et de l'espace comme convergence du Je pur et du « pur ceci », il en découle que la vacuité de cette appréhension ne peut pas déterminer l'objet. L'attitude du sujet est de réceptivité sans effort de conceptualisation. Telle est la règle de fonctionnement de la conscience sous l'angle de la certitude immédiate. Généralité, pureté, universalité, telles sont les caractéristiques de la certitude sensible dans son fonctionnement structurel aussi bien au niveau de l'objet que du sujet. Sans parcourir les détails de la configuration de cette figure

---

[5] *Phénoménologie de l'esprit*, p. 147.
[6] *Phénoménologie de l'esprit*, p. 148.

révélatrice du procès d'effectuation en jeu comme itinéraire de la conscience, il est essentiel de saisir ce moment inuagural.

L'objet est et il s'en tient à son être : « [...] la Chose *est* ; et elle *est* seulement parce qu'elle *est* ; elle *est*, c'est pour le savoir sensible l'essentiel, et cet *être* pur ou cette immédiateté simple constituent sa *vérité*[7]. » Cette posture est pourtant partagée par le sujet qui, à son tour entend se manifester comme réalité dans sa propre certitude de façon aussi déterminée que l'objet. Sous la détermination de l'unilatéralisme, sujet et objet se confrontent pour s'affirmer et se reconnaître dans la négation de l'un l'autre en termes de primauté d'être, d'objectivité ou de certitude. C'est pourquoi, précise Hegel : « Tout autant la certitude, comme *rapport*, est-elle rapport pur *immédiat* ; la conscience est *Je*, rien de plus, un pur *celui-ci* ; le *singulier* sait [un] pur ceci, ou le *singulier*[8]. »

Pour Hegel, même une figure de l'immédiateté comme l'est la certitude sensible, ne peut échapper à l'effectivité pour autant qu'elle s'inscrit dans l'horizon de l'effectuation ; en ce sens mieux que toute figure, elle révèle que l'essence de l'immédiateté est la médiation, elle peut être ineffective ou de l'ordre de l'effectuation. Mais comme schème de l'intelligibilité et concept en mouvement, elle est la liaison qui fait être ce qui apparaît sous le signe de la contingence comme son effectivité. C'est pourquoi, la figure de la certitude sensible est constitutive de l'effectuation de l'esprit qui, « depuis toujours est réalité effective » en advenir de soi à travers les figures de la conscience et les périodes de l'histoire. En un sens, la figure de la certitude sensible, sous le mode de l'immédiateté, est le condensé de l'effectuation phénoménologique et du procès logique du concept. Une figure, dans sa dimension phénoménologique et logique, riche de sa vacuité apparente. Telle est la nature de la configuration phénoménale de la certitude sensible aussi bien du côté de l'objet que de celui du sujet.

Une réflexion sur la structure de cette figure en mouvement montre que la différence qui l'anime est l'énoncé de la médiation sous sa forme négative. « Réfléchissons-nous sur cette différence, il se dégage alors que ni l'un ni l'autre n'est dans la certitude sensible seulement

---

[7] *Phénoménologie de l'esprit*, p. 148.
[8] *Ibidem*.

de façon immédiate, mais en même temps comme *médiatisé* ; (…)[9]. » L'autre comme vérité de soi est énoncé dans son concept, mais non appréhendé dans sa phénoménalité ; ce qui apparaît à ce degré et qui est au début du procès phénoménologique surgira sous la catégorie de la reconnaissance, mais la conscience n'est pas encore à elle-même son objet.

C'est pourquoi, la multiplicité constitutive du sujet comme de l'objet est sous le registre de la médiation non encore effective. Le pluralisme de l'objet dans sa diversité foisonnante est contrebalancé par le Je dans sa démultiplication ; il faut dire que : décidément, la conscience sensible est sous la règle de la diversité aussi bien dans l'élément de la subjectivité que dans la sphère de l'objectivité. La dialectique de la certitude sensible met en scène l'effectuation de la certitude en insistant sur le rapport sujet/ objet dans sa configuration contingente et inconsistante. Epaisseur traversée par la vacuité, la certitude sensible, n'en demeure pas moins une figure exemplaire du procès d'effectuation.

L'histoire du déroulement de cette figure se présente comme le déploiement du principe d'effectuation sous le jour de l'universel qui, dans son abstraction, revêt un dynamisme qui va caractériser tout le procès d'effectuation de l'abstraction conscientielle. L'effectuation de la certitude montre alors que la diction du singulier ne peut se dire que, sous la modalité de l'universel. Le médium de l'effectivité est le langage qui confère à la singularité, son universalité.

En fait, la dialectique de la conscience immédiate est l'histoire de l'universel sensible comme figure de l'universel concret qui, pour s'effectuer, procède de l'expérience la plus simple et la plus complexe. « L'universel surgi de la certitude sensible est donc un universel sensible. C'est dire qu'il n'échappe pas encore à la loi générale de la section Conscience qui pose le vrai comme étant du côté de l'objet[10]. » L'universel qui surgit à même le sensible est sous la règle de lecture du monde à travers l'objectivité telle qu'elle se manifeste dans sa phénoménalité.

Si l'histoire de la certitude sensible, donc du savoir immédiat ne tient qu'au déroulement de sa propre expérience, c'est-à-dire de son propre

---

[9] *Phénoménologie de l'esprit*, p. 149.

[10] Pierre-Jean Labarrière, *Introdcution à une lecture de la Phénoménologie, op.cit*, p. 101.

mouvement, il convient de s'interroger sur l'enjeu de sa manifestation comme figure déterminée. En s'énonçant comme visée ou opiner de l'objet qui se révèle être un universel abstrait, elle s'autodétermine comme l'expérience de l'impossibilité de la détermination du singulier comme tel. Ce qui se joue alors de façon décisive dans sa configuration, c'est la présence phénoménale du savoir se sachant sous la forme la plus singulière et la plus « ineffable ».

Pourquoi, l'entrée en scène du savoir par l'immédiateté ? L'ouverture de la conscience à l'immédiat est garantie par la médiation, tel est l'enjeu philosophique de cette étape initiale qui, selon Heidegger souligne la nature du commencement en philosophie qui est par essence et nécessairement, médiation : « Hegel commence par le savoir immédiat, et il doit commencer par lui. Mais ce commencement avec l'immédiat n'est déjà plus un commencement immédiat[11]. »

Etant donné que la conscience sensible ne sait pas le contenu en advenir qui se concrétise à travers l'expérience qu'elle vit, elle éprouve la logique de l'organisation des expériences telle qu'elle constitue le sens de l'effectivité se constituant à travers le devenir de la conscience. Telle est la nature de l'exigence du développement de la conscience qui procède de l'unité fondamentale qui se concrétise dans sa diversité foisonnante constitutive de son devenir phénoménologique.

En fait, le procès d'effectuation de la conscience, dans l'étape de la certitude sensible, nous interpelle sur le sens de ce devenir marqué par la récurrence de la confrontation intérieure entre l'identité et la différence sous la forme de l'opposition entre le sujet et l'objet. La certitude sensible a mis en exergue les limites d'une visée de l'objet sans conscience de la médiation de l'universel. Mais, la conscience engagée dans le destin de l'expérience qu'elle a à accomplir et à traverser va jusqu'au bout de sa logique qui est d'immédiateté. Quel sens pouvons-nous donner à l'accomplissment de l'expérience de cette figure ?

La configuration de la certitude sensible est en filigrane le creuset des expériences ultérieures, elle indique le mode de transition et de mutation des figures dans l'approfondissement de la vacuité qui la

---

[11] Martin Heidegger, la « *Phénoménologie de l'esprit* » texte établi par Ingtraud Görland, traduit de l'allemand par Emmanuel Martineau, Gallimard, Paris, 1984, p.97.

constitue. Cette vacuité est l'indice de l'abstraction qui pose la nécessité du cheminement phénoménologique de la conscience. En régime hegelien, l'abstraction est l'énoncé du concept en soi de l'effectuation, du mouvement. Ce qui est abstrait est de l'ordre de l'en-soi, de ce qui doit s'effectuer, devenir et transiter par la médiation du négatif pour parvenir à son effectivité. C'est ainsi que chaque figure se déploie selon son économie propre en s'autodéterminant dans son effectivité propre. L'immanence de l'esprit est à l'œuvre sous le mode de la nécessité intérieure qui articule chaque figure à la totalité spirituelle. La figure à son tour s'offre comme la totalité qui assume la cohérence des étapes.

La dialectique de la certitude sensible comme étape première du procès du principe d'effectuation met en relief la dimension processuelle de l'universel qui s'y manifeste. Considérée comme expérience première de l'esprit dans son devenir phénoménologique, elle donne dès le début l'idée que ce dont il est question, c'est la manifestation du savoir et que l'intelligence de cette figure procède du procès de l'universel qui se déploie à travers l'itinéraire de la conscience. Ainsi la vérité de la certitude sensible est de se convertir en conscience percevante. De l'universel en mouvement, le principe d'effectuation va se manifester à travers le percevoir qui caractérise son procès au niveau de l'expérience de la conscience percevante.

II- Le percevoir en tant que principe d'effectuation

La perception ou la chose et l'illusion est un approfondissement de la dialectique de l'effectuation de l'universel. Qu'advient-il à la conscience dans le procès de la perception ? Comment se comporte t-elle ? La dialectique de la perception, tout en se situant dans la continuité de l'expérience de la certitude immédiate, s'effectue à un degré de complexité qui l'élève au niveau de la réflexion. Son mode d'effectuation est évocateur du procès du phénomène tel qu'il est exposé dans la *Doctrine de l'essence de la Science de la logique*, notamment dans la relation entre la chose et ses propriétés.

Sans établir une correspondance entre les figures de la conscience et les déterminations de réflexion, il nous semble important de montrer la résonance logique explicite de cette figure. La coextensivité établie entre la *Phénoménologie de l'esprit* et la *Science de la logique* trouve son illustration concrète à travers des figures particulières sans que d'autres ne dérogent à l'unité circulaire qui fonde et structure le Système. Ainsi, ce passage de *la Doctrine de l'essence* nous paraît significatif pour notre propos : « L'existence [entendue] comme [quelque chose d'] *existant* est posée dans la forme de l'unité négative qu'elle est essentiellement. Mais cette unité négative est d'abord seulement détermination *immédiate*, donc le Un du *quelque chose* en général. (…)[12]. »

D'emblée, Hegel fait le point sur l'aboutissement de la figure précédente (la certitude sensible) et annonce l'enjeu de la nouvelle figure (la perception). Dès lors écrit-il : « La certitude immédiate ne s'approprie pas le vrai, car sa vérité est l'universel, alors qu'elle veut prendre le *ceci*. La perception, par contre, prend comme [quelque chose d'] universel ce qui lui est l'étant[13]. »

La différence entre le vrai et l'universel traduit l'écart entre l'universel comme visée et l'universel étant ; c'est pourquoi, la certitude immédiate n'appréhendait pas le vrai, alors que la conscience devenue percevante saisit l'étant comme universel. La scission n'est plus le fait de l'opposition du sujet et de l'objet, mais une différence entre le point de vue de la conscience engagée dans l'immédiateté et le

---

[12] Hegel, *Science de la logique, Premier tome- Deuxième livre, la doctrine de l'essence*, Traduction, présentation, notes par Pierre- Jean Labarrière et Gwendoline Jarczyk, Aubier, Paris, 1976, pp. 153-154.
[13] *Phénoménologie de l'esprit*, p. 159.

comportement de la conscience percevante qui est dans l'horizon de l'étant. Pour Hegel, l'universalité est le mode de diction de la figure de la conscience percevante dans son procès d'effectuation.

Le principe d'universalité est l'unité qui agit en tant que fil conducteur de l'expérience de la perception et affecte d'universalité le sujet et l'objet qui la constituent, mais ce principe est général, c'est-à-dire qu'il demeure sous le régime de l'abstraction. La naissance du principe est le fait du « nous » et de la conscience engagée sous la règle d'une objectivité encore oppositive.

La conscience percevante est sous l'angle d'une appréhension non contingente. Les modes d'accueil sont différents, conséquences du surgissement du principe que Hegel présente ainsi : « Ce principe a *surgi* pour nous, et notre acte d'accueillir la perception, par conséquent, n'[est] plus un accueillir phénoménal, comme [celui] de la certitude sensible, mais un accueillir nécessaire[14]. » L'attitude de la conscience philosophique qui veille sur le déroulement des figures et la modalité de leur venue au monde, c'est-à-dire de leur advenir est significative ; ainsi, elle passe de la phénoménalité empreinte de contingence à la nécessité dans l'affirmation du principe d'universalité.

C'est pourquoi, la structure de la conscience est constituée du principe de mobilité qu'est l'universel dont l'advenir épouse les contours de la configuration phénoménologique des figures. L'unité processuelle de la conscience est constituée d'une continuité phénoménologique et conceptuelle, la seconde permet de garder présente à l'esprit la jonction des mutations qui agissent en tant qu'articulations des figures. Dialectique de la conscience et dialectique du concept se conjuguent dans un procès de différenciation et trouveront leur clarification au niveau du savoir absolu que la conscience ignore dans la mesure où elle est plongée dans son destin de négativité encore immédiate où, cependant la logique de la conversion est, déjà bien à l'œuvre.

L'objet de la perception est identique au mouvement du percevoir, il se déploie dans une perspective d'identité avec le sujet ; ce qui constitue la complexité interne de cette expérience nouvelle de la conscience. La tonalité fut donnée d'entrée de jeu par la fluidité

---

[14] *Phénoménologie de l'esprit*, p. 159.

réflexive qui situe le déroulement du mouvement de la perception dans la sphère de l'universalité principielle qui détermine la relation définie entre le Je et l'objet. L'unité entre les deux termes est affirmée de façon substantielle, car elle est essentielle. Hegel affirme que : « L'ob-jet est, selon l'essence, la même-chose que ce qu'est le mouvement, celui-ci le déploiement et [la] différenciation des moments, celui-là l'être-saisi-ensemble de ces mêmes [moments][15]. »

Sous l'angle du principe d'effectuation, cette figure revêt une signification particulière en termes de mobilité, de mouvement: le percevoir qui est l'attitude du sujet se conjugue avec le devenir de son objet. Dans la certitude sensible, la mobilité se manifestait du côté du sujet ; alors qu'au niveau de la perception, les deux termes sont investis tous les deux par le mouvement, il est leur essence. La conscience percevante est traversée par l'identité comme principe et essence sans se libérer de la prévalence de l'objet, d'où la contradiction qui l'habite et l'installe dans une ambivalence d'une unité non advenue, parce qu'elle est seulement de principe. La proclamation de l'identité sans l'épreuve de la médiation sursumante ne peut se poser dans son effectivité. C'est pourquoi, écrit Hegel: « Pour nous ou en soi, l'universel comme principe est l'*essence* de la perception ; et, en regard de cette abstraction, les deux [termes] différenciés, le percevant et le perçu [sont] l'*inessentiel*[16]. »

Si l'universel de la perception consiste en son essence posée dans son abstraction, ses déterminations que sont le percevant (le sujet) et le perçu (l'objet) sont de l'ordre de l'inessentiel. Opposition de l'essentiel et de l'inessentiel, une autre façon de présenter la dualité conscientielle sous le mode de l'appréhension de la scission qui s'intériorise sans avoir achevé le parcours de l'extériorité.

On peut remarquer qu'en dépit de l'énoncé du principe d'universalité, la règle de la dualité conscientielle définit le déroulement de l'expérience de la conscience percevante. Il y a un approfondissement perceptible de la figure précédente à la nouvelle figure, parce que nous sommes sous le régime de l'organisation des expériences de la conscience abstraite. L'objet est le critère de détermination de la certitude et l'extériorité phénoménale constitue la dynamique des figures.

---

[15] *Ibidem.*

[16] *Phénoménologie de l'esprit*, pp. 159- 160.

Toutefois, le dynamisme constituant de cette figure est manifeste et en même temps expressif du procès d'effectuation de la conscience par la médiation réflexive; c'est en ce sens que, nous avions souligné que la réflexivité qui caractérise cette figure s'apparente à la fluidité constitutive de la *Doctrine de l'essence*. Le vocabulaire que Hegel utilise au niveau de cette figure est investi par les catégories logiques propres à cette partie de la Logique. Quand on suit la conscience percevante dans son effectuation, il apparaît qu'elle procède de l'approfondissement de l'expérience de la certitude sensible. C'est ainsi que son mouvement s'élève à un niveau de complexité qui manifeste la résurgence de la relation de l'objet et du sujet en lui conférant une unité qui procède de l'essence. Hegel l'affirme avec clarté : « La richesse du savoir sensible appartient à la perception, non à la certitude immédiate, en laquelle elle n'était que ce qui joue à côté ; car c'est seulement celle-là qui a en son essence la *négation*, la différence ou la multiplicité[17]. » Pourquoi, la richesse de la certitude sensible est-elle constitutive de la conscience percevante ?

D'abord, parce que la certitude sensible n'a pas atteint ce qu'elle visait, par conséquent, elle appréhendait le contraire de sa visée[18]. Au lieu de l'être du ceci, elle saisissait l'universel immédiat, sensible. C'est dans ce sens que Hegel avait souligné : « Une certitude sensible effective n'est pas seulement cette immédiateté pure, mais quelque chose qui *joue à même* cette même [immédiateté][19]. » Non consciente de ce que, dans l'immédiateté de sa visée, se cache autre chose qui est de l'ordre de la médiation, par conséquent de l'essentiel, la certitude sensible prétend s'en tenir à l'immédiateté comme « être pur ». Dès lors, ce savoir sensible qui ne manque pas de l'effectivité qui lui est propre se donne comme un exemple (Beispiel) qui « joue » à côté de l'essentiel. Or, la perception a pour essence cet universel abstrait de la conscience sensible ; cette essence constitue sa négation aussi et comme telle est constituée de la différence et de la multiplicité.

La conscience percevante est cette unité différenciée par l'Un simple qui est unité négative des multiples propriétés comme nous le verrons

[17] *Phénoménologie de l'esprit*, p. 160.

[18] « Dans la certitude sensible, la conscience dit le contraire de ce qu'elle vise. » écrit Michel DALISSIER dans « la description de la chose chez Hegel » in *Hegel*, Les cahiers d'Histoire de la Philosophie, sous la direction de Maxence Caron, éditions du cerf, Paris, 2007, p. 336.

[19] *Phénoménologie de l'esprit*, p. 148.

avec l'expérience du morceau de sel. Aussi déterminée soit-elle, par le sensible, la perception est structurée par la négation dont l'essence médiatisante est le procès du percevoir dans sa dynamique de transmutation de l'universel en propriété ; parce que la conscience percevante ne reste pas au niveau de l'abstraction de l'universel sensible. Elle saisit ainsi son objet à travers ses propriétés constitutives. C'est pourquoi « Le ceci est donc posé comme *non ceci* ou comme *sursumé* ; et du coup non pas rien, mais un rien déterminé ou *un rien d'un contenu*, à savoir *du ceci*[20]. »

Hegel fait constamment référence au procès du négatif qui définit le tracé phénoménologique de la conscience, dont chaque figure est le négatif déterminé dans sa positivité. Les occurrences de la *Phénoménologie* relatives au négatif méritent une étude particulière pour montrer l'articulation du procès des figures à la négativité inhérente à la dialectique de la conscience. C'est pourquoi, dans l'introduction à la *Phénoménologie*, Hegel inscrit le passage d'une figure de la conscience à une autre comme l'expérience du scepticisme qui est à l'œuvre dans le déploiement des expériences de la conscience. Il écrit à ce propos : « Elle est en effet le scepticisme, qui dans le résultat ne voit toujours que le *néant pur*, et abstrait du fait que ce néant est de façon déterminée le néant de *ce dont il résulte*[21]. »

La logique d'apparition des figures dans leur succession linéaire est structurée par le mouvement de mutation et de conversion qui les anime par la médiation de la négativité. Ainsi, l'abstraction négative du percevoir convertit le ceci universel en propriété par la médiation sursumante. La positivité du négatif trouve dans le sursumer son concept et son mode d'effectuation constitutif du procès d'accomplissement de la conscience. Le degré de développement phénoménologique que représente la dialectique de la perception résulte d'une modification de l'attitude de la conscience après avoir constaté le changement au niveau de son objet. Montrant l'unité de sens des deux figures et leur différence qui justifie la logique de leur succession où la règle est le surgir-disparaître, Pierre- Jean Labarrière écrit : « Il y a donc comme un recouvrement possible, terme à terme, de ces deux figures ; de l'une à l'autre, c'est le même mouvement qui se déploie, mais à un autre niveau de profondeur, dans une structure

---

[20] *Phénoménologie de l'esprit*, p. 160.
[21] *Phénoménologie de l'esprit*, pp. 137-138.

encore bien limitée, mais qui est telle que la certitude y commence de rejoindre la vérité (Wahr-nehmung)[22]. »

La problématique qui est au cœur des dialectiques de la conscience est la conjonction effective de la certitude et de la vérité, telle qu'elle sera accomplie par le savoir absolu ; or, dans les trois figures de la Conscience, cette conjonction n'est pas effective. Les sous-titres de ces trois figures conscientielles l'illustrent de façon éloquente : la certitude sensible, ou Le ceci et l'acte d'opiner, la perception, ou La chose et l'illusion, Force et entendement, phénomène et monde suprasensible. L'inadéquation de la certitude et de la vérité rythme ainsi, le procès d'effectuation de la Conscience. C'est pourquoi, nous pensons que le procès du principe d'effectuation se manifeste en tant que devenir de l'universel à travers la dialectique de la figuration.

C'est parce que l'universel n'est pas encore effectif que les figures de la conscience qu'il détermine sont l'objet de sa quête. Le parcours de la conscience se manifeste comme une investigation de l'objet qui traduit sa quête de l'unité conceptuelle du sujet et de l'objet, c'est pourquoi la conscience percevante entrevoit cette dynamique de fond et tente de l'appréhender en orientant son expérience à partir du principe d'effectuation qui est aussi principe de négation. Comme pour préparer conceptuellement à l'intelligence de l'unité négative et des propriétés, Hegel écrit dans ce passage dont la texture logique est manifeste : « Le *sursumer* présente sa double signification véritable que nous avons vue en le négatif ; il est un *nier* et un *conserver* en même temps ; le rien, comme *rien du ceci*, conserve l'immédiateté et est lui-même sensible, mais une immédiateté universelle[23]. »

L'enjeu de la conscience percevante apparaît dans son effectuation comme l'expérience du procès d'intériorité inhérente à l'unité des déterminations sensibles et pensées étant donné la prégnance réflexive de cette figure. Certes, elle est conscience phénoménale et reste conditionnée par le sensible et l'extériorité, mais elle est aussi engagée dans une dynamique de réflexivité qui se traduit par l'émergence du sursumer qui définit la façon dont elle vit son expérience. C'est ainsi que Jean Hyppolite fait remarquer : « Le point de vue de la perception est celui de la conscience commune, et, plus ou moins, des diverses

---

[22] Pierre-Jean Labarrière, *Structures et mouvement dialectique dans la Phénoménologie, op.cit*, p. 78.

[23] *Phénoménologie de l'esprit*, pp. 160-161.

sciences empiriques qui élèvent le sensible à l'universel et mélangent des déterminations sensibles et des déterminations de la pensée, sans prendre conscience des contradictions qui se manifestent alors[24]. »

La constitution de l'objet de la perception telle qu'elle résulte de la transformation du contenu de la certitude sensible nous permet de voir le mouvement qui structure et détermine la conscience percevante dans son rapport à l'universel qui l'anime. C'est ainsi que la déterminité de l'être, tout en étant universelle, reste sous la détermination du sensible. La nature de la dialectique de la perception se manifeste comme une phénoménalisation intériorisée du principe de la dualité. Le concept de la « choséité » énonce l'unité du pluralisme des propriétés qui, tout en étant des déterminités particulières, participent de l'universel.

La chose perçue est la médiation de la multiplicité des propriétés telles qu'elles caractérisaient l'ici et le maintenant de la certitude sensible affectée de l'universalité et de l'abstraction de la négativité. Elevée au niveau de la complexité qui se présente comme l'unité négative d'un faisceau de propriétés qui sont converties en déterminités universelles, la choséité est le mode de convergence de la relation d'indifférence et de détermination qui ne peut se rassembler que sous la forme de l'universalité négative. Une force de différenciation unifiante met ainsi en mouvement la conscience percevante dans son procès de conjonction de l'universel et des propriétés qui en font un « medium universel ». L'abstraction qui définit ce médium est la présence de la dualité qui s'y approfondit dans une forme de scission qui se veut une propriété de l'objet lui-même dans son universalité.

En effet la conscience percevante radicalise la dualité qui se traduit par sa réflexivité au point qu'elle « se perçoit percevant » son contenu, c'est-à-dire mouvement de soi et de l'objet dans un même geste d'unité non maîtrisé, mais mis en avant dans cette expérience anticipée de l'intériorité. En un sens, la perception est le procès de réflexivité de la conscience dans la phénoménalité. C'est pourquoi, elle se déploie d'abord en posant l'objet en tant qu'unité simple faite de la multiplicité des propriétés dont chacune est affectée d'universalité. Le rapport de cette chose à ses propriétés se manifeste à travers l'indifférence inhérente à leur spécificité, c'est-à-dire à leur

[24] Jean Hyppolite, *Genèse et Strcuture de la Phénoménonologie, op. cit,* p. 100.

autonomie. Ainsi, s'établit une relation de négation qui renvoie chaque propriété à sa sphère propre au sein de leur medium universel.

Hegel va donner l'exemple du morceau de sel pour illustrer la complexité de cette relation entre l'Un et ses propriétés. « Ce sel est [un] ici simple, et en même temps multiple ; il est blanc, et *aussi* piquant, *aussi* de figure cubique, *aussi* de poids déterminé, et ainsi de suite[25]. » Le morceau de sel est constitué des caractéristiques qui, ensemble font de lui l'unité simple, l'universel, le medium en tant que totalité organique. Chaque caractéristique est exclusivement une, tout en étant reliée à l'autre dans une sorte de « compénétration ».

Ce que le morceau de sel montre, en effet, c'est la différenciation des éléments organiquement liés par une relation d'appartenance à l'Un qui est une « unité excluante » ; si les propriétés du sel n'étaient pas différentes, elles ne seraient pas des déterminités constitutives de l'unité qui les rassemble, elles ne sont ce qu'elles sont qu'en tant qu'elles ont leur identité propre, mais sans relation aux autres, elles ne seraient pas. Ce rapporter à soi est la modalité négative d'être en relation aux autres. Cette définition de l'universalité positive présente la configuration de la propriété dans sa sphère propre. Mais le medium dans sa fonction d'unité structurant la pluralité, se manifeste à travers le « aussi » qui assume la liaison entre la multiplicité des propriétés, « Cet *aussi* est donc le pur universel lui-même, ou le medium, la *choséité* qui les récapitule ainsi[26]. »

Hegel nous livre avec précision le mouvement de l'objet perçu dans son « universalité positive » sous la forme du « aussi » qui assume le procès de médiation en assurant l'unité de la diversité excluante des propriétés. En fait, la conscience percevante veut appréhender la chose dans son mouvement comme si le sujet était immobile et par conséquent, en dehors de la fluidité de l'objet. Le perçu se manifeste alors à travers l'unité constituante du « aussi » dans la mesure où, il s'effectue comme « universalité positive ». Le percevoir conjugue le « medium » que représentent le « aussi » et la négation qui, dans sa détermination singulière, est la propriété.

C'est pourquoi le vrai de la perception est la synthèse du medium et des propriétés. L'être déterminé que représente la propriété exprime la négation dans sa détermination ; elle est à ce titre, constitutive de

---

[25] *Phénoménologie de l'esprit*, p. 161.
[26] *Phénoménologie de l'esprit*, p. 162.

l'être dans son immédiateté. C'est ainsi que la propriété joue un rôle dynamique dans la configuration de la chose perçue par l'essence médiatisante qui la caractérise et lui confère l'universalité et la négation. Les constituants de l'objet dans la sphère de la perception participent de l'accomplissement de son objet comme essentiel et universel, en assignant au percevoir une dimension inessentielle et contingente.

Le concept de la chose perçue présente dans sa réalité les constituants qui vont définir l'entendement : universalité passive, matières, négation, l'Un, l'indifférence. Unité de la multiplicité et de la singularité, elle apparaît comme un point qui est le lieu de convergence des éléments différents et opposés, mais rassemblés par le medium qu'elle constitue. Il faut dire que le principe d'universalité est aussi d'altérité, c'est pourquoi ce qui se joue à ce niveau pose dans sa phénoménalité et dans le tracé de la conscience phénoménale, l'entendement percevant. La relation constitutive du percevant et du perçu se manifeste comme une dialectique qui oscille entre l'affirmation de l'universalité positive de la chose et le mouvement contradictoire de la conscience percevante : la chose et l'illusion rythment le procès d'effectuation de la conscience percevante engagée dans une dynamique d'appréhension universelle de son contenu qui est traversée par une dualité par essence réflexive et universelle.

La mobilité de la chose perçue se déploie dans le sens de montrer que la chose est de l'ordre de l'essentiel, tandis que la conscience percevante est en proie aux illusions qui en font l'aspect inessentiel et contradictoire. Il s'agit d'un procès de profondeur où la dualité n'est pas seulement au niveau de l'objet comme nous l'avons vu, mais dans la façon dont la conscience s'observe dans son procès de perception ; dédoublement d'un même geste qui confère à cette figure sa profondeur remarquable.

La conscience percevante revêt, en effet, une signification particulière dans le procès d'effectuation de la conscience. Figure de la phénoménalité, elle participe dans sa singularité particulière de l'intériorité d'un mouvement qui est plus d'essence que d'objectivité, comme la certitude sensible. Appréhendant cette difficulté, Jean Hyppolite écrit : « Le chapitre que Hegel consacre à la conscience percevante et qui constitue un des moments de cette genèse du concept que nous nous sommes proposés de reconstituer est assez difficile à suivre dans le détail de ses démarches[27]. »

Pourtant ce chapitre nous semble révélateur de l'intensité de la dualité constitutive de la conscience par la puissance de scission et de dédoublement de l'essence dialectique de la conscience phénoménale. La perception est, de ce point de vue, une figure expressive du procès du principe d'effectuation comme mobilité intrinsèque au parcours phénoménologique des figures. C'est pourquoi, il nous semble significatif de poursuivre la quête du principe d'effectuation en analysant minutieusement la proccessualité qui est ici à l'œuvre. La perception en tant que passage de la certitude sensible à l'entendement récapitule la nécessaire phénoménalisation de la conscience et l'intériorisation qui annonce le surgissement de l'entendement. Participant des deux figures, l'une comme relevant du passé, et à ce titre sursumée, l'autre appartenant à l'avenir, elle joue le rôle de médiation, de négation et d'inscription dans le concept qui va surgir.

Définissant le procès de la perception comme « *médiation* et *passage entre certitude sensible et entendement* », Heidegger écrit : « Dans la perception, pas de repos. […]. *En elle-même*- non pas seulement à titre de *résultat* nécessaire, comme elle l'était déjà elle-même à l'égard de la certitude sensible. (…) Elle n'*est ce qu'*elle est que *dans son passé* et son *avenir*[28]. » La certitude sensible et l'entendement trouvent leur point de jonction et de différenciation en la figure de médiation que constitue la conscience percevante.

Dans la mise en perspective des figures par rapport au procès du savoir, la perception serait le degré de mise en relief du savoir médiatisant dans la mesure où elle révèle la nature médiatisante de toute connaissance. Il en découle une processualité où la conscience est autant perception de l'objet que de soi. Nous ne sommes pas encore en présence de l'Autoconscience, même si selon la logique de l'imbrication dialectique, chaque figure est contenue dans toutes les autres. La traduction phénoménologique de cette succession fait que les figures se suivent les unes les autres dans une logique d'imbrication des expériences.

Après avoir dégagé le mouvement de constitution de la chose perçue, il importe de voir la conscience à l'œuvre dans le dédoublement de

[27] Jean Hyppolite, *Genèse et Structure de la Phénoménologie*, *op.cit*, p. 103.
[28] Heidegger, « *la Phénoménologie de l'esprit* », *op. cit*, p. 135.

son expérience. Comment se comporte t-elle alors « maintenant qu'est disposée la chose de la perception ? » Hegel précise : « [...] la conscience est déterminée comme ce qui perçoit dans la mesure où cette chose est son ob-jet ; elle a *seulement à* le *prendre*, et à se comporter comme pur saisir ; ce qui par là se dégage pour elle est le vrai[29]. »

De même que la conscience comme certitude sensible se déployait comme « pur intuitionner », la conscience percevante va se comporter comme « pur saisir ». Toutefois, l'intuition sensible est sous l'emprise de l'immédiateté, alors que l'acte de saisir procède d'une intellection médiatisante ; c'est pourquoi, la perception appréhende le vrai comme son objet et l'élève à l'universel. C'est ainsi que la conscience, dans le mouvement de la perception, n'intervient pas dans le mouvement universel de l'objet qu'elle prend comme tel dans sa vérité. Dans sa position de vérité et d'universel, l'objet détermine l'attitude de la conscience qui est inessentielle face à l'égalité à soi-même qui définit l'objet. Il y a là une résurgence de l'expérience de la conscience où la primauté de l'objet est prévalente. Telle est la logique de l'effectuation de la conscience tant que la certitude et la vérité n'auront pas atteint leur réconciliation effective.

En effet, la conscience se dédouble du côté du Je percevant, c'est pourquoi, après avoir montré en quoi la conscience tombe dans l'illusion, Hegel énonce : « Regardons maintenant quelle expérience fait la conscience dans son acte effectif de percevoir[30]. » Qu'est-ce que l'acte effectif de la perception ? Comment se déploie la conscience effective dans son mouvement réel de perception ? Il apparaît que l'acte effectif de la conscience percevante est dans le mouvement contradictoire dans lequel elle s'achemine pour analyser l'identité de l'objet perçu dans son universalité, sa détermination au travers des propriétés et la conjonction de l'Un et de la multiplicité des propriétés.

Cette analyse révèle la structure contradictoire de la perception dans la mesure où, elle présente l'objet dans sa pureté, comme « essence objective » en différenciant l'acte de saisie et la réflexivité inhérente au jeu de la perception. La conscience identifie aussi la propriété qui constitue la détermination universelle de l'objet dans le dépassement

---

[29] *Phénoménologie de l'esprit*, p. 163.
[30] *Phénoménologie de l'esprit*, p. 164.

de sa singularité. L'essence abstraite de l'objet va se convertir en « essence objective » par la médiation de l'universalité déterminée de la propriété. L'objet n'est plus le vrai de l'Un indéterminé, mais l'Un de la multiplicité des propriétés qui est l'« essence objective plutôt comme une *communauté*[31]. » Tous ces moments du procès expriment l'essence contradictoire de la perception qui trouve son point culminant dans l'unité du « *medium communautaire* » et les « *universalités* sensibles ».

En la conscience percevante, s'accomplit le jeu de la dualité conscientielle dans son essence réflexive. Ce que Hegel signifie ainsi à travers le procès du percevoir sous la modalité de l'acte : « En cet acte de percevoir, maintenant, la conscience est consciente en même temps de ce qu'elle se réfléchit *aussi* dans soi-même, et [de ce que], dans le percevoir, se rencontre le moment op-posé au *aussi*[32]. »

Il convient alors de reconnaître que la conscience percevante est une étape significative du procès dialectique de la phénoménalité. Elle s'éveille à l'intériorité constituante comme identité en devenir du sujet et de l'objet qui détermine la succession des figures. La conscience percevante approfondit ainsi la relation du sujet à l'objet qu'elle appréhende, ce qui définit le savoir marqué par l'opposition de la forme et du contenu.

Résolument porteuse d'un mode d'appropriation de l'objet qui se soumet à la loi de la phénoménalité, la conscience percevante radicalise la relation duale en l'inscrivant dans l'universalité du savoir. Elle poursuit l'examen des modalités d'adéquation de l'objet au sujet sans s'élever à leur unité à laquelle elle ne cesse de postuler depuis son émergence. L'unité fondamentale qui la détermine conjugue l'universel qui la structure et la déterminité singulière qui la spécifie. Pour autant, la conscience ne s'est pas encore dépouillée de l'immédiateté qui la traverse jusqu'à sa sursomption.

L'itinéraire de la conscience se concrétise selon le principe d'effectuation qui la voit se mobiliser dans la mouvance d'un savoir qui s'autodétermine selon le degré d'appréhension de l'objet. La relation à l'objet est au centre de son effectuation et de son parcours phénoménologique, comme cheminement de reconnaissance de la relation essentielle de la subjectivité et de l'objectivité. C'est ce

---

[31] *Phénoménologie de l'esprit*, p. 164.
[32] *Phénoménologie de l'esprit*, p. 167.

parcours de prise de conscience de la connexion s'effectuant entre le sujet et l'objet qui définit l'effectuation de l'identité de la certitude et de la vérité. Quand la conscience atteint l'effectivité de cette prise de conscience, elle aura sursumé toute la logique de la dualité dont la richesse consiste à la transmutation de l'*abstraction* en *effectivité* par la médiation de la *négation.* De part en part, le procès phénoménologique est une processualité dialectique, c'est-à-dire un processus d'élaboration de la constitution des figures, par une logique de sursomption, où le négatif assume le rôle de médiation, de conjonction, de dépouillement et de réalisation. Il faut dire que pour s'accomplir de façon effective, la figure doit s'éprouver nécessairement dans l'expérience qui est la sienne, comme un degré de manifestation de l'esprit à son niveau, en tant que totalisation partielle.

La dialectique de la conscience percevante nous a montré que, dans son essence, elle est contradictoire et qu'elle s'est élevée à l'intuition de cette contradiction qui est à la fois le fait de l'objet perçu et du percevoir. Le cheminement de l'objet comme du sujet dans le champ de la perception se déploie dans une scission fonctionnelle inhérente à sa structure. C'est pourquoi, la conscience, dans un geste complexe et logique, s'appréhende dans son procès de perception et se saisit dans son mouvement de réflexivité différente de l'acte de saisie de l'objet. Dualité redoublée dans une inversion qui inscrit l'unité d'un procès dans une dualité constitutive de ce qu'est ou de ce que nous offre la conscience percevante dans l'intériorité extériorisante de son procès.

A travers une quête laborieuse de l'objet comme vrai et de son mouvement comme essentiel, la conscience parvient à établir une distinction entre ce qui lui est propre et l'appréhension qui découle de son rapport à l'objet. Dans le « Un », la chose est l'unité qui rassemble la multiplicité des déterminités, et la conscience va poser l'unité véritable, celle qui va prendre en compte la différence et la distinction entre les déterminités. La conscience est l'instance de l'unité advenue et de la différenciation nécessaire : « Cet acte de *poser en un* ces propriétés revient seulement à la conscience, qui par conséquent n'a pas à les laisser tomber en Un en la chose. A la fin, elle introduit le *dans la mesure où*, par quoi elle les maintient les unes en dehors des autres, et la chose comme le aussi[33]. »

---

[33] *Phénoménologie de l'esprit*, pp. 167-168.

La chose perçue et l'acte de percevoir sont constitutifs d'un mouvement alternatif qui ne cesse de s'approfondir en devenant plus complexe. C'est ainsi que la chose en s'élevant au « aussi véritable », n'est plus « Un » en tant que medium et devient enfin « une surface simplement enveloppante[34]. » La configuration de la chose résulte d'un procès de mutation, de médiation sursumante, de l'universalité abstraite à la « matière libre » en passant par le medium et la déterminité universelle de la propriété. Comme l'objet représentait « le vrai et [l]universel », à elle la détermination de la vérité et l'égalité à soi-même et rejetait ainsi l'inégalité du côté de la conscience.[35] La conscience est dans une situation de tâtonnement et de recherche, soumise à l'inquiétude du mouvement et à la fluidité du concept.

En effet, le sens philosophique de la dialectique de la Conscience révèle comment se construit la relation de connaissance qui lie l'individu et son monde. Cette relation suit son rythme de croissance à l'aune des mutations de la conscience qui clarifient l'enjeu de la confrontation entre le sujet connaissant et l'objet à connaître. Etant donné qu'il s'agit du devenir-sujet de la substance, cette confrontation interpelle, dans son processus, l'histoire du procès du savoir en mettant en scène la configuration phénoménale des deux entités engagées dans cette aventure d'intelligence de soi et du monde.

Ainsi, la dialectique de la conscience percevante s'est effectuée en montrant que la relation entre le sujet et l'objet dans la sphère de la perception est une conjonction complexe de l'universel et du singulier sous l'angle du medium et de la propriété. Mieux, cette dialectique traverse l'advenir de l'universalité et de la singularité dans une conjonction où alternent la chose et le percevoir par la médiation de la négation dont la forme déterminée est la propriété. La configuration de la chose s'effectue ainsi dans une sorte de processualité dynamique et constituante. Dans cette dynamique, la déterminité assume la transmutation de la négation en propriété jusqu'à la dissolution de la

[34] *Phénoménologie de l'esprit*, p. 168.

[35] *Phénoménologie de l'esprit*, pp. 163- 164 : « Son critère de la vérité, écrit, Hegel, est par conséquent l'*égalité-à-soi-même*, et de saisir son comportement comme égal à soi-même. En tant qu'en même temps le divers est pour lui, il est un acte de rapporter les uns aux autres les moments divers de son acte de saisir ; mais si dans cette comparaison se fait jour une inégalité, ce n'est pas là une non-vérité de l'ob-jet, car il est l'égal à soi-même, mais du percevoir. »

multiplicité des propriétés afin que surgisse la chose dans son « concept simple ». Entre essentiel et inessentiel, universel et singulier, unité et multiplicité, détermination et indétermination, le percevoir apparaît comme l'expérience cruciale de l'identité du sujet et de l'objet dans l'effort de sursomption de la différence.

Ballottée entre un percevoir qui se veut universel et la nécessité d'élever le mouvement de la chose perçue aussi à l'universalité, la conscience percevante se retrouve dans l'impasse. Dialectique oscillante, traversée par des contradictions de fond, la perception conduit son objet à l'abîme de l'abstraction du concept en soi. L'objet se retrouve avec comme identité, un tissu de contradictions insolubles qui se manifestent comme le négatif de soi en tant qu'il s'autodétermine dans son élément propre.

Unité de soi et de l'autre dans une perspective de réductibilité à la singularité universelle, la chose retourne de façon réflexive au sensible qui est l'essence de son universalité. L'altérité constitutive de la conscience percevante se réduit à une indécision devant le mouvement contradictoire du percevoir qui appréhende l'objet dans son universalité et réalise la disparition de l'opiner. Elle aboutit au constat des limites de sa réflexion qui ne vient pas au bout de l'unité de la chose en tant que déterminité sensible et aussi universalité. Elle réalise à son insu l'effondrement de la chose et tombe dans la vacuité de l'opposition des déterminations sensibles élevées au rang de l'universel. Il en résulte une complexité que Hegel identifie à une forme de « sophistiquerie » en ces termes : « Ces moments, la sophistiquerie du percevoir cherche à les sauver de leur contradiction, et à les maintenir fermement par la distinction des *points de vue*, par le *aussi* et [le] *dans la mesure où*, (…) comme en fin de compte à saisir[36]. »

Le comportement de la conscience est déterminé par le souci de surmonter l'affrontement de l'universalité d'une part et d'autre part de la singularité. C'est pourquoi, elle veut sauver ce qu'elle entend par l'unité de la chose qui est essentiellement contradictoire et n'arrive pas à surmonter son éclatement en la multiplicité des propriétés. La conscience percevante, impuissante quant à la distinction réelle entre l'appréhension réelle de la chose et l'illusion qui en découle, constate que la nature du vrai s'avère indéterminée et abstraite.

---

[36] *Phénoménologie de l'esprit*, p. 172.

Le dévoilement de la nature du vrai comme dépourvu à la fois de distinction et de détermination pose la question de l'issue de la dialectique de la perception. Au fond, l'analyse que la conscience a exercée sur la logique du percevoir et sur le mouvement de l'objet, nous révèle à la fois la vacuité de celui-là et la nullité de celui-ci. L'abstraction inhérente au procès d'effectuation de la conscience a mis à nu la proclamation principielle de son universalité de départ pour aboutir à l'universel abstrait et indéterminé que Hegel caractérise en ces termes : « Ces abstractions vides *de la singularité* et de l'*universalité* à elle op-posée, (…), sont les puissances dont le jeu est l'entendement percevant souvent appelé bon sens ;(…); il est en général toujours le plus pauvre là où il opine être le plus riche[37]. »

Certes, la perception n'est pas la certitude sensible, mais partage avec elle une certaine ressemblance structurelle ; ainsi la prétention à un savoir riche qui s'avère pauvre renvoie bien à la logique de la conscience sensible. Dans son effectuation, la conscience percevante se découvre identique au bon sens, ce qui ne l'honore pas, étant donné la nature inconstante de ce que Hegel nomme le « bon sens » ou « l'entendement percevant ». A ce propos, Heidegger souligne ceci : « Bien que la présentation hegélienne de la perception laisse apparaître une architectonique analogue à celle du traité de la certitude sensible, sa mobilité propre est cependant tout autre[38]. » Identité de structure et différenciation au niveau du mode de déploiement de chaque figure caractérisent le procès d'effectuation de la Conscience dont la règle est cette dualité qui s'approfondit en creusant la négativité inhérente à l'universel abstrait en devenir.

Dans une analyse éclairante, Heidegger décode l'essence de la perception comme modalité de manifestation de la Conscience et s'interroge sur l'articulation entre l'illusion qui la constitue et l'« intelligence » qui la définit. Que peut signifier cette illusion ? « Elle pourrait signifier à première écoute qu'en percevant les choses nous succombons également à une illusion, que la perception peut être tantôt vraie, tantôt fausse[39]. »

En fait, le procès de la conscience percevante révèle la dialectique de la conscience sous mode négatif ; en ce sens, elle constitue

---

[37] *Phénoménologie de l'esprit*, p. 172.
[38] Heidegger, « *La Phénoménologie de l'esprit* », *op.cit*, p. 136.
[39] *Ibidem.*

l'expression de l'essence de son universalité négative à même la multiplicité des propriétés singulières de la chose. Figure de l'altérité, de la relation complexe de l'universel et du particulier, de l'unité de l'identité et de la différence, la conscience percevante se déploie dans toutes ses ressources pour s'autodéterminer comme passage du ceci visé à la chose concrète. Celle-ci est configurée par la traversée du pluralisme des déterminités constitutives d'une universalité à l'œuvre depuis la certitude sensible et qui va se clarifier au sein de la dialectique de l'entendement.

Heidegger en tire cette conséquence : « Grâce à la médiation de la perception, la certitude sensible accède pour la première fois à l'entendement, et, dans l'entendement, à son fondement comme la modalité vraie de la conscience[40]. » La médiation qui est la détermination de la perception lui permet de mettre en mouvement la jonction de la certitude sensible et de l'entendement. C'est pourquoi, son apparence est de se présenter comme étant « le jeu de ces abstractions » qui sont « des essences nulles » et qui caractérisent son procès en tant qu'alternance de l'essentiel et de l'inessentiel.

Le principe d'effectuation se manifeste à ce niveau à travers l'intensification de la dualité conscientielle dans son parcours de conversion des « essentialités pures », dont la phénoménalisation a pour visée de les dépouiller de leur dimension abstraite. A cet égard, le procès de la perception procède de la détermination « des-objectivante » tout en étant sous l'emprise de l'universel abstrait et sensible qui est l'essence même de la Conscience. Sous l'impulsion d'une aperception qui fait de la perception, un mouvement d'intériorité dans l'élément de la phénoménalité, la tension de la négativité pénètre la vacuité de ces « essences pures » dans leur dimension d'objectivité sensible. Opposition dans l'altérité, mode de variation de la dualité conscientielle qui s'étend sur les étapes du procès de la conscience percevante comme vérité de la certitude sensible, la logique du percevoir se déploie dans la perspective de l'advenir de l'entendement. Sans être en mesure de concevoir le concept de l'unité de la dualité comme l'accomplira l'autoconscience, la perception pose le concept en soi, dans sa puissance négative.

En vérité, Hegel montre que l'essence contradictoire de la perception l'expose au risque de la ratiocination qui débouche sur une attitude qui

---

[40] Heidegger, « *La Phénoménologie de l'esprit* », *op.cit*, p. 137.

l'identifie à l'entendement, mais un entendement percevant. Qu'est ce qui arrive à cet entendement percevant ou bon sens ? A ce niveau, il nous semble qu'une sorte de circularité inhérente à la logique de la phénoménalité, rassemblée sous le signe de l'opposition entre l'universel et le singulier, s'épanouit dans la radicalité du jeu de l'abstraction. Le mouvement de la perception est l'effectuation de la négation qui voit s'opérer l'expérience de l'opiner et du sensible dans les abîmes. « Ce parcours, un acte constamment alternatif de déterminer le vrai et de sursumer ce déterminer, constitue à proprement parler la vie et le commerce quotidiens et constants de la conscience qui perçoit et [qui] opine se mouvoir dans la vérité[41]. »

Il devient de plus en plus clair que la conscience, dans l'horizon de l'appréhension objectivante, reste sous l'emprise d'une dualité qui ne peut atteindre l'unité effective de la choséité et de la multiplicité de ses propriétes. Pourtant, l'ambition de la conscience percevante est de saisir l'universel déterminé nécessairement par la diversité de ses propriétés. La réflexivité de cette figure se déploie dans le sens d'indiquer que la conscience dans sa relation à l'objet est à la fois appréhension, et aussi intellection, d'où la négativité qui s'exprime à partir de son essence.

En effet, ce devenir participe d'un geste logique unitaire qui atteste de la continuité conceptuelle d'une série d'expériences qui constituent les degrés de progression de la conscience à travers son cheminement phénoménologique. Nous savons que la conscience est portée par l'effectivité propre à l'ultime figure qui s'énonce à travers la naïveté de la conscience sensible, laquelle est amenée à se dévoiler dans ses insuffisances et à travers le mouvement dont elle est porteuse.

A travers le mouvement de la chose dans l'expression de ses particularités, la conscience percevante a saisi la vacuité d'un procès conscientiel conditionné par l'universel sensible. La perception ne parvient pas à tenir ensemble l'unité et la diversité de la chose, qu'elle a appréhendées parce qu'elle n'est pas en mesure de les penser sous le mode de l'identité. La contradiction qui a résulté du pluralisme des déterminités et de l'obstination à l'unité essentielle a plongé la conscience percevante dans l'embarras d'une scission constante. C'est ainsi que montrant l'incapacité dans laquelle se trouve la conscience percevante quant à la saisie de l'unité des contraires, Heidegger écrit :

---

[41] *Phénoménologie de l'esprit*, p. 173.

« Mais ces pures déterminités de la chose, l'Un et le « aussi », qui semblaient présenter son essence tranquille, se révèlent prises dans l'inquiétude constante d'une réciprocité alternante, plus précisément d'un conflit résidant dans l'essence de la chose même. (...)[42]. »

Il en résulte que la conscience percevante pose le concept de la chose en l'appréhendant dans sa configuration contradictoire et sous la poussée du négatif et de la médiation constitutifs de l'universel, elle s'achemine vers l'entendement. La trajectoire du principe d'effectuation se clarifie à travers le procès abyssal de la choséité telle que la perception la présente. C'est au terme du procès de la conscience que la chose comme concept va apparaître, mais une étape vient d'être franchie, celle de l'apparition de la contradiction dans sa phénoménalité ou « le concept dans son ambiguïté », mode de « manifestation du sensible chez Hegel » selon le sous-titre du dernier ouvrage de Gwendoline Jarczyk.[43]

Au terme du procès de la perception, le principe d'effectuation va se déployer à travers ces trois catégoies constitutives des figures de la Conscience : l'universalité, la médiation et la négation. Nous pouvons retenir que la mutation qui s'est effectuée comme passage de la certitude à la négation médiatisante de la perception pose l'universel comme enjeu du parcours de la conscience dont le terme est la réconciliation de la certitude et de la vérité.

Nous savons que la philosophie de Hegel est une articulation en mouvement de l'universel et du singulier, de l'intérieur et de l'extérieur, de l'essence et du phénomène, de la substance et du sujet ; c'est à travers les figures de la *Phénoménologie* que cette articulation devient concrète et se réalise comme savoir absolu. A travers, l'itinéraire de la conscience le phénomène et le concept se manifestent progressivement dans les conditions de leur réalisation.

La logique de l'effectuation des expériences de la conscience repose sur l'auto-engendrement par la négation première qui se nie elle-même pour qu'advienne l'effectivité concrète de l'esprit. C'est ainsi que la conscience percevante fait à son tour, après la conscience sensible, l'épreuve que l'objet qu'elle croyait appréhender par une saisie réflexive s'avère être une illusion. C'est l'abstraction de la non-

---

[42] Heidegger, «*La Phénoménologie de l'esprit* », *op. cit*, p. 153.

[43] Gwendoline Jarczyk, *le concept dans son ambiguïté. La manifestation du sensible chez Hegel*, Kimé, Paris, 2006.

vérité qui s'est manifestée. Pour le surgir d'une nouvelle expérience de la conscience, « le nouvel ob-jet se montre comme advenu par une *conversion de la conscience* elle-même[44]. »

[44] *Phénoménologie de l'esprit*, p. 144.

III Le principe d'effectuation comme procès de l'entendement

Le procès d'effectuation de la force

La conscience devenue entendement a pour objet « l'inconditionnellement universel » qui est le concept en soi de l'objet sursumé de la certitude sensible et de la perception. Ce sursumer est le mode d'effectuation et de mutation de la conscience. D'entrée de jeu, Hegel récapitule ce qui est advenu de l'effectuation des figures qui se sont déployées, pour déterminer la configuration nouvelle de l'objet qui vient d'émerger. En tant que troisième figure de la Conscience, l'entendement prend acte du résultat de la certitude sensible et de la conscience percevante. Et, comme dernière figure de la totalité Conscience, l'entendement est la vérité du procès conscientiel. « Pour la conscience ont disparu, dans la dialectique de la certitude sensible, l'entendre et [le] voir, etc., et, comme percevoir, elle est venue à des pensées qu'en premier lieu pourtant elle rassemble dans l'inconditionnellement universel[45]. »

L'essence de la conscience est de se manifester à travers le mouvement qui se déploie dans le sens de montrer que la progression des figures se poursuit en tant que dialectique du négatif. Comment se présente l'objet nouveau en tant qu'universel inconditionné ? Ce qui montre que la dualité est constamment à l'œuvre dans le procès d'effectuation de la conscience, c'est le décalage entre le concept en soi qui est la configuration de son objet et la saisie ineffective du concept en tant que concept.

En fait, l'esquisse de la conscience dans sa configuration conceptuelle s'annonce dans le procès de l'entendement qui, dans sa conception réflexive, va faire aboutir l'expérience de la perception. A cet égard, il convient de souligner que la dimension spéculative de l'entendement consiste à approfondir la scission intérieure qui procède de son essence. Dans la Préface de la *Phénoménologie*, Hegel définit ainsi la nature de l'entendement : « L'activité du séparer est la force et [le] travail de l'*entendement*, la puissance la plus étonnante et la plus grande, ou plutôt la [puissance] absolue[46]. » Nous verrons

[45] *Phénoménologie de l'esprit*, p. 175.
[46] *Phénoménologie de l'esprit*, p. 93.

l'illustration de ce propos au niveau de l'effectuation concrète de la dialectique de la force.

En effet le procès du principe d'effectuation se traduit aussi par la mise en mouvement du concept sous la modalité de la différenciation intérieure, comme dualité conscientielle dans son parcours phénoménologique. Que la logique soit « derrière la conscience », Hegel, l'a souligné dans le feuillet de présentation qui a accompagné la publication de la *Phénoménologie*[47]. La liaison entre le concept et la conscience est de principe, car elle découle de la circularité du système, mais son évocation explicite au niveau des figures mérite d'être soulignée, pour cerner l'enjeu d'une telle articulation.

Il importe alors de voir comment s'effectue la dialectique de l'entendement comme degré de concrétion du principe d'effectuation. L'entendement est de ce point de vue autant une figure de la conscience qu'un moment sépéculatif, d'où sa dimension dialectique. Cette nature complexe de l'entendement pose la difficulté de la situer au sein du philosopher hegelien. C'est ainsi que Emmanuel Renaut fait remarquer : « S'agissant de l'entendement, la situation est particulièrement embrouillée car la notion peut désigner soit une figure de la conscience, soit une forme du penser[48]. »

Le surgissement de l'objet nouveau en tant qu'« universalité inconditionnée » indique qu'il s'agit du concept tel qu'il se réfléchit à travers la médiation négative de la conscience devenue entendement. De même que le ceci était l'objet de la certitude sensible, la chose concrète, l'objet de la perception, la force va se présenter comme l'objet de l'entendement. Par son dédoublement et la scission qui en découle, elle va poser dans sa phénoménalité, le concept de l'universalité inconditionnée. Que révèle la conscience philosophique à ce niveau? « *Pour nous*, cet ob-jet est advenu de par le mouvement de la conscience, (…), et la réflexion, des deux côtés, est la même, ou seulement Une[49]. »

---

[47]Pierre-Jean Labarrière a mis en relief de façon exhaustive l'importance de cette notice dans *Structures et mouvement dialectique dans la Phénoménologie de l'esprit.*

[48] Emmanuel Renaut, *Hegel, la Naturalisation de la Dialectique*, Vrin (Bibliothèque d'Histoire de la philosophie), Paris, 2001, p. 109.

[49]*Phénoménologie de l'esprit*, pp. 175- 176.

Un pas décisif a été accompli au niveau de la conscience percevante qui était impliquée dans le procès de constitution de l'objet qui, comme le sujet est aussi mouvement. Cette essence commune au Je et à l'objet s'est traduite par le procès alternatif du mouvement qui est tantôt du côté de la chose perçue et tantôt du côté du percevoir. Il en est résulté que la réflexivité est à la fois celle de l'objet et du sujet. La conséquence est au niveau de la figure de la perception, c'est-à-dire de l'avènement de l'« essence objective » comme contenu de la conscience. L'illusion de la réflexivité a expulsé le vrai du contenu de la conscience, instaurant ainsi la différence entre la conscience et l'essence objective. Qu'en est-il pour l'entendement ? « L'entendement, partant, a certes sursumé sa non-vérité propre et la non-vérité de l'ob-jet ; et ce qui par là lui est advenu est le concept du vrai ; (...)[50]. » Ce qui ressort de l'entrée en scène de l'entendement, c'est le mouvement de sursomption qui achève le résidu de l'objectivité essentielle à la certitude sensible et à la perception, inscrivant son objet comme concept du vrai en-soi et non encore pour-soi.

Il s'avère que l'entendement est conscience concevante à un degré d'intériorité plus affirmé que celui de la perception. Parce que l'implication de la conscience dans la proximité de son contenu est de rigueur ; ce qui présuppose que l'objet souscrit plus au dynamisme de la conscience que ce n'était le cas avec les figures précédentes. L'universel advient comme universalité pensée dans son intériorité, mais non vraiment assumée en tant que concept pour-soi.

Au fait, l'entendement éprouve l'expérience de la différenciation qui s'effectue sans coïncider avec les présuppositions conceptuelles des attendus de cette dynamique qui est de vérité. A l'œuvre donc son concept de vérité, mais qui se déploie dans son essence propre sans son examen. « Ce [vrai] gère son essence pour soi-même ; de sorte que la conscience n'a aucune part à sa réalisation libre, mais ne fait qu'y assister, et la saisit purement[51]. »

Le vrai comme contenu de l'entendement est déterminé par son essence propre qui est dans la sphère de la pensée ; le concept est désormais en éveil sous le mode de la représentation ; parce que l'entendement est le concept saisi sous le mode de la représentation,

[50] *Phénoménologie de l'esprit*, p. 176.
[51] *Phénoménologie de l'esprit*, p. 176.

telle est la règle du développement phénoménologique. *La Phénoménologie* n'est-elle pas l'effectuation du concept sous la modalité de la représentation ? L'entendement ouvre les conditions du procès de la conscience concevante qu'il est, que l'autoconscience approfondira et que la raison va instaurer dans son dynamisme formel, que l'esprit mettra en pratique pour éprouver ce que la raison aura déployé dans son concept.

Il convient de souligner que l'entendement dégage la conscience de l'emprise unilatéralement objectivante de la certitude sensible, sans se libérer vraiment de cette emprise qui la constitue. En ce sens, elle déploie une dialectique de la médiation, de la jonction de l'achèvement de l'objectivivation unilatérale et annonce l'intériorité de l'autoconscience tout aussi unilatérale. Dès lors, le jeu des forces dont il sera question donne une idée de la spécificité de l'entendement, à ce niveau du procès conscientiel. C'est pourquoi, fait remarquer Hegel : « C'est *nous*, du coup, qui avons encore à nous mettre avant tout à sa place, et à être le concept qui élabore ce qui est contenu dans le résultat ; c'est en cet ob-jet élaboré, qui à la conscience se propose comme un étant, que seulement elle en vient à être conscience concevante[52]. »

L'entendement est conscience concevante, au terme d'un parcours où le procès d'effectuation a permis la manifestation de l'objet dans son essence objectivante, structurant le contenu différencié de la certitude sensible et du percevoir. Il s'est avéré que le vrai qui était visé comme universel sensible par la perception n'est pas l'unité de la choséité et de la propriété telle que la conscience percevante prétendait la saisir. Ainsi, l'entendement est en rapport avec le vrai qui se propose à lui comme un étant sous l'impulsion du formalisme du concept. A vrai dire, l'entendement va concevoir son objet comme scission produisant le concept de force dans son dédoublement. De la négativité abstraite de l'universel inconditionné, l'entendement va passer à la différenciation intérieure qui est « opposition absolue ».

Il apparaît que l'effectuation de l'entendement est une sursomption active et une relecture de l'expérience de la conscience en termes de différenciation, d'opposition, de négation et d'abstraction. A bien des égards, il y a une continuité autant principielle que de proximité entre ces deux figures de la processualité négative que sont l'entendement et

---

[52] *Ibidem.*

la conscience percevante. La perception ne s'est-elle pas intériorisée pour se muter en conscience concevante ou entendement ?

L'advenir de l'entendement dans son contenu et dans sa forme est intrinsèquement lié au contenu déployé de la perception. Pourrait-on en dire autant de la jonction entre la certitude sensible et la perception ? Oui et non ; oui, si on garde constamment à l'esprit l'unité fondamentale de l'œuvre et le mode de continuité phénoménologique de la succession des figures et de leur imbrication. A cela s'ajoute, la continuité conceptuelle qui est de règle en régime hegelien de pensée, pour ne pas dire un mot de la cohérence du système dont la *Phénoménologie de l'esprit* est rigoureusement partie constitutive.

Non, en ce sens que la perception en tant que deuxième figure provient de l'impasse de l'expérience propre à la certitude sensible. Il suffit de lire les pages consacrées à la jonction entre la certitude sensible et la perception d'une part, et d'autre part, les pages consacrées à la mutation qui s'effectue entre la perception et l'entendement pour établir la différence et faire ressortir l'enjeu de l'articulation entre les figures et selon leur configuration dans le procès phénoménologique. Dans cette perspective, il est intéressant de souligner que l'expérience de la négativité telle qu'elle s'est manifestée, traduit les mutations que le principe d'effectuation accomplit en tant que mode de conversion de la conscience à travers la succession des figures.

En effet, la dialectique de l'entendement comme figure qui clôt la figuration Conscience se livre à un approfondissement de la dualité conscientielle, qui va aboutir au concept d'infinité qui traduit son degré de complexité comme Autoconscience. Rendre compte de la diversité des figures et de leur mode d'effectuation se conçoit comme l'exposition immanente du principe d'effectuation qui est l'articulation en mouvement d'une totalité spirituelle se concrétisant au travers d'une logique de conversion. La question de la nature sursumante des figures trouve sa réponse dans la dimension spéculative de la négativité, dont l'entendement est une figure significative. Car, pour Hegel, le concept est d'abord négativité, détermination déterminante, négation sursumante et scission processuelle au point que son intelligence exige une mise en effectuation constante de la conscience pour s'élever à l'intelligibilité du réel.

Logique de la conscience, la *Phénoménologie* condense dans les figures qui constituent ses déterminations une rigueur coextensive à la logique. Aussi, sans élaborer pour autant une interprétation logico-phénoménologique des figures, il importe de dégager l'épaisseur logique qui donne à chaque figure son sens et sa rigueur propre dans une cohérence unitaire fondamentale. De même que la perception dans sa structure impliquait cette dimension logique plus qu'implicite, l'entendement semble également contenir la résonance de cette forte présence du logique. Il en ressort, comme le montre Pierre-Jean Labarrière, que la *Phénoménologie* est un discours qui tient par sa propre cohérence[53] en tant que totalité éprouvée dans sa rigueur articulée à la totalité du système qui est une « totalité- mouvement » selon l'éclairante expression de Gwendoline Jarczyk.[54]

Certes, la conscience est dans son procès, extra-position de l'intériorité dans l'extériorité, c'est-à-dire dans la phénoménalité de l'objet. Cependant, elle esquisse le mouvement vers l'intériorité avec l'avènement de l'entendement comme conscience concevante. Il convient après cette réflexion qui vise à replacer ce procès dans le contexte de la dynamique principielle, de cerner l'expérience que nous présente la figure de l'entendement qui, selon l'interprétation de Heidegger, est dans l'horizon de la connaissance conceptuelle qui se situe également dans l'horizon de l'absolu. C'est ainsi qu'il écrit : « La médiation spéculative de la certitude sensible et de la perception produit la première vérité spéculative de la *Phénoménologie*, c'est-à-dire la connaissance absolvante du savoir en tant que conscience. Ce savoir est l'*entendement*, et Hegel caractérise son objet à l'aide de l'expression de prime abord étrange de « *force* »[55]. »

[53] Pierre Jean Labarrière, « La « Phénoménologie de l'esprit » comme discours systématique : histoire, religion et science », dans *Hegeliana*, PUF, Paris, 1986, pp 123-157.

[54] Les travaux de Pierre- Jean Labarrière et de Gwendoline Jarczyk, nous livrent une interprétation profonde sur la spécificité de la *Phénoménologie de l'esprit* dans le corpus hegelien, son autonomie propre et son articulation constitutive de la totalité du Système. Entre autres références, *Structures et mouvement dialectique dans la Phénoménologie de l'esprit* ; *Introduction à une lecture de la Phénoménologie* ; *Hegeliana* et les études de figures particulières de la *Phénoménologie* : *Le malheur de la conscience ou l'accès à la raison* ; *les premiers combats de la reconnaissance, Maîtrise et servitude dans la Phénoménonologie de l'esprit*

[55] Heidegger, « *Phénoménologie de l'esprit* », *op. cit*, pp. 162- 163.

L'entendement constitue la « médiation spéculative » en ce sens qu'il est le milieu médiatisant de l'apparition du savoir qui est en jeu dans *la Phénoménologie*, depuis la certitude sensible. Donc, à travers les mutations de la conscience et les formes déterminées de l'objet, c'est l'accomplissement du savoir qui est en mouvement. Et la dialectique de l'entendement va se déployer en mettant à l'épreuve le contenu de la conscience dans sa mutation essentielle qui, du ceci à l'universel, va se manifester comme infinité.

L'inconditionnellement universel qui est l'objet de l'entendement met à l'ordre du jour, comme mode d'effectuation, la scission qui, dans sa forme déterminée, est l'opposition absolue des éléments constitutifs de son contenu. Phénomène et suprasensible vont déterminer la trajectoire du concept en activité dans le jeu des forces.

D'abord, il convient de souligner la configuration intérieure de l'entendement, comme résultant des dialectiques précédentes comme universel inconditionné : « [...] Seulement *être pour soi et entrer en relation avec [quelque chose d'] autre* en général constitue sa *nature* et *essence*, dont la vérité est d'être [quelque chose d']inconditionnellement universel ; et le résultat est purement et simplement universel[56]. » Le contenu ainsi défini pose dans le concept universel, la relation à soi de l'objet et de son rapport à l'autre, être en soi et en relation avec l'autre caractérisent la nature de la relation de l'universalité du concept de la chose et du pluralisme de ses propriétés, comme la perception l'a montré.

Le procès de la différenciation inhérent au dynamisme fonctionnel de l'entendement nous permet de voir à l'œuvre l'universel qui est son objet. Cet universel, comme objet de l'entendement se présente marqué par l'opposition de la forme et du contenu qui va structurer l'expérience qui est ici en jeu. « L'universel est en lui-même en unité inséparée avec cette multiplicité, mais cela veut dire que ces matières sont chacune où l'autre est, elles se compénètrent réciproquement,- sans se toucher pour autant, car à l'inverse le différencié multiple est tout aussi autostant[57]. » Cet universel constitué de la multiplicité différenciée et de l'unité comme medium universel dans son mouvement trouve sa forme déterminée avec le concept de force.

---

[56] *Phénoménologie de l'esprit*, p. 177.
[57] *Phénoménologie de l'esprit*, pp. 177- 179.

Depuis la constitution de la perception dans son mouvement, le perçu et le percevant donnent une idée de ce qu'est la force, qui est un mouvement de division, de scission, dont la configuration se pose comme la vérité de l'objet de la conscience percevante. Qu'est-ce que la force ? Elle est le mouvement qui va de l'« être sursumé » à l'autonomie de la différence posée dans leur appartenance au medium universel dans une dynamique de concrétion au sein de la dualité du concept.

Le concept de force contient en lui son être pour soi en tant qu'être pour lui, donc la différence intérieure comme identité de soi et de l'autre ; c'est pourquoi, elle est l'universalité telle qu'elle résulte du mouvement de la perception. Son dédoublement est l'affirmation renforcée du percevant et du perçu. Elle est le concept dans son altérité constitutive de la dualité conscientielle sous le mode de l'intériorisation qui anime l'entendement, dont l'essence est de maintenir les choses dans leur scission.

La configuration de la force se conçoit en effet comme un approfondissement du procès de la perception. La force est donc totalité qui se divise et se répartit dans la dualité pour se concrétiser à travers ses différences qui s'autonomisent dans l'articulation avec l'unité contradictoire qu'elle représente. Son déploiement exige qu'elle s'affirme comme un milieu universel inconditionné et libre dans sa fluidité. Hegel rappelle le principe du parcours phénoménologique à propos de la force avec comme exigence la retenue de la conscience philosophique : « Pour que donc la force soit dans sa vérité, il faut qu'on la laisse totalement libre de la pensée et posée comme la substance de ces différences, (...), et *ensuite* ses *différences* comme *substantielles*, ou comme moments subsistant pour soi[58]. »

La force s'effectue comme substance fluide qui, en se différenciant en soi, se manifeste dans des différences qui sont des moments qui vont se déployer pour se concrétiser en forces. Tout est force et énergie dans le procès de la force. Comme le montre Jean Hyppolite dans ce passage : « Pour l'entendement tout est d'abord une *force*, mais la force n'est pas autre chose que le concept, la pensée du monde sensible, ou la réflexion de ce monde en lui-même – ou dans la

[58] *Phénoménologie de l'esprit*, pp. 178- 179.

conscience, ce qui revient au même pour nous.-[59]. » Mode de manifestation de la conscience dans le procès d'extériorisation phénoménale de son en soi, l'entendement est la conscience saisissant le concept de force dans son dédoublement en tant que phénomène et supra-sensible. Conjonction de l'intérieur et de l'extérieur, la force traduit ainsi le procès du concept dans sa phénoménalisation.

L'intériorité dualistique en tant que procès d'effectuation de la force

La dualité constitutive de la Conscience vient à bout de son processus de phénoménalisation objective avec l'entendement. C'est pourquoi, le jeu des forces est la mise en scène dans l'intériorité dualistique de la force dédoublée. D'où l'importance du concept de loi et d'infinité en tant que diction de la représentation dans l'effectivité de l'unité de la scission de la force. C'est en tant qu'unité contradictoire de l'en soi et du pour autre que la force est le concept qui se divise pour se manifester dans la dualité qui la constitue essentiellement. Elle est le « Un excluant » conférant ainsi à ses parties une réalité subsistante par elle-même, d'où « deux côtés autostants » qui ne doivent leur indépendance qu'à leur articulation à la totalité qu'est la force dans son concept simple.

La force existe en tant que tout subsistant en soi dans son concept, mais, sans son déploiement, elle reste dans la sphère de l'abstraction. Elle est unité dans son dédoublement. Son déploiement en tant que mode de manifestation du principe d'effectuation se traduit par un mouvement de la dualité constitutive de la totalité en effectuation.

C'est pourquoi, la force est, dans sa fluidité, totalité processuelle qui se divise en singularités s'assumant en tant que tout dans sa différence sursumée disparaissante. C'est ce qui va se donner à voir dans la dialectique du jeu des forces qui fait ressortir tout le dynamisme constituant de la conscience à travers ses figures. « La force comme telle, (…), est une essence subsistante autre, et sont ainsi posés deux côtés autostants différents. Mais la force est aussi le tout, (…)[60]. »

Il apparaît que les déterminations de la force en tant que différences inhérentes à ce mode d'effectuation qui définit l'économie de l'entendement sont des moments qui tentent de représenter l'unité

---

[59] Jean Hyppolite, *Genèse et structures de la Phénoménologie*, *op.cit*, p. 116.
[60] *Phénoménologie de l'esprit*, p. 179.

comme le différencier de soi qui s'extra-pose dans l'extériorité phénoménale. Il en résulte que la force même refoulée est sous l'impulsion de la scission, d'où l'existence de deux entités constituées dans leur différence qui font sa réalité en tant que force. Car, la réalité de la force réside dans son effectuation.

Il convient de suivre cette dialectique dont la forme déterminée et fluide est un moment essentiel du procès du principe d'effectuation. Le jeu des forces met en scène le principe d'effectuation sous le mode de la médiation du négatif par la phénoménalité. Que la force se révèle être force sollicitante/sollicitée, intérieure/extérieure, articulation dialectique dans l'intériorité du procès de l'en soi et du pour un autre, montre qu'elle est une détermination concrète du négatif comme instance d'effectuation. C'est ainsi que la force révèle le jeu de l'altérité qui est l'essence de la conscience dans son parcours phénoménologique. Partant, dans la dynamique de la quête de la consistance de sa réalité, la dialectique de l'entendement s'engage dans l'énoncé des lois pour donner une assise déterminée au pluralisme inhérent au phénomène dans sa réalité manifestée.

Comment se présente le jeu des forces ? Le jeu des forces découle de la scission du concept de force dont la concrétion est son dédoublement qui aboutit à la détermination de deux forces : la sollicitante et la sollicitée. La détermination de la force dans son intériorité en tant que réflexion dans soi est le moteur du processus du jeu des forces. Dans la mesure où, elle s'autodétermine comme substance, c'est-à-dire unité articulant dialectiquement ses déterminations qui vont se manifester comme forces subsistantes, par nécessité, elle se déploie dans la phénoménalité comme processus d'« extérioration ». C'est de ce dédoublement actif et productif que vont se manifester les deux forces qui vont animer le procès de la dialectique de l'entendement sous la forme déterminée du jeu des forces. La répartition alternative de la position de l'une des forces par rapport à l'autre traduit l'essence disparaissante de chacune d'entre elle dans sa différence spécifiée et déterminée.

La description de la différenciation dans soi de la force comme concept est le moment qui correspond à l'émergence de la dualité dont la détermination pose les deux forces. « La force, du coup, par le fait qu'un autre est pour elle et elle pour un autre, n'est pas encore du tout sortie de son concept. Mais sont présentes-là en même temps deux forces ; le concept des deux, certes, est le même, mais, de son unité, sorti dans la dualité[61]. » La dualité est immanente à la structure de la force dans son essence ; on pourrait dire que la dualité se déduit du concept même de force. Il est de toute nécessité que la force se manifeste dans le dédoublement. Son effectuation est impliquée dans son concept même qui est en soi dualité et détermination de l'altérité qui, en régime phénoménologique, doit se phénoménaliser.

En fait, il s'agit bien d'une détermination de nature « conceptuelle » dans son déploiement d'entendement. C'est ainsi que l'inscription du rapport des forces dans une forme précise de la contradiction relève de la détermination conceptuelle, en tant que son déploiement effectif explique la nécessité de son dédoublement. L'alternance des positions est le mode de passage d'une attitude donnée à une autre. C'est dans ce sens que Hegel explique en quoi consiste cette dualité qui structure le dédoublement des forces : « Ce qui est sollicitant, par exemple, est posé comme medium universel, et ce qui est sollicité, en revanche, comme force refoulée ; mais celui-là n'est lui-même medium universel que du fait que l'autre est force refoulée ; (...)[62]. »

En effet la détermination réciproque du statut de chacune des forces est une implication de la dualité inhérente au concept de force ; c'est ainsi que si la force est sollicitante, c'est que l'autre force est refoulée, c'est-à-dire passive, ce qui permet à la première d'être active. Elle est médium universel au moment où l'autre est la force sollicitée. La sollicitante est la force active et la sollicitée, la force passive ; mouvement de réciprocité dialectique, le jeu des forces montre la vérité de l'entendement comme mode d'effectuation de la dualité essentielle au procès de la conscience. Autodétermination conceptuelle sous le mode de l'advenir conscientiel, l'entendement met en mouvement la différence comme mode de processualité du jeu des forces. Aussi, convient-il de suivre les étapes décisives de ce procès vertigineux dont les moments traduisent l'extra-position du procès intérieur du concept de force dans sa dimension extérieure.

Il en découle que la sollicitante est dépouillée de sa propriété, comme l'autre qui fait face structurellement change de propriété : telle est l'essence de cette dialectique de la différence disparaissante en s'affirmant dans cette disparition même. La vérité de l'effectuation de

[61] *Phénoménologie de l'esprit*, p. 181.
[62] *Ibidem.*

la force est de disparaître dans sa manifestation concrète à travers le jeu des forces.

Concrètement, en tant que différence de contenu, la force est soit réfléchie en soi, déterminée dans son autonomie propre, soit dans l'autre extrême, medium des matières, c'est-à-dire milieu universel. La différence de contenu est de l'ordre de la nature de la force déterminée dans sa généralité ou du point de vue de la conscience philosophique. Or, du point de vue de la forme, elle est déterminée dans la structuration oppositive sous forme de rapport entre les forces autonomes comme force sollicitante et sollicitée, active ou passive. Hegel fournit la précision suivante : « Selon la différence du contenu, ils *sont* différents en général ou pour nous ; mais selon la différence de la forme ils sont autostants, se séparant eux-mêmes l'un de l'autre et op-posés dans leur rapport[63]. »

La réalité du mouvement constitutif du jeu des forces est le procès de la différenciation qui détermine la nature de la forme et du contenu des essences disparaissantes qui sont les moments déterminés en tant que force sollicitante et sollicitée, active et passive ; autonomie et milieu universel. C'est de ce processus de manifestation et d'effectuation que se constitue l'effectivité du concept de force : « De là résulte que le concept de la force devient *effectif* de par le redoublement en deux forces, et comment cela advient[64]. » le mouvement de la réalité de la force dans sa constitution nous a permis de voir comment elle s'est dédoublée, et son dynamisme de forme et de fond a posé la nature de son dédoublement. Les deux aspects sont présentés comme forces en tant qu'« essences étant pour soi », « mais leur existence est un mouvement tel l'une en regard de l'autre que leur *être* est plutôt un pur *être-posé par un autre*, ce qui veut dire que leur être a plutôt la pure signification du *disparaître*[65]. »

Portée par un mouvement de différenciation qui procède de son essence négative et universalisante, la force *s'accomplit en tant que réalité disparaissante*, Hegel l'exprime dans une formule saisissante : « la réalisation de la force est donc en même temps perte de la réalité »[66]. L'essence disparaissante, qui se traduit par le fait d'être

[63] *Phénoménologie de l'esprit*, p. 182.
[64] *Phénoménologie de l'esprit*, p. 183.
[65] *Ibidem.*
[66] *Phénoménologie de l'esprit*, p. 184.

posée et non de se poser, montre l'activité du négatif comme ressort de la dialectique de l'entendement qui détermine le jeu des forces.

Mais cette force est puissance de médiation en tant qu'objet de l'entendement, c'est à ce titre qu'elle se présente aussi comme moyen terme, d'où son dédoublement en deux forces déterminées dont la nature est de se déterminer l'une par rapport à l'autre. C'est pourquoi « ce qu'elles sont, elles ne le sont que dans ce moyen terme et point de tangence[67]. » C'est la nature médiatisante de l'entendement qui structure la force dans son effectuation à se poser comme lieu de convergence et d'alternance par rapport à ces « extrémités » qui n'ont de réalité que dans leur relation opposée. C'est ainsi que leur support est dans leur mouvement, parce qu'elles n'ont pas de consistance propre en tant que substance permanente.

Il s'agit d'un procès de dépouillement de l'essence abstraite de la force pour que sa réalité en tant que force active autant comme sollicitante que sollicitée devienne effective. Il faut reconnaître que son processus de détermination est double. Ce processus est le contenu de l'entendement en tant que perception intérieure ou conscience concevante, qui pose les choses et les reconnaît dans leur seule dimension de pensée. Dans cette perspective, Hegel affirme : « la vérité de la force demeure donc seulement la *pensée* de cette même [force] ; (…) [68]. »

En fait, Hegel met en scène le processus de constitution de l'objet de l'entendement en énonçant la conversion de cet objet en concept dans la posture de la négation qui est différence intérieure. Le concept qui vient à jour sous le mode de sa dualité effective est une médiation entre l'intériorité de la conscience et sa phénoménalisation. C'est en ce sens que le concept de force est l'objet de l'entendement tel qu'il révèle la puissance de division et d'extra-position phénoménale de cette division. Réalité conceptuelle dans sa phénoménalité, la force est constituée d'un dynamisme révélateur de la dualité qui s'incarne dans la représentation de la relation entre le phénomène et l'intérieur. Hegel montre à travers cette figure le fixisme dualiste de l'opposition entre l'essence et la manifestation, en concepts kantiens, noumène et phénomène.

---

[67] *Phénoménologie de l'esprit*, p. 183.
[68] *Phénoménologie de l'esprit*, pp. 183- 184.

La dialectique de l'entendement expose ainsi toute la problématique philosophique de la nature de la relation entre l'être et l'apparence, l'universel et le singulier, le mouvement de la négativité comme porteur de l'universalité positive. Aussi, la relation constitutive de ces entités opposées est la médiation négative sursumante qui les inscrit dans une logique de mouvement. C'est ce qui explique que le négatif constitue le ressort du déploiement des forces. Hegel indique ce procès dans sa constante fluidité comme « un mouvement médiatisant ».

L'analyse que fait Hegel du déploiement de l'entendement, dénote une critique de la conception du savoir fondée sur le dualisme non résolu de cette puissance de division, dont le procès a abouti à la découverte de la vacuité de l'oppsition phénomène/intérieur. Si l'entendement découvre la nature vraie de l'intérieur des choses, c'est qu'il s'est investi dans la sphère de l'essence pour nier la manifestation comme telle. Puisque la conscience appréhende l'intérieur comme l'être véritable dans la mesure où, il est ce qui constitue le fond de l'apparence. Or, cette découverte est en même temps, une prise de conscience de la négativité, qui est à l'œuvre dans le processus de l'intériorité qui n'est pas une substance figée.

Il s'avère que, l'effort de conversion vers l'intérieur est, sous l'impulsion de ce procès d'effectuation de la certitude, de l'en-soi, pour conquérir la vérité en tant que pour-soi de la conscience. Ce processus est de l'ordre de la négativité qui est le moteur de la dualité conscientielle sous l'emprise de l'entendement. Un mouvement d'intériorité s'approfondit à ce niveau pour mettre à nu les illusions de la conscience dans son aspiration à identifier la certitude objective à la vérité afin de réaliser l'effectivité qui est au cœur de ses expériences. Le décalage de l'en-soi et du pour-soi dans la conscience sous mode d'intériorité s'affirme comme « le mouvement négatif », comme « le phénomène disparaissant ob-jectif », c'est pourquoi : « l'intérieur lui est bien par conséquent concept, mais elle ne connaît pas encore la nature du concept[69]. »

La présence du concept dans le mouvement de la conscience devenue entendement se remarque dans la description de l'expérience de cette figure ; la force est concept, son dédoublement produit le concept des deux forces. Il y a ainsi une trajectoire du concept dans l'effectuation

---

[69]*Phénoménologie de l'esprit*, pp. 185- 186.

de l'entendement qui montre que la configuration qui est propre à cette figure est de manifester sa dimension de profondeur à la hauteur de l'enjeu propre au procès de la conscience.

Toutefois, le concept est encore évoqué dans sa forme abstraite, c'est-à-dire tel qu'il est en-soi et non pour-soi. Mais, la nécessité intérieure qui se manifeste au niveau de l'entendement comme perception plus approfondie du sensible produit la réflexivité qui est le mode de détermination de son objet dont la nature s'apparente au devenir conceptuel de l'esprit. La conception que l'entendement a de son contenu objectivé dans l'extérieur comme dans l'intérieur est sans doute de l'ordre de la nature du concept comme instance de fluidité.

La complexité croissante de l'effectuation de la conscience se traduit par la mutation constante de son mouvement d'extériorisation vers la prise de conscience que la vraie intériorité résulte du procès en devenir de la certitude et de la vérité. Dans cette perspective, le parcours phénoménologique de la conscience se manifeste comme une progression à double sens : intérieur vers l'extérieur, extérieur vers l'intérieur.

La détermination qui se présente à ce niveau comme l'instance de codification de l'intérieur sous forme d'universalité de la loi est sursomption de la dualité de la force. Elle consiste dans la diction de l'unité advenue de la force déployée dans son dédoublement. L'entendement se meut ainsi dans une perspective de dépassement des dualismes qu'elle a exacerbés par sa dialectique de sursomption. C'est ainsi que l'enjeu de son effectuation parcourt les étapes qui constituent le champ de la théorie physique et mathématique. L'épaisseur de son expérience s'inscrit dans la dynamique du dédoublement caractéristique de son principe dont la signification est de venir à bout du dualisme. En se saisissant de la configuration duale dans son intériorité, l'entendement veut pénétrer la vacuité d'un intérieur circonscrit dans son en-soi et prétendant être l'essence et réduire la phénoménalité à la contingence.

L'expérience de l'entendement met en scène la dualité conscientielle dans sa dimension d'intériorité extériorisante. C'est ce que montre le concept de force dont l'effectivité est de disparaître dans son dédoublement. En son dédoublement essentiel, la dualité constitutive de la conscience se saisit de sa phénoménalité comme de son essence.

C'est pourquoi, intérieur et extérieur en viennent à se conjuguer dans une opposition révélatrice de leur rapport sous le mode de la négation.

Dans l'advenir de la loi, comme instance résultant de l'échange, il importe de souligner le devenir de l'entendement comme activité de médiation de l'intérieur et de l'extérieur. C'est en ce sens que l'intérieur est le lieu de convergence où se manifeste la loi dans son universalité médiatisante.

La loi comme procès d'effectuation de l'entendement

Dans la logique d'effectuation de l'entendement, la loi apparaît comme la connexion des déterminations sous l'expression de la nécessité intérieure. Elle se présente comme la vérité du procès de l'entendement. L'intérieur s'est déjà manifesté comme l'universel, détermination constitutive de la loi, elle opère ainsi l'unification universelle et nécessaire à l'instabilité du jeu des forces ou des phénomènes de la nature. La différence intérieure s'accomplit comme loi. Comme l'universalité de la loi sursume la particularité du phénomène, elle se pose comme le concept universel : la loi codifie la diversité phénoménale. La diversité des phénomènes accède à la stabilité rendue possible par la loi. C'est pourquoi, elle « est exprimée dans la loi, comme image permanente du phénomène stable[70]. » Dans une dynamique d'universalité, le mouvement de la conscience cherche à investir les particularités de l'universel qui les constitue et s'accomplit par leur médiation. Au fond, il s'agit de la relation de réciprocité des forces dans le rapport d'une intériorité constamment déterminée par le jeu d'inversion. « Ces deux côtés, la *relation* du solliciter et la *relation* du contenu op-posé déterminé sont, *chacun pour soi*, le renversement et [l'] interversion absolus[71]. » C'est ainsi que Hegel va expliquer l'articulation de la loi dans son universalité à l'expérience des phénomènes de la nature à travers la loi de l'attraction universelle et la loi de la chute des corps. En quoi la loi est-elle la vérité de l'entendement et comment s'effectue-t-elle comme médiation universelle ?

L'analyse que Hegel nous livre de la détermination concrète de la loi en montrant son insuffisance et son indétermination exprime le règne de l'entendement comme figure de l'explication et de la rationalisation des phénomènes. Sous l'impulsion de la dualité et de sa

---

[70] *Phénoménologie de l'esprit*, p. 189.
[71] *Ibidem*.

reconnaissance à travers le concept de force, la loi va se déployer en tant que concept de l'unité de ce qui se dédouble. Détermination et indétermination vont constituer le mouvement de la loi par la médiation de l'appréhension de ce qui constitue le principe de l'articulation de l'entendement au phénomène.

Il importe de souligner ce passage dans lequel Hegel expose la loi comme vérité : « Ce royaume des lois est certes la vérité de l'entendement, [vérité] qui a le *contenu* en la différence qui est dans la loi ; mais il n'est en même temps que sa *première vérité* et n'accomplit pas le phénomène. (..)[72]. » La loi ne serait-elle pas l'effectivité en tant que vérité dans la dialectique de l'entendement en quête de l'universalité effective ? La dialectique de l'entendement veut cerner ce qui constitue le moteur de cette rationalité engagée dans les phénomènes de la nature. Saisir l'unité de ce qui, par essence, procède du dédoublement, est le propre de l'entendement dans le surgissement de la loi.

Toutefois, la loi va suivre le mouvement de son contenu en tant qu'elle est détermination universalisante de ce phénomène dans sa particularité et dans sa contingence. Sous le signe de la dualité de l'entendement et du pluralisme des phénomènes, la loi est affectée de dualité sous le mode de la différence, ce qui la détermine comme partielle, et indéterminée tout en étant universelle. « Ce qui paraît lui manquer est que, certes, elle a la différence elle-même en elle, mais comme [différence] universelle, indéterminée[73]. » Cette universalité indéterminée dont est porteuse la loi, est l'essence de son pluralisme du fait qu'elle « n'est pas *la loi* en général », mais se pose et s'autodétermine comme « *une loi* », ainsi la déterminité qui la constitue est source de la multiplicité des lois ; « elle a la déterminité en elle ; et du coup sont présentes-là des lois *multiples* en nombre indéterminé[74]. »

La loi n'est-elle pas loi des phénomènes, étant donné qu'elle est la vérité de l'entendement ? La loi est le concept de l'entendement dans son intériorité concevante, et en tant que telle, elle est l'énoncé de la difficulté de réaliser l'unité effective sous l'emprise du principe du dédoublement qui est le propre de la Conscience en général et de

---

[72] *Phénoménologie de l'esprit*, p. 190.
[73] *Ibidem.*
[74] *Ibidem.*

l'entendement en particulier. La configuration de la loi est, dans cette perspective, révélatrice de ce mouvement contradictoire dont est porteur l'entendement bien qu'il se manifeste comme « intérieur simple ». Hegel souligne le principe de l'entendement dans son exigence d'unification des lois en notant la contradiction inhérente au pluralisme des lois. A ce propos, il écrit : « Seulement cette multiplicité est plutôt elle-même une déficience ; elle contredit en effet le principe de l'entendement, pour qui, comme conscience de l'intérieur simple, l'*unité* en soi universelle est le vrai. Les lois multiples, il lui faut, pour cette raison, les faire plutôt coïncider dans *Une* loi[75]. »

La complexité de l'entendement dans son désir d'unification en tant qu'il est conscience concevante se manifeste par l'essence dualiste qui le caractérise, car l'entendement n'est pas une figure de l'unification. « L'entendement se caractérise alors comme un pouvoir d'abstraction et de séparation[76]. » Le procès même de la loi est le mode d'expression de l'ambiguïté de l'entendement. Comment la loi est-elle parvenue à réaliser son unité en tant que loi de l'attraction universelle au regard de la diversité des phénomènes naturels ? Telle est la question dont la réponse constitue l'explication de l'unité de la pluralité comme forme déterminée de la loi.

Dans la perspective de la rationalisation des phénomènes de la nature qui procède de la nécessité de trouver le principe d'explication qui les inscrit dans un cadre conceptuel que la loi représente, Hegel va prendre l'exemple de la loi de la chute des corps, de l'attraction universelle. A travers cet exemple, c'est la dimension de l'universalité de la loi qui est affirmée. Si les phénomènes se manifestent dans la nature à travers leur multiplicité contingente, c'est la loi qui va exprimer leur nécessité universelle à travers une formule qui subsume leur particularité. L'entendement produit ainsi, à travers la loi, le concept de l'universalité du phénomène.

Il en résulte que la loi représente la médiation concrète de l'entendement et du phénomène. Le procès de constitution de cette loi traduit le besoin pour l'entendement de manifester qu'elle a trouvé une forme universelle à son contenu divers et varié. « Comme par exemple la loi selon laquelle la pierre tombe et la loi selon laquelle les

---

[75] *Phénoménologie de l'esprit*, p. 190.
[76] Emmanuel Renaut, Hegel, *la Naturalisation de la Dialectique*, *op.cit*, p. 109.

sphères célestes se meuvent se sont trouvées comprises comme *Une* loi[77]. » La faiblesse de la loi réside alors justement dans cette unité qui dépouille le phénomène de sa déterminité propre. Partant la loi ne saisit pas le phénomène dans sa détermination propre. Elle ne rend pas compte de la différence comme singularité expressive de l'universalité, mais seulement de sa différence en tant que concept s'autodéterminant. La loi, abolissant les différences, « devient toujours plus superficielle » parce qu'elle « laisse tomber leur déterminité ».

En fait, l'entendement est piégé par le concept de loi dont le formalisme universel présente le contenu dans l'intériorité abstraite de la différence. Suffit-il d'énoncer le concept de loi pour établir la coïncidence entre le contenu et la forme ? Montrant la différence entre la représentation de l'universalité que la loi prétend réaliser et l'effectivité de son appréhension du phénomène dans sa déterminité, Hegel écrit : « Il faut que cette déficience de la loi se signale tout aussi bien en elle-même[78]. »

La conscience devenue entendement prétend pouvoir se mouvoir au sein de la conceptualisation des phénomènes en les réduisant à leur dimension d'intériorité qu'elle assimile à la loi. Après l'exploration de l'intérieur comme vérité et loi des phénomènes, que découvre l'entendement ? Dès le début de l'expérience de l'entendement, le concept est énoncé dans son abstraction, c'est pourquoi la force est concept, l'intérieur comme la loi sont concepts ; parce que l'entendement est conscience concevante, mais à la fin de son effectuation il prend conscience de ce que le concept qu'il revendique est formel ; il est le simple énoncé des phénomènes sans pouvoir les saisir du point de vue de leur effectivité. Aussi, ce parcours n'échappe pas au formalisme inhérent à l'abstraction et à la dualité conscientielle. Pendant que l'entendement cherche à fixer la mobilité des phénomènes dans une universalité conceptuelle non fluide, quelque chose d'autre subsiste pour s'ouvrir à l'intériorité d'un devenir qui ne peut être contenu dans l'objectivité phénoménale.

C'est pourquoi, la critique des déterminations d'entendement revient constamment dans la Préface de la *Phénoménologie*, même si l'entendement par sa puissance de négativité est porteur

---

[77] *Phénoménologie de l'esprit*, p. 190.
[78] *Ibidem.*

d'effectuation. C'est comme si l'énonciation de la loi rompait la dynamique de conception d'universalité inscrite dans l'expérience de l'entendement. Or, c'est en cela que consiste la déficience de la loi qui demeure dans la sphère du formalisme conceptuel, et c'est en ce sens que la loi de l'attraction universelle est la loi effective non simplement formelle.

Le formalisme conceptuel de la loi comme vérité de l'intérieur est en contradiction avec la loi comme catégorie universelle effective représentant des phénomènes réels. C'est ainsi que le concept de loi est négation de la loi, dans la mesure où par son abstraction, elle n'est pas fonctionnelle. La trajectoire de l'entendement dans son processus complexe au jeu différencié montre que son cheminement est d'explication. Il est en discussion avec lui-même par la médiation des catégories comme loi, intérieur et infinité, à travers elles, il exprime l'exigence de saisie rationnelle de la dimension intérieure des phénomènes. Le mouvement par lequel l'entendement montre le différencier intérieur comme énoncé de la nécessité se révèle non conforme à la Chose ; ainsi cette nécessité est du domaine du vide dans la mesure où elle est ineffective.

Hegel écrit alors : « la nécessité est ici un mot vide ; *il faut* justement que la force, *parce qu'il* [le] lui *faut*, se redouble ainsi[79]. » Puisqu'il est de l'essence de la force de se dédoubler, la nécessité n'est pas la modalité qui lui sied ; il en découle que le rapport du négatif et du positif est constitutif de la relation dialectique essentielle à la réalité du phénomène, notamment la force sous la forme de l'électricité. C'est en soi, dans le concept d'électricité que la positive et la négative existent comme vérité du dédoublement de la force.

On peut en déduire que l'énoncé conceptuel d'une chose ne recouvre pas la réalité de son existence, dans la mesure où son concept n'a pas induit son effectivité. De la contingence du phénomène, découle la contingence des lois. A ce propos, écrit Jean Hyppolite : « Il y a une contingence des lois de la nature et cette contingence se présente sous deux aspects complémentaires ; ou bien la loi n'exprime pas l'intégralité de la présence phénoménale, (...), ou bien il y a une multiplicité de lois empiriques (...)[80]. »

---

[79] *Phénoménologie de l'esprit*, p. 192.
[80] Jean Hyppolite, *Genèse et structures de la Phénoménologie*, *op.cit*, p. 125.

L'entendement a voulu rendre compte de la phénoménalité en saisissant ce qui l'anime substantiellement. La perception du phénomène dans sa dimension sursumée pose le suprasensible comme étant sa vérité. Or, la conscience s'est détournée de l'intérieur pour appréhender le mouvement propre à l'entendement. Il est vrai que la dialectique de l'entendement est sous le signe de la dualité constituante, c'est pourquoi toutes les catégories de la processualité y sont présentes et actives : jeu, opposition, différence, échange, commerce. Cependant, ce mouvement reste sous l'emprise de l'abstraction affectée par le sensible.

C'est ainsi que la conscience de l'intérieur passe du côté de l'entendement et se réduit à un mode d'explication tautologique. « Dans ce mouvement tautologique (…) ; il est un expliquer qui non seulement n'explique rien, mais est si clair que, en se disposant à dire quelque chose de différent de ce qui a été dit, il ne dit plutôt rien, mais répète la même chose[81]. » L'explication comme procédé d'entendement est la répétition du même, elle ne rend pas compte de la relation constitutive de la loi et de la force. C'est, en un sens, le jeu des forces qui se répète sous des modalités variées, mais identiques.

L'infinité comme vérité du procès d'effectuation de l'entendement

Jusqu'à l'émergence de l'infinité, la loi trouve sa diction dans la simplicité de la manifestation de l'unité processuelle, égale à elle-même, dans sa différence, qui est son dédoublement sous la forme d'un subsister qui recouvre tout le processus qui la constitue et qu'elle accomplit. C'est ainsi que Hegel, en cette étape ultime du procès d'effectuation de l'entendement, met l'accent sur l'infinité. C'est en ce sens qu'il convient de dégager le sens et la portée de cet advenir du concept qui organise la dialectique de l'entendement en tant que point culminant de ce parcours de la conscience dans sa dualité constituante. En quoi, l'infinité dans son surgissement s'articule-t-elle au procès de l'entendement ?

« Par l'infinité, nous voyons la loi achevée en elle-même jusqu'à la nécessité, et tous les moments du phénomène assumés dans l'intérieur[82]. » l'infinité montre le point d'aboutissement de la loi dans la nécessité. Nous avons vu comment la loi s'est conjuguée avec la nécessité dans sa détermination comme intérieur et vérité du

---

[81] *Phénoménologie de l'esprit*, p. 195.
[82] *Phénoménologie de l'esprit*, p. 201.

phénomène. Toutefois, ce que l'infinité montre, c'est la manifestation de la loi en tant que nécessité sans parvenir à son effectivité conceptuelle. La loi se veut infinité du phénomène, mais elle reste loi du phénomène et vérité de l'entendement. C'est pourquoi cette infinité est celle de la force. L'infinité comme aboutissement est la récapitulation du parcours de la loi dans la multiplicité de ses dimensions. Que la loi soit l'unité sans nécessité des différences qui s'opposent en tant qu'espace et temps, distance et vitesse, pesanteur et électricité, positif et négatif montre la multiplicité qu'elle tente d'unifier sans sursomption de leur diversité.

Comment doit se dire l'infinité dans sa profondeur abyssale ? N'est-ce pas en se manifestant sous le mode de « la différence *en soi-même* » que l'infinité va se déployer comme totalisation contradictoire et négative ? C'est en ces termes que Hegel caractérise l'infinité dans la sphère de l'entendement : « Cette infinité simple, ou le concept absolu, doit être nommée l'essence simple de la vie, l'âme du monde, le sang universel qui, (...), bat dans soi par conséquent sans se mouvoir, tremble dans soi sans être inquiet[83]. »

En s'étendant à la réalité de la vie et à l'étendue du monde dans son intériorité, la conscience parvient au concept de l'infinité qui résulte du procès du dédoublement de l'entendement dont les modalités sont le jeu des forces, la loi et la différence intérieure. C'est pourquoi, l'infini est la manifestation de la prise de conscience de la sursomption de la dualité, mais encore sous le mode de l'unité négative. Le concept absolu s'affirme comme infinité dans la dimension de l'entendement qui s'est déployé à travers le face à face sujet/objet en l'intériorisant à partir de son extériorité phénoménale. Animée dans sa structure par la négativité, la conscience perçoit les limites d'une réflexivité conditionnée par le sensible, en se faisant infinité, elle se tourne vers son intérieur non sous le regard de la phénoménalité, mais par son regard même, comme la perception se faisait réflexive pour s'appréhender dans l'acte de percevoir l'objet.

C'est dans le procès d'objectivation de l'intérieur dans soi-même que l'infinité se manifeste en tant que mouvement en soi et vers soi-même. En ce sens, elle est la vérité de tout le procès conscientiel dans son ascension vers ce qui constitue son être qu'elle identifiait avec l'objet comme ceci, universel, et phénomène. L'entendement au point

---

[83] *Phénoménologie de l'esprit*, pp. 201-202.

culminant de son devenir ne trouve-t-il pas sa diction dans l'infini sous le mode de « l'inquiétude absolue » ?

L'infinité révèle la vérité de l'essence négative et la structure oppositive de la conscience. Pourtant, à travers l'infinité, c'est l'égalité de la certitude et de la vérité qui est visée, mais cette égalité demeure sous l'emprise de la dualité. Celle-ci s'approfondit comme intérieur qui s'identifie à la loi comme vérité de la dialectique de l'entendement. Le mouvement qui a traversé ce chemin vers l'en-soi manifesté par la médiation de l'extériorisation de la conscience en phénomène est l'infinité. Celle-ci, est dès lors, l'inquiétude du concept dans sa dimension négative.

L'exposition de l'infini relève de la logique, dans la mesure où il s'agit d'un concept qui ne peut être appréhendé par le mode de pensée de la représentation constitutif du procès de la conscience. La sursomption de la finitude par l'infinité pose l'exigence nécessaire d'exposition de ce concept dans la logique qui est le lieu privilégié de la manifestation du contenu effectif libéré de tout dualisme, par conséquent de la représentation. La dialectique de l'entendement fait ainsi surgir un concept capital dans la pensée philosophique. Comme le fait remarquer Jean-Marie Lardic : « L'affirmation majeure de la philosophie, Hegel n'a cessé de le dire, est celle de l'infinité de la pensée. La philosophie ne fait d'ailleurs là que mettre en évidence la capacité même de toute la pensée et sa caractéristique fondamentale[84].»

Toutefois, l'infinité apparaît dans son immédiateté, donc en-soi, et la perception que nous avons d'elle n'est pas encore de l'ordre du pour-soi. Elle indique le chemin parcouru et l'énonce dans son advenir à soi. C'est pourquoi Hegel souligne que : « Cet acte de saisir la différence telle qu'elle est *en vérité*, ou l'acte de saisir l'*infinité* comme telle est *pour nous* ou *en soi*[85]. » C'est la conscience

---

[84] Jean-Marie Lardic, *L'infini et sa logique, Etude sur Hegel*, l'Harmattan, collection « La philosophie en commun », Paris, 1995, p. 34. La réflexion sur le procès de l'infini dans son effectuation logique procède d'une fluidité dialectique qui nous fait penser au procès du principe d'effectuation comme unité en mouvement des figures constitutives du parcours phénoménologique de la conscience. De ce point de vue, l'intériorité processuelle de l'infini en son mouvement logique s'apparente à la processualité dialectique du procès du principe d'effectuation.

[85] *Phénoménologie de l'esprit*, p. 204.

philosophique qui sait la signification de l'attitude que représente la conscience. Nous ne sommes pas encore dans la sphère du pour-soi. Néanmoins l'entendement, à travers sa dialectique où la tension du dédoublement anime son expérience, préfigure l'émergence de l'autoconscience, dont le contenu met en jeu la subjectivité comme objet de la conscience.

Maintenant, l'infinité est l'objet de la conscience, elle se manifestera comme vie, et procès de la conscience en tant qu'elle s'autodétermine comme sujet et objet, c'est-à-dire autoconscience. La vérité de l'objet ne peut être posée et reconnue que par l'autoconscience qui, dans son contenu, est en soi l'unité de soi et de son autre en tant que cet autre est son soi. Sous cet angle, l'entendement est le concept de l'autoconscience ; la vérité du procès de l'entendement comme exposition de la différence sera déployée dans son effectivité à travers les dialectiques de l'autoconscience.

La mise en évidence dans ce procès de la conscience concevante qu'est l'entendement de la scission en tant que différencier a une signification spéculative dans le procès du concept sous sa dimension phénoménologique. Il nous semble que la figure de l'entendement s'est manifestée en tant que moment où la conscience se confronte avec son objet comme acte de différenciation : il en est ainsi du jeu des forces, de l'opposition intérieur/extérieur, loi/phénomène, égal/ inégal, etc. Une logique de la différenciation traverse cette expérience et énonce l'altérité constitutive du philosopher hegelien à travers des catégories logiques dont la forme phénoménologique est déterminée par la dualité qui est l'essence de la conscience.

Le principe d'effectuation sous l'angle de la dialectique de l'entendement nous a montré l'advenir à soi de la conscience par la médiation du concept d'infinité. La certitude et la vérité ne sont pas encore parvenues à leur identité ; leur différence demeure sous le signe de la dualité phénoménale telle que l'a exposée l'effectuation de la Conscience à travers les expériences de ces trois figures : la certitude sensible, la perception et l'entendement. A la fin du chapitre sur l'entendement, Jean Hyppolite s'interroge en ces termes : « [...] la vérité, au-delà de la certitude, est posée dans cette certitude elle-même ; pourra-t-elle se conserver comme vérité dans cette certitude qui est pure subjectivité ?[86] » La confrontation certitude /vérité rythme

[86] Jean Hyppolite, *Genèse et Structures de la Phénoménologie*, *op.cit*, p. 136.

le procès de la Conscience sous la modalité de la confrontation sujet/objet. Si la vérité s'est effectuée dans la certitude en la sursumant, sa persistance dans la dialectique du sujet qui s'annonce doit se prouver, se concrétiser et se vérifier sous une modalité différente.

Cette logique de l'expérience montre que les figures s'interpénètrent selon une logique d'approfondissement et d'ascension dialectique, c'est-à-dire de sursomption. Chaque figure est révélatrice de la totalité spirituelle qui est en jeu dans le processus de constitution du principe d'effectuation qui organise le dynamisme constituant de la conscience. La révélation du contenu véritable et effectif de la conscience suit un cheminement dont les étapes sont traversées par l'organisation des expériences comme entités totalisantes qui, dans leur spécificité, sont articulées à la totalité spirituelle. C'est dans cette perspective que chaque configuration se déploie à son niveau sous le signe du principe organique du savoir absolu dont l'apparition signifie l'achèvement du procès phénoménologique de la conscience.

Nous avons tenté de déterminer le mode de processualité du principe d'effectuation dans la configuration de la Conscience, qui se déploie sous la modalité de l'objectivation phénoménale. Saisir la fluidité des expériences qui se déroulent dans le sens de la concrétisation de la conscience exige de suivre pas à pas le déroulement de ce procès du négatif qui ne se contente pas de l'immédiateté de sa manifestation. Le négatif se sursume dans le sillage de la progression de la conscience, dont chaque étape est marquée par un dépouillement significatif. La conscience avance en se confrontant avec la dualité qui la constitue, dont la forme logique est le négatif.

Il s'ensuit que la dialectique de la conscience est traversée par la logique de l'expérience qui n'est autre que le procès du négatif dans son parcours phénoménologique. Comment accéder à la cohérence d'une continuité dialectique sans percevoir le sens de la mutation sursumante des figures ? Conversion et négation sont les modalités de la disparition effectuante des figures dans leur aventure phénoménologique. Au cœur de ce mouvement, le sens d'une logique du concept qui, pour se déployer pour elle-même, doit laisser advenir l'effectivité sachante dans sa dimension phénoménologique.

Certes, la conscience en tant qu'automouvement de l'esprit est le principe de son effectuation. Cependant, son inscription dans l'économie de l'expérience dont la règle est de s'y enfoncer, fait que la conscience est sous le regard de la conscience philosophique qui appréhende le sens de ce devenir. Aussi, son procès est dans son fond advenir du concept par la médiation de la phénoménalité qu'elle assume. Hegel accorde une importance significative à la dialectique de la conscience dans la réalisation de l'esprit, qui est auto-réalisation. L'attention à la dimension conscientielle comme mode de concrétisation et de révélation de la substance spirituelle est constante dans le système hegelien.

Nous avons vu que la conscience s'acharnait à saisir immédiatement son objet et à établir son savoir sous le mode de l'intuition immédiate. En tant que conscience percevante, elle a réalisé les limites de ses visées tout en persévérant de façon plus complexe dans la même dynamique. Devenue entendement, elle s'est déployée sous le signe de la modalité du dédoublement des forces pour s'accomplir dans l'infinité en tant que contenu qui déborde la conscience dans son en soi.

B- LE PRINCIPE D'EFFECTUATION DANS L'AUTOCONSCIENCE.

I- La négativité autoconscientielle en tant que vie

Le redoublement intérieur dont nous avons vu l'énoncé conceptuel et abstrait dans la dialectique de l'entendement est le moteur de l'effectuation de l'autoconscience dans son procès de manifestation ; en fait la différenciation de la certitude et de la vérité qui a animé le parcours de la conscience en ces trois premières figures va s'autodéterminer sous la modalité de l'intériorité autoconscientielle. La conscience se présente ainsi déterminée par un objet double, sous la figure de toute l'étendue du monde extérieur, mais comme phénomène rapporté à l'objet qu'elle est intérieurement pour-soi. Cette conscience devenue autoconscience va s'effectuer sous l'angle de la subjectivité. La vérité et le concept d'esprit ont fait leur apparition, trouvant en l'advenir de l'autoconscience le procès de leur effectuation.

C'est ainsi qu'une série de figures marquées du sceau de la quête de la liberté et de la conquête de leur Soi vont se succéder dans le processus d'effectuation de l'autoconscience. Celle-ci annonce l'avènement du redoublement autoconscientiel dans l'énonciation de la dialectique de la Vie et du Désir. Le combat pour la reconnaissance, les figures du stoïcisme et du scepticisme, le malheur de la conscience sous la figure de la conscience malheureuse constituent ainsi les étapes décisives du procès du principe d'effectuation dans son parcours autoconscientiel.

Il importe comme toujours de suivre la démarche hegelienne qui consiste à procéder au bilan de l'expérience réalisée dans une figure qui se présente comme l'en-soi de la nouvelle figure afin de montrer comment va s'effectuer la nouvelle expérience. Selon une logique de continuité dialectique, de sursomption, l'émergence d'une figure se manifeste comme la vérité des figures antérieures.

Dans le premier paragraphe de la section autoconscience, Hegel récapitule le parcours déterminé de la conscience et montre sa vérité dans sa sursomption de cette totalisation première dans sa visée de la certitude. Pour mieux appréhender l'enjeu du mouvement de la conscience devenue autoconscience, il convient de souligner cette récapitulation de son expérience : « Dans les modes de la certitude jusqu'alors en vigueur, à la conscience le vrai est quelque-chose d'autre qu'elle-même[87]. » L'effectuation de la certitude en tant que certitude sensible, perception et entendement traduit l'être de la conscience sous la modalité de la présence de l'objet comme autre. D'où la disparition du concept du vrai qui ne peut s'énoncer sous le signe de son autre dans la mesure où cet autre n'est pas posé dans son soi propre. Il s'agit de l'émergence de l'en-soi s'achevant dans son abstraction, qui est le procès de la genèse du concept de l'esprit.

Sous sa forme conscientielle, l'esprit s'est effectué comme abstraction et procès de la dualité qui s'intériorise au fur à mesure de l'extériorisation de l'objet. L'expérience qui va se dérouler comme mode d'effectuation de l'autoconscience dans son redoublement intérieur met en scène la tension de l'intériorité se déployant sous le signe du Je comme identique à soi-même et dans son différencier s'auto-engendrant en tant que figures de la liberté ou moments déterminés de la négativité. L'énoncé du surgissement de l'en-soi dans son rapport à l'objet peut être formulé comme le résultat de la disparition de la certitude comme vérité et affirmation de l'égalité de la certitude et de la vérité

La dialectique de l'autoconscience se déploie ainsi au sein de la substance spirituelle en tant que manifestation de la sursomption de la conscience qui s'est autodéterminée comme certitude ayant l'objet comme vérité ; or, cette expérience s'est révélée négative, parce que « la certitude s'est perdue dans la vérité[88]. » La sursomption de la conscience dans l'autoconscience ne s'affirme pas comme dans la positivité de l'expérience de la vérité appréhendée sous la forme de la certitude de l'objet. Il en résulte que l'universel constitutif de l'expérience de la certitude sensible, de la perception et de l'entendement s'est révélé abstrait. Cette abstraction est le procès de manifestation de l'universel dans son advenir à l'effectivité. Si, la conscience a vu sa certitude disparaître, l'autoconscience, elle, va s'effectuer sous l'angle de l'affirmation de la certitude dans son égalité à la vérité. C'est pourquoi Hegel indique la différence entre les deux types d'expérience en jeu en montrant que ce qui fait la perte de l'une est l'acquisition de l'autre. « Mais, écrit-il, désormais a surgi ce

---

[87] *Phénoménologie de l'esprit*, p. 207.
[88] *Phénoménologie de l'esprit*, p. 208.

qui dans ces relations antérieures ne vint pas à effet, à savoir une certitude qui est égale à sa vérité, car la certitude est à soi-même son objet, et la conscience est à soi-même le vrai[89]. »

Il est important de saisir la différence du mode d'effectuation de la certitude et de la vérité en régime conscientiel et son déploiement au sein de l'autoconscience. Au niveau de la Conscience, comme nous l'avons vu, il s'agit pour toutes ses expériences de mettre à l'épreuve la certitude comme vérité sous le mode de l'immédiateté ou de l'universel, lequel est encore affecté par le sensible. Les figures de la conscience n'ont pas accédé à l'autonomie de la certitude en tant qu'elle est à elle-même son propre objet. De même que la conscience ne s'appréhendait pas comme étant sa propre vérité. Or, pour qu'il y ait conjonction de la certitude et de la vérité, la conscience se doit de devenir son objet aussi bien sous la modalité de la certitude que sous le mode de la vérité. Dans la conscience, le Ich = ich ne peut être posé. Cette égalité comme dédoublement de soi sous le mode d'égalité présuppose la réflexion sur soi en partant d'expériences antérieures. C'est pourquoi, l'autoconscience résulte de l'expérience de la réflexion à partir de l'extériorité dans soi sous le principe de la dualité qui devient à la fois son sujet et son objet. Quelque chose de décisif vient à jour avec le surgissement de l'autoconscience. « Avec l'autoconscience, nous sommes donc entrés maintenant dans le royaume natif de la vérité[90]. »

Pourquoi, est-ce avec l'autoconscience que se manifeste la vérité ? L'automouvement de la conscience posait la vérité sous une forme disparaissante sans le savoir. Or, la vérité ne trouve les conditions de sa manifestation effective que, dans une conscience qui est devenue à elle-même son propre objet, qui a intériorisé l'opposition sujet/objet dans sa phénoménalité. Le contenu de l'autoconscience comme vrai résulte ainsi du procès de la conscience dans l'effectuation de ses expériences. Dans l'horizon de l'autoconscience, la certitude sensible, la perception et l'entendement avec leur contenu déjà déterminé « ne sont plus comme des essences mais comme des moments de l'autoconscience, (…)[91]. »

---

[89] *Ibidem.*
[90] *Phénoménologie de l'esprit*, p. 208.
[91] *Phénoménologie de l'esprit*, p. 209.

Partant la vérité des expériences de la conscience apparaît dans son effectivité au niveau de l'autoconscience. C'est pourquoi, en se transformant en « abstractions » et en « différences », elles se révèlent être de l'ordre d'une vacuité disparaissante. Mais, en régime dialectique, la conversion de l'être en néant se révèle autrement plus riche et va apparaître sous une nouvelle dimension. Désormais, l'être de la conscience est posé dans son en-soi qui est le mode négatif de sa manifestation. Les figures de la conscience sont également sous le regard de l'autoconscience et procèdent de l'en-soi. A ce propos, Hegel montre comment surgit l'autoconscience : « [...], en fait l'autoconscience est la réflexion à partir de l'être du monde sensible et perçu, et le retour à partir de l'*être-autre*[92]. »

La configuration de l'autoconscience provient de la conversion dialectique de la conscience et de son échec à s'autodéterminer comme égalité de la certitude et de la vérité. Partant, les expériences qui la déterminent se déploient sous le signe de la différenciation, mode de manifestation de la subjectivité. Alors que l'objet était au centre de l'effectuation de la conscience, c'est le sujet qui est au cœur des figures qui vont se succéder dans cette totalisation qui se concrétise en tant que procès de la conscience sous le regard de soi-même, c'est-à-dire sous son propre dédoublement. Le redoublement de la conscience en tant que sujet et objet exprime le mode de constitution de l'autoconscience comme autodétermination de l'esprit *dans l'unilatéralité de la subjectivité*.

De ce fait, l'autoconscience assume la conscience en l'intériorisant dans sa phénoménalité, dans la première phase de sa réalité se constituant. C'est ainsi que Hegel montre la différenciation qui se constitue en deux moments qui concrétisent la dualité intériorisée de l'autoconscience. L'opposition de la conscience et de l'autoconscience, dans sa sursomption, va se manifester en tant que désir. La dualité qui est en jeu ne se déploie pas comme l'abstraction de la dualité conscientielle, mais elle s'oriente vers son accomplissement en tant que mouvement de consciences singulières inscrites dans la dynamique de la vie et de la quête de la reconnaissance.

En fait, l'autoconscience est mouvement d'une scission qui, pour s'accomplir, ne fait plus face à la phénoménalité dans son extériorité.

---

92 *Ibidem.*

Elle est unité d'elle -même et de son autre ; en-soi en tant que conscience et pour-soi dans son essence. C'est ainsi qu'elle unifie les deux moments dans le procès de sa configuration. « Avec ce premier moment, l'autoconscience [est] comme *conscience*, (…) ; mais, en même temps, seulement rapportée au second moment, l'unité de l'autoconscience avec soi-même ; (…)[93]. »

Il y a un phénomène de « reduplication » qui anime le procès de l'autoconscience : « En effet, se tournant vers le monde, la conscience ne découvre qu'elle-même : ainsi est-elle *auto*conscience[94]. » La structure différencielle de l'autoconscience découle ainsi de l'intériorisation de la phénoménalité qui est le mode d'expression et d'accomplissement de l'esprit sous le signe de la dualité qui la constitue ; c'est pourquoi, le procès de la phénoménalisation est la modalité de l'autodétermination de l'esprit en tant qu'autoconscience.

Nous pouvons constater que la *Phénoménologie* présente un double processus de concrétisation de la conscience à l'esprit par la médiation de la phénoménalité et de l'Esprit dans sa phénoménalisation. L'enjeu de l'effectuation se joue au niveau de cette réversibilité permanente qui caractérise le cheminement de l'autoconscience. Dégageant la portée essentiellement contradictoire comme étant « le jeu antithétique de la pensée », Jean Wahl écrit : « Si l'on étudie un passage de Hegel, par exemple les pages de la *Phénoménologie* sur la conscience malheureuse, on ne peut pas ne pas être frappé de ce perpétuel renversement du pour et contre, de ce passage du contraire au contraire, qui est un des traits les plus profonds de la pensée hégélienne[95]. »

S'il est vrai que la réversibilité des termes est caractéristique de cette logique du « renversement » des opposés, nous pouvons à loisir en

---

[93] *Phénoménologie de l'esprit*, p. 209.

[94] Gwendoline Jarczyk, Pierre-Jean Labarrière, *Les premiers combats de la reconnaissance*, *Maîtrise et Servitude* dans *la Phénoménologie de l'esprit* de Hegel, Texte et commentaire, Bibliothèque du Collège International de Philosophie, Aubier-Montaigne, Paris, 1987, p. 25. Cette étude a été menée dans le cadre d'un séminaire de recherche qui fut tenu au cours de l'hiver 1984-1985, au Collège International de Philosophie. Les pages introductives reviennent sur l'œuvre en mettant en perspective sa place dans le corpus hegelien soulignant ainsi son importance dans l'économie du philosopher hegelien avant de mettre en relief la spécificité de cette figure de l'autoconscience.

[95] Jean Wahl, *Le malheur de la consience dans la Philosophie de Hegel*, PUF, Paris, 1929, p. 1.

saisir une portée aboutie et significative au niveau du procès d'effectuation de l'autoconscience. La différenciation constitutive de son contenu qui se manifeste de manière distincte sous le principe de la reduplication traverse les expériences qui la constituent. Il y a comme une auto-réalisation de la négativité sous le mode de la scission constante.

Intériorisant le procès conscientiel à travers l'expérience du sensible comme dualité maintenue dans sa phénoménalité, l'autoconscience se présente sous le jour de l'unification du procès de la différenciation. Les expériences constitutives de son mouvement s'opèrent selon le principe de la confrontation de l'en-soi et du pour-soi comme structure oppositionnelle à la résonance existentielle et anthropologique qui anime sa trajectoire. Aussi, faut-il appréhender le sens de l'opposition du phénomène et de la vérité dans l'advenir d'une réalité spirituelle qui se constitue sous le mode d'un cheminement dont la vitalité renvoie au concept de désir. Dans la mesure où la conscience est tournée vers elle-même, elle est par conséquent conscience de soi, portée vers l'autre de soi qui, étant vie, est aussi désir. C'est en ce sens que « cette opposition de son phénomène et de sa vérité n'a pour essence que la vérité, à savoir l'unité de l'autoconscience avec soi-même ; il faut que celle-ci lui devienne essentielle ; ce qui veut dire [qu]elle est *désir* en général[96]. »

Dans son essence et dans sa structuration, la conscience est autoconscience quand elle se fait autre tout en étant soi-même ; intériorité se regardant comme telle et se mouvant en tant que subjectivité dédoublée en objectivité, traduisant son inquiétude en mouvement de soi vers son autre posé en soi. La réflexivité qui anime ce procès manifeste l'identité simple qui caractérise l'autoconscience, qui fait qu'elle n'est comme telle qu'en tant que d'abord la conscience s'est effectuée. Ainsi, elle est sa vérité dans la mesure où, elle déploie ce qui en elle restait sous le mode de l'être objectif. Appréhendé sous l'angle de l'intériorité, cet être objectif apparaît sous le mode du Je qui se redouble et se pose dans son rapport à soi considéré comme autre en tant que désir. « La conscience a désormais, écrit Hegel, comme autoconscience, (...) l'ob-jet de la certitude sensible et du percevoir, mais qui *pour elle* est marqué du *caractère du négatif*, (...)[97]. »

---

[96] *Phénoménologie de l'esprit*, p. 209.
[97] *Phénoménologie de l'esprit*, pp. 209-210.

Il convient de souligner que l'égalité à soi à laquelle est parvenue l'autoconscience est en soi, c'est-à-dire qu'elle est sous l'emprise d'une différenciation intériorisée, donc affectée de négativité. Etant donné que la sursomption est le mouvement d'intériorisation de la phénoménalité objective du sensible, l'autoconscience apparaît en tant que conscience de la dualité désormais saisie sous sa dimension intériorisée. C'est pourquoi l'objet de l'autoconscience est le négatif.

Avec le déploiement de l'autoconscience, il s'agit de la manifestation des ressources de la subjectivité. L'intériorité en mouvement qui définit la tension de l'accomplissement du sujet devenu objet à soi-même énonce son devenir qui, dans son effectivité conceptuelle, est l'authentique mouvement du contenu. Hegel met ainsi en relief le sujet : « Ce sujet, constitue la base à laquelle il [= le contenu] se trouve attaché, et sur laquelle le mouvement évolue encore et toujours. Il [= le sujet] se comporte autrement dans le penser conceptualisant[98]. »

Il en ressort que l'objet de la conscience n'est plus l'universel abstrait, mais l'être dans son mouvement, dans la mesure où la conscience est devenue *mouvement de soi-même.* Et, l'être se manifeste ainsi dans l'autoconscience : « L'*être* n'a plus la signification de l'*abstraction de l'être*, ni leur essentialité pure [la signification] de l'*abstraction* de *l'universalité* ; mais leur être est justement cette substance fluide simple du pur mouvement dans soi-même[99]. » La complexité croissante du cheminement de la conscience se traduit par l'essentialisation de la phénoménalité qui s'autodétermine en tant que concept simple de la substance spirituelle. Par conséquent, l'autoconscience est l'énoncé formel de l'esprit et instance de manifestation de la vérité. En un sens, elle est la raison dans son abstraction formelle.

La logique de l'auto-engendrement nous permet de saisir ainsi la structure d'enchevêtrement propre à la continuité phénoménologique qui définit la progression des figures. Inscrite dans l'horizon de l'effectuation, l'autoconscience entend dépouiller l'être de son abstraction pour le poser dans sa dimension spirituelle. A ce niveau, elle se manifeste sous le mode de la nécessité d'être à la fois la certitude et la vérité de soi-même. Cette exigence se traduit par la

[98] *Phénoménologie de l'esprit*, p. 118.
[99] *Phénoménologie de l'esprit*, p. 211.

conversion de la dualité en « unité négative » processuelle de la substance dans sa détermination encore phénoménale.

En effet, son contenu en tant qu'intériorité se déterminant dans la dualité apparaît sous le mode de l'infinité se présentant comme son objet. Aussi, son dynamisme s'effectue-t-il sous le signe de l'infinité absolue dans sa dimension encore négative. Fluide, elle se déploie comme le mouvement de médiation de soi à soi, par la négativité qui structure le procès de ses expériences inscrites dans l'horizon de la reconnaissance. Partant l'unité qui la structure est affectée de négation, son mode d'affirmation et de relation au sein de la totalité spirituelle. A ce propos, Hegel affirme que : « L'unité est dédoublée, parce qu'elle est unité absolument négative ou infinie ; et parce qu'*elle* est le *subsister*, alors aussi la différence n'a autostance qu'*en elle*[100]. »

En fait, la négation qui constitue l'autoconscience explique sa dimension d'opposition intériorisée et l'affirmation des figures qui se manifestent en tant que figures de l'autostance telle qu'elle est constitutive du stoïcisme, du scepticisme et de la conscience malheureuse. Chacune de ses figures est une forme déterminée de cette négativité en mouvement dont le sens est de révéler que l'autostance comporte la différence qui traduit existentiellement la nécessité de la reconnaissance comme schème anthropologique qui est au coeur de la dialectique de la maîtrise et de la servitude, figure exemplaire et emblématique du devenir de l'autoconscience. Pourtant, la substance qui l'anime est caractérisée par sa processualité constitutive de la configuration des figures dont l'effectuation ressortit à sa fluidité.

L'infinité de la substance se manifeste au niveau de l'autoconscience comme négation subsumée sous le dédoublement dont le sens est la partition de la conscience en tant que conscience de la différence, qui s'autodétermine à travers les extrêmes qui la travaillent pour l'acheminer vers l'essence de son effectuation. Ces extrêmes définissent le tracé de l'autoconscience comme le procès de la différence posée et extra-posée dans l'extériorité de l'en-soi qui, dans la forme, est pour-soi, mais ne s'est pas accomplie comme telle.

---

[100] - *Phénoménologie de l'esprit*, p. 211.

L'analyse que fait Hegel du procès de la différence qui anime l'autoconscience aboutit à l'émergence de la vie comme détermination concrète de cette fluidité universelle. La vie est mouvement parce qu'elle est processus ; voici comment Hegel la présente : « La vie, dans le medium fluide universel, un *calme* acte d'extraposer les figures, en vient justement par là à être le mouvement de ces mêmes [figures], ou [à être] la vie en tant que *processus*[101]. » La vie en tant que figure ou détermination effective de la fluidité universelle est le processus même d'effectuation des figures dans leur devenir. L'autoconscience qui s'effectue à travers son parcours phénoménologique est la vie de l'esprit telle qu'elle se manifeste dans sa phénoménalité.

Certes, le mouvement disparaissant des figures s'apparente à une dissolution permanente qui est aussi une caractéristique de la vie dans la mesure où, elle est le cycle qui parcourt le vivant depuis sa naissance, jusqu'à son achèvement qui peut signifier la mort, en ce sens que le devenir s'est réalisé et a atteint ses limites. L'autoconscience expose dans sa dimension phénoménologique l'unité dialectique de l'identité et de la différence. La vie y apparaît non comme la substance des êtres vivants, mais comme inquiétude et négativité productrice des êtres vivants en tant qu'expression de cette fluidité universelle. Analysant le passage de la conscience à la conscience de soi, Jean Hyppolite écrit : « [...] cette vie est inquiétude, inquiétude du Soi qui s'est perdu et se retrouve dans son altérité ; elle n'est jamais cependant coïncidence avec soi, car elle est toujours autre pour être soi-même ; elle se pose toujours dans une détermination, et se nie toujours pour être soi-même, parce que cette détermination, en tant que telle, est déjà sa première négation[102]. »

Il apparaît que le dynamisme structurel de l'autoconscience se manifeste en tant que processus vital caractérisé par l'inquiétude inhérente à la vie. L'en-soi et le pour-soi se déploient en son sein dans le sens de l'intuition fondamentale qui, dans son essence, est négation constante de soi et dans son rapport à l'autre : cette négation s'autodétermine comme être. Il en découle que, pour être, il faut nier tout en s'autoniant : le dédoublement de l'autoconscience est auto-négation.

---

101 - *Phénoménologie de l'esprit*, p. 212.

102 - Jean Hyppolite, *Genèse et structure de la Phénoménologie*, *op.cit*, p. 145.

C'est cette essence négative qui définit l'autoconscience et lui confère la dimension de concept de l'esprit. L'être vivant pour être, est constamment renvoyé à une altérité, puisque sa détermination en tant qu'être est négation. C'est ainsi que la dialectique de la vie peut être présentée en tant que devenir de l'homme *sous la modalité de son altérité essentielle.* C'est la quête de la prise de conscience de la vie ou la transformation de la vie en conscience qui se manifeste comme l'inquiétude féconde qui atteste de l'universalité de l'être en tant qu'individualité consciente de son existence. C'est dans cette perspective que chaque « figure individuelle » est la manifestation de la « vie universelle » qui constitue son « essence » et sa substance. Parce que la substance est vie. Le devenir esprit de la conscience est médiatisé dans sa négativité par l'autoconscience.

Aussi, convient-il de saisir la portée de cette négativité à l'œuvre dans le processus universel de la vie en tant que substance dans son devenir sujet par la médiation de l'autoconscience. Ce procès d'effectuation de l'autoconscience se déploie sous le mode de l'autodétermination de la vie à travers des figures singulières, dont l'essence est la substance universelle, par la médiation de la négation. C'est pourquoi, la figure autoconscientielle dans son effectivité a sursumé la différence en s'affirmant dans sa singularité concrète, comme le souligne Hegel : « La substance simple de la vie est donc le dédoublement d'elle-même dans des figures, et en même temps la dissolution de ces différences subsistantes ; et la dissolution du dédoublement est tout aussi bien acte de dédoubler, ou un acte de dé-membrer[103]. »

La dialectique de la vie se présente donc dans sa fluidité constitutive et constituante comme une différenciation-dissolution universelle qui se particularise à travers des formes vivantes déterminées. La vie apparaît alors en tant que « medium universel » lieu de conjonction de l'universalité de son processus et de la singularité de son effectivité sursumante. Elle est, dans cette perspective, mouvement de concrétion dont les déterminations sont les figures particulières. Son procès se caractérise ainsi par la dissolution sursumante et la différenciation qui voit se succéder une multiplicité de formes vivantes.

C'est cette fluidité qui définit la vie comme processus de conversion de l'universalité de la substance en figure vivante. Ce qui constitue l'effectivité de ce mouvement qui pose l'être de la figure au sein du

---

103 - *Phénoménologie de l'esprit*, p. 213.

négatif, c'est la puissance d'abstraction qui convertit l'essence en être vivant. La vie ne serait pas le procès universel de la substance sans détermination effective. Or, dès qu'elle s'autodétermine et se particularise à travers une figure vivante, elle est vouée à la dissolution et se manifeste en tant que négation de la figure constituée. De ce fait, la vie est processus universel qui ne peut s'épuiser par la médiation des vivants qui l'incarnent. Elle est fluidité circulaire qui, par une sorte de rotation, est dans une dynamique d'affirmation-négation. Dans ce passage, Hegel définit ainsi la processualité circulaire qui caractérise la vie : « C'est ce cycle total qui constitue la vie, [ce n'est] ni ce qui se trouva énoncé d'abord, la continuité et massivité immédiates de son essence, ni la figure subsistante et le discret étant pour soi, ni leur processus pur, ni non plus l'acte simple de saisir ensemble ces moments, mais le tout se développant et dissolvant son développement et se maintenant simple dans ce mouvement[104]. »

La vie est procès d'effectuation dans la diversité et la multiplicité de sa manifestation dont la modalité essentielle est la négativité. Ce qui se constitue dans sa dynamique de fluidité n'est effectif que dans la mesure où cela disparaît au profit de son autre qu'il a en son sein parce qu'il est dans le processus de la vie. Dans son immédiateté, la vie se pose comme substance simple représentée par les éléments vivants que sa réflexivité pose sans qu'ils en soient conscients. C'est ainsi que tous les êtres vivants participent de ce processus en tant qu'éléments de la totalité circulaire qu'est la vie. C'est en se faisant « unité universelle » que la vie devient genre et à ce titre se concrétise en tant qu'universel se singularisant et s'autodéterminant à travers des formes particulières déterminées. C'est pourquoi, la dialectique de la vie est essentiellement déterminée par le mouvement de la différence intérieure qui s'extrapose dans l'extériorité en prenant des formes déterminées. Et, c'est ce processus qu'est la vie même qui se manifestera à travers la dialectique de l'autoconscience dans son dédoublement.

Il en ressort que l'intelligence du procès des figures qui sont en jeu dans le procès d'effectuation de l'autoconscience exige la perception de la fluidité universelle de la vie dans son autodétermination à travers les figures de la vie qui sont ici à l'œuvre. Qu'est ce qu'une figure de

---

[104] - *Phénoménologie de l'esprit*, p. 213.

la vie ? Nous pouvons dire qu'une figure de la vie est une figure autostante caractérisée par sa spécificité au sein de la substance vivante, résultant de la différenciation et soumise à la règle de la dissolution. Elle est un moment qui se constitue comme résultant de la conjonction en mouvement de la forme particulière et de la substance universelle.

Il ressort de l'effectuation de la vie comme processus, que la négation est à l'œuvre, et que chaque manifestation déterminée de la vie est une figure spécifique, qui, à son niveau, exprime la totalité processuelle qu'est la vie. L'abstraction de la vie s'apparente au principe de la négativité qui est au cœur du mouvement, et c'est cette négativité qui s'autodétermine comme désir et va être la modalité de la lutte pour la reconnaissance. Dans cette perspective, la trajectoire du négatif se présente dans son dédoublement à la fois comme désir et vie, mais aussi, en tant qu'elle est médiation des extrêmes qui s'inscrivent dans une logique de fluidité. C'est alors comme l'énonce Hegel qu'« En la vie qui est l'objet du désir, la *négation* est ou bien *en un autre*, à savoir le désir, ou bien comme *déterminité* en regard d'une autre figure indifférente, ou bien comme sa *nature universelle inorganique*[105]. »

Les trois formes déterminées de la négation qui apparaissent dans ce passage montrent la connexion profonde entre le désir, la négation et l'altérité. C'est la confrontation des consciences individuelles inscrites dans le procès dialectique de l'autoconscience qui confère une signification anthropologique à la négation qui mérite d'être appréhendée à travers le procès de la reconnaissance. Car, « *L'autoconscience n'atteint sa satisfaction que dans une autre autoconscience*[106]. »

---

105 *Phénoménologie de l'esprit*, p. 215.
106 *Ibidem*.

II- Le principe d'effectuation sous le mode de la reconnaissance : Maîtrise et Servitude

Le redoublement comme procès d'effectuation de l'autoconscience

Les pages introductives de la section Autoconscience présentent sa structure générale, son concept, la réflexivité qui l'anime, le sens de son effectuation et les enjeux de son procès phénoménologique. Les trois moments constitutifs du « concept de l'autoconscience » définissent ainsi sa configuration concrète à travers le sujet qui, dans son indétermination, est son énonciation immédiate et abstraite. Sursumée comme telle, cette subjectivité, est « médiation absolue » et à ce titre est désir. Telle est la trajectoire de l'autoconscience comme conscience vivante, donc désirante. C'est pourquoi, l'essence du désir est la négation, l'éveil à la reconnaissance de l'autre dans son altérité irréductible. Le Je se dédouble et se pose comme soi et son autre dans une relation réflexive qui trouve sa traduction phénoménologique dans la confrontation entre deux autoconsciences singulières. L'autoconscience se sursume en tant que concept simple et procès d'une substance réflexive et se pose comme « autoconscience vivante ». Alors pour Hegel, à partir de ce moment la présence de l'autoconscience renvoie à l'autre en tant qu'autoconscience : « Il y a une *autoconscience pour une autoconscience*[107]. »

C'est l'effectuation de ce processus qui se pose en soi-même comme autre et dans l'autre comme soi-même qui met en scène ce qu'est l'autoconscience dans la complexité de la nature du dédoublement qui ouvre le Je à son autre. Dans les figures qui se succèdent en son sein, l'enjeu est de montrer comment se concrétise l'être réflexif et médiatisant de l'autoconscience sous sa forme anthropologique (maîtrise et servitude), sous la forme de figures de la liberté, de manières de vivre et de penser (stoïcisme et scepticisme) et religieuse (conscience malheureuse).

L'autoréflexivité qui fait advenir la conscience en tant qu'autoconscience implique que le sujet et l'objet soient posés dans le principe de leur identité structurelle dont le déploiement est inscrit comme médiation de soi à soi sous le mode de la différenciation résultant du redoublement de la conscience. Il ne s'agit plus de la dualité phénoménale, mais du procès de dédoublement de la

---

[107] *Phénoménologie de l'esprit*, p. 216.

conscience devenue autoconscience. C'est pourquoi, écrit Hegel : « En tant que c'est une autoconscience qui est l'ob-jet, il est tout aussi bien Je qu'ob-jet[108]. »

Il se dégage ainsi de la structure de l'autoconscience se manifestant en tant qu'objet, qu'elle est autant sujet qu'objet. Elle ne peut être sous la modalité de la médiation sujet/objet qu'en tant qu'autoconscience, unité de soi et de l'autre. « Du coup est déjà présent-là pour nous le concept *de l'esprit*[109]. » La structure de l'autoconscience dans son devenir pose le concept de l'esprit comme devant se manifester dans l'histoire, et c'est au niveau du savoir absolu, que va advenir effectivement l'esprit comme identité du sujet et de l'objet, de la certitude et de la vérité. Ce que l'esprit va déployer dans la concrétude de l'histoire à travers les figures de la culture et de la civilisation, l'autoconscience en constitue l'émergence conceptuelle et l'énoncé formel, c'est-à-dire principiel.

Cette présence de l'esprit sous sa *forme autoconscientielle* va s'articuler autour de trois expériences qui constituent le procès de la substance spirituelle sous le régime de la conscience devenue autoconscience. La première expérience est celle de la dialectique de la maîtrise et de la servitude. Elle représente la figure la plus célèbre de la *Phénoménologie de l'esprit* et revêt ainsi une signification singulière de par le schème anthropologique qu'elle dégage, dont la portée philosophique a eu des implications autant historiques que politiques, y compris dans l'actualité la plus récente.

Il ne s'agit pas, pour nous de discuter de ces lectures, mais de saisir l'économie de cette figure dans le procès d'effectuation de l'autoconscience en l'articulant au mouvement du principe d'effectuation. La processualité qui anime notre réflexion procédant de la succession des figures, il y est question de la considération particulière d'une figure étant entendu que chaque figure de la conscience est dans sa particularité déterminée porteuse de la totalité spirituelle tout en la replaçant dans l'économie du tout. La dialectique de la maîtrise et de la servitude, dans certaines interprétations, fut surdéterminée au point de réduire le sens de la *Phénoménologie de l'esprit* à une sorte d'anthropologie politique. Telle fut la portée singulière de l'interprétation d'Alexandre Kojève.

---

[108] *Ibidem.*
[109] *Ibidem.*

Quelle est la portée de cette figure dans le procès de l'esprit se constituant ? En quoi le procès de la reconnaissance révèle-t-il une étape significative de la manifestation du principe d'effectuation ? Le cheminement de la conscience, qui est un parcours structuré par la dualité dont l'expérience de l'entendement a vu surgir l'infinité, montre le retour de la conscience vers elle-même. Cette réflexivité traduit le tournant qui s'est effectué dans la mise en effectuation de la conscience dont le redoublement résulte de l'intériorisation de l'objectivité telle qu'elle s'est dégagée en tant que contenu de la conscience. C'est pourquoi, il s'agit pour l'autoconscience de se mettre elle-même à l'épreuve en vérifiant la certitude de la présence de l'autre comme constitutive de son essence et de sa structure en mouvement. Car, il ne peut y avoir de vérification de cette certitude, donc de reconnaissance qu'entre deux autoconsciences vivantes et qui sont portées par le désir de ce qui les constitue en tant que consciences. Il ne peut y avoir de reconnaissance entre la conscience et l'objet.

La transposition du procès d'extériorisation de la conscience dans son intériorité réflexive résultant de l'expérience des tentatives de la saisie immédiate de l'objet, ouvre la conscience à l'expérience d'elle-même. C'est sous le signe de la prise de conscience de la réalité du dédoublement de soi par la médiation de la présence de l'autre en tant qu'autoconscience que s'ouvre cette expérience de la médiation de l'altérité par le redoublement de soi. La conscience ne s'est pas dédoublée par une juxtaposition ou une provenance extérieure d'une conscience surdéterminée, mais elle procède d'elle-même, c'est-à-dire de la continuité dialectique de la succession phénoménologique des figures.

La signification de cette figure est de l'ordre de la constitution de la réalité d'une figure qui se meut dans sa structure propre, illustrant la fécondité de la dualité conscientielle dans son redoublement à travers son devenir autoconscience. Elle est traversée par la requête de l'autostance, du subsister par soi-même, dont le sens est de montrer qu'elle tient par elle-même sans s'arracher à la logique processuelle qui définit l'économie de la « *matrice phénoménologique* » de continuité sursumante dont la progression est de conversion. La signification particulièrement surdéterminée de cette figure nous invite à une vigilance qui souscrit à l'expérience qui anime l'articulation de la conscience à elle-même pour dégager l'altérité qui est en jeu dans le dédoublement de la conscience.

L'autoconscience est par essence présence à soi dans son altérité essentielle. Parce que ce qu'elle est en-soi et pour-soi est structurellement ce que l'autre est en-soi et pour-soi. Structure autoréflexive en mouvement, l'autoconscience est déterminée par le jeu de miroir d'une identité qui contient sa différence et d'une différence faite de son identité. Cette structuration pose l'exigence de reconnaissance. En effet Hegel présente ce processus de manifestation de l'autoconscience en l'articulant au rapport dialectique de l'unité et de la dualité constitutive d'une altérité en quête de reconnaissance. « L'autoconscience est *en* et *pour soi* en tant que et par le fait qu'elle est en et pour soi pour une autre [autoconscience] ; i.e., elle n'est que comme quelque chose de reconnu[110]. »

La structure de l'autoconscience est une mise en relation redoublée qui implique la reconnaissance, dans la mesure où, elle s'autodétermine en tant qu'elle est en rapport avec une autre autoconscience. Ce qui la constitue dans son essence, c'est la présence de l'autre qui exerce sur elle ce qu'elle exerce sur soi et sur son autre. La reconnaissance découle ainsi de la nécessité pour l'autoconscience d'être la certitude de son redoublement en tant que procès de reconnaissance. Celle-ci est un phénomène inhérent à l'expérience de l'autoconscience comme figure de l'altérité en procès.

Le paradigme de cette expérience est le redoublement constitutif de l'autoconscience qui cherche à s'inscrire dans la réalité de la diversité des consciences individuelles. C'est pourquoi l'expérience de la conscience dans sa relation avec soi-même va être sursumée par le face à face des autoconsciences qui s'inscrivent dans un rapport antagonique. C'est le procès de la reconnaissance qui entre en jeu et qui fonctionne comme le moteur de cette expérience. Le concept de l'autoconscience va s'effectuer et se configurer à travers la dialectique de l'affrontement de deux individus qui vont mettre à l'épreuve les ressources de la substance spirituelle. L'épaisseur de l'autoconscience dans l'advenir du procès de la reconnaissance se manifeste comme un jeu de miroir montrant l'autoconscience dans son essence de dédoublement. Celui-ci traduit son essence « duplicative » où elle fait face à elle-même en s'extraposant afin de s'inscrire dans la

110 *Phénoménologie de l'esprit*, pp. 216-217.

trajectoire d'un antagonisme dont la figure ressortit à la confrontation de deux individus engagés dans une sorte de « lutte à mort » pour la reconnaissance.

L'intérêt de cette figure en tant qu'elle se situe au niveau de l'effectuation du concept de la reconnaissance implique le tracé de tout le mouvement phénoménologique où il est question de la reconnaissance du savoir en tant qu'égalité effectuée de la certitude et de la vérité. La dualité qui est ici à l'œuvre a déjà sursumé la phénoménalité dans sa dimension objective pour lui conférer son sens spirituel, celui de la reconnaissance au sein de la communauté spirituelle des consciences. En régime hegelien, l'affrontement des consciences traduit le procès du négatif, dont l'épaisseur logique se conjugue avec sa dimension phénoménologique. Que la figure de la maîtrise et de la servitude ait une résonance anthropologique selon certaines interprétations ne la dépouille pas de sa configuration essentiellement phénoménologique, au sens où c'est de la phénoménalisation de l'esprit qu'elle découle autant que toutes les autres figures de la *Phénoménologie*.

Etant donné que l'autoconscience se présente sous le mode du redoublement, l'autoconscience qui lui fait face et s'oppose à elle est *l'advenir de soi comme autre*, mais *sous la forme d'une autre autoconscience* qui va au-delà d'un pur jeu de miroir puisqu'il s'agit du procès de la reconnaissance. Pour se reconnaître, il faut deux autoconsciences et qui se reconnaissent comme telles, tout en s'inscrivant dans un processus qui les conjoint dans leur trajectoire déterminée par la quête de la liberté. Car, le mouvement de l'autoconscience se situe dans la sphère de l'action que la conscience effectue sur elle-même et sur l'autre autoconscience qui, à son tour, s'applique à elle-même et applique à l'autre autoconscience son action. « Pour être elle-même- elle ne l'est que dans la mesure où elle se rapporte à un être- autre authentique-, il lui faut donc sursumer cet être-autre sien en tant qu'il n'est d'abord que sien, en d'autres termes, c'est donc la « sienneté » de l'autre qui se trouve visée dans la sursomption[111]. »

Il convient de remarquer que l'altérité qui se manifeste dans cette expérience de l'intériorité s'extériorisant procède, dans son double

---

[111] Gwendoline Jarczyk et Pierre- Jean Labarrière, *les premiers combats de la reconnaissance*, *op. cit*, p. 84.

sens, de la structure relationnelle inhérente au mouvement de la reconnaissance. C'est pourquoi, l'autodétermination de l'autoconscience s'effectue comme le mouvement de la dualité dans le sens d'un redoublement qui définit son mode de manifestation. Comment se présente ce mouvement de reduplication ? Hegel l'exprime comme l'expérience de la conjonction de l'unité de l'autoconscience dans la réalité de son procès de différenciation qui est de réciprocité. Nous pourrons dire que, pour que la reconnaissance ait un sens, il faut que cette réciprocité s'exprime à travers un mouvement de médiation de soi à l'autre qui définit le rapport de l'autoconscience à l'autre que soi en tant qu'autoconscience. Il ne s'agit donc pas là de conscience abstraite, mais de conscience singulière et vivante.

En effet, « Le mouvement est donc purement et simplement le [mouvement] double des deux autoconsciences. Chacune voit *l'autre* faire la même chose que ce qu'*elle* fait ; chacune fait elle-même ce qu'elle exige concernant l'autre ; et fait ce qu'elle fait pour autant *seulement* que l'autre fait la même chose ; l'agir unilatéral serait vain ; car ce qui doit arriver ne peut venir à effet que par les deux[112]. » Le concept de l'agir fait son entrée à ce niveau du développement de la conscience avant son effectuation pour lui-même au niveau de l'effectuation de la raison comme pour anticiper la concrétude qui, désormais anime le procès de la conscience dans son étape autoconscientielle.

Certes, l'autoconscience ne s'est pas libérée de la dualité qui constitue la règle de manifestation des figures qui la constituent, mais une forme d'autodétermination est présente dans la dynamique de l'expérience de l'autoconscience sous l'angle de « la lutte à mort ». L'essence de l'autoconscience est non seulement le désir qui est négation, mais l'affirmation du principe de l'autostance, dont l'enjeu est la constitution de la configuration anthropologique des figures de la liberté.

Il s'agit maintenant de voir comment s'effectue le procès de la reconnaissance et comment se constitue l'antagonisme des autoconsciences. Etant donné que la structuration de leur relation antagonique résulte du désir d'autostance et de liberté, il convient de saisir le mouvement de négation de leur position naturelle pour

---

[112] *Phénoménologie de l'esprit*, p. 218.

conquérir la dignité de l'autoconscience libre. Le risque de mort doit être éprouvé par chacun des protagonistes. C'est cette expérience qui constitue l'originalité de l'expérience existentielle que les autoconsciences qui vont s'affronter vont vivre comme expérience de la liberté et de la vie.

C'est ainsi que, dans une dynamique de présentation de la nature immédiate et naturelle de l'autoconscience, Hegel écrit : « L'autoconscience est d'abord être-pour-soi simple, égale-à-soi-même par l'acte d'exclure tout *autre hors de soi* ; son essence et objet absolu lui est *Je* ; et, dans cette *immédiateté*, ou dans cet *être* de son être-pour-soi, elle est [*quelque chose de*] *singulier*[113]. »

Dans son immédiateté, l'autoconscience est être pour-soi posé dans son égalité et ce, dans la négation de l'autre. Affirmation de soi et négation de l'autre constituent les caractéristiques de l'autoconscience. Le contenu de sa négation est l'autre autoconscience qui lui est aussi égale dans son essence, même si elle se positionne dans sa simplicité en refoulant l'autre comme inessentiel, ce qui est déterminant dans l'identité des protagonistes. En fait, la négation va jouer le rôle de constitution de l'identité de chaque protagoniste comme inscrit dans une dynamique de confrontation où la position est fonction de l'investissement dans le désir de reconnaissance, par la médiation du risque de mort qui serait la négation suprême. Il n'y a pas de détermination métaphysique de la position des protagonistes, c'est du courage et du sacrifice devant le risque de mort, de négation déterminée que dépend la conquête de la position d'être libre (Maître) et par conséquent l'autre position, de subordination, celle de l'être non libre (Serviteur).

Hegel a souligné la condition de l'accès à la posture d'individu libre : « Et c'est seulement par l'acte d'engager la vie que [se trouve avérée] la liberté, (...). L'individu qui n'a pas risqué sa vie peut bien se trouver reconnu comme *personne* ; mais il n'a pas atteint à la vérité de cet être-reconnu comme une autoconscience autostante[114]. » En fait, c'est dans un processus de mise à l'épreuve de sa vie dans son dédoublement que s'acquiert l'autoconscience en tant que prise de conscience de la liberté. Cette épreuve ne peut faire l'économie de la confrontation avec le risque de mort pour conquérir le Soi spirituel

[113] *Phénoménologie de l'esprit*, p. 219.
[114] *Phénoménologie de l'esprit*, pp. 220-221.

comme sursomption du Soi naturel. Pour parvenir au Soi libre, il faut vaincre le Soi naturel et le sursumer par la médiation du *risque de sa vie*. Dans cette perspective, écrit Jean-Marie Vaysse : « En effet, c'est par le risque de sa vie que l'on prouve sa liberté, et seul celui qui affronte la mort sera reconnu comme personne[115].»

Le principe de la reconnaissance exige donc une équivalence des postures devant le risque de mort et l'affirmation du désir de reconnaissance par l'adhésion à la liberté comme valeur essentielle, du moins au commencement de l'aventure de la confrontation des autoconsciences. L'individu qui affronte son autre qui est dans la même disposition guerrière que lui, en vue de la quête de la liberté, est censé s'être dépouillé du pur sentiment de soi, expression de son appartenance à la nature en tant qu'« être-englouti dans l'expansion de la vie ». Car, l'exigence de liberté et d'autostance présuppose le sacrifice de son immersion dans la vie naturelle et de l'attitude qui consiste à se préserver de la négativité inhérente au désir de sursomption de l'existence immédiate et sensible. La préservation de la vie naturelle en tant que désir de persévérance dans l'être sans l'épreuve de la négation et de l'angoisse de la mort, est antinomique à la quête des valeurs qui élèvent l'individu à la dimension de l'être libre. La trilogie : vie, mort, liberté, va structurer l'expérience de la dialectique de l'autoconscience, comme pour mettre à l'épreuve la nécessaire « authentification » du désir de reconnaissance.

C'est pourquoi la constitution de la relation des deux individus se présente en tant qu'expérience de la négation de soi et de l'autre jusqu'au point extrême du risque de néantisation que constitue la mort. En ce sens Hegel écrit : « La relation des deux autoconsciences est donc ainsi déterminée qu'elles *s'avèrent* elles-mêmes et l'une l'autre par le combat [portant] sur vie et mort[116]. » Le combat à mort qui va se livrer a pour finalité la vérification de la capacité à atteindre l'être pour-soi par la médiation de la confrontation avec le « maître absolu » qu'est la mort. Convertir la certitude de soi de l'être en-soi en être pour- soi exige l'entêtement dans le désir de reconnaissance en s'affrontant à l'autre autoconscience. D'où la nécessité de poursuivre le combat jusqu'à ce que l'expérience de la liberté soit avérée par la

---

[115] Jean Marie Vaysse, *Hegel et la question de la mort* in *Hegel*, les Cahiers d'Histoire de la Philosophie, sous la direction de Maxence Caron, Editions du Cerf, Paris, 2007, p. 173.
[116] *Phénoménologie de l'esprit*, p. 220.

sursomption de la mort. Sous la forme d'un impératif, Hegel poursuit : « Il leur faut aller à ce combat, car il leur faut élever la certitude d'elles-mêmes *d'être pour soi* à la vérité, en l'autre et en elles-mêmes[117]. »

La réflexion sur la mort est en relation avec la mise en relief de la mutation décisive de la conscience dans son advenir à soi par la médiation du négatif. Le cheminement phénoménologique de la conscience s'apparente à une expérience de la mort, dans la mesure où la conscience se déploie selon une logique de conversion où chaque figure en s'accomplissant trouve sa vérité dans sa disparition, condition du surgissement d'une autre figure. Cette règle du développement phénoménologique procède d'une logique de mort en ce sens que vie et mort rythment ce processus jusqu'au terme des expériences qui se succèdent dont l'ultime disparition est l'avènement du savoir absolu. La mort, qui est nommée constamment à travers cette succession d'expériences comme négativité, se révèle dans sa dimension vitale, constitutive de la vie et de la liberté. C'est à ce titre que l'affrontement des consciences rend compte de la sursomption de la position naturelle de l'individu qui ne peut affirmer sa liberté qu'en s'élevant à une posture qui convertit le sentiment de soi en conscience de l'affirmation de l'être en rapport à la valeur que représente la vie inscrite dans l'horizon de la valeur liberté.

La lutte à mort comme procès d'effectuation du désir de reconnaissance

Le processus de confrontation des individus commence avec la mise en scène de cette séquence où « l'individu entre en scène face à un individu », pour conquérir une position par la médiation de la reconnaissance. Qu'est-ce qui va se passer, une fois que les individus sont entrés dans un rapport antagonique où prévaut le risque de mort ? La confrontation qui s'engage à ce niveau à partir du désir de reconnaissance commence par l'immédiateté de la vie qui est le propre de tout être vivant qui aspire à conquérir une position d'autostance, expression de l'affirmation de soi. Il en découle une négation qui vise l'anéantissement de l'autre ou sa domination pour être le miroir de la puissance avérée du vainqueur à l'issue de la confrontation. Car, si la lutte à mort ne sursume pas la vie du protagoniste vaincu, la victoire

[117] *Phénoménologie de l'esprit*, p. 220.

n'aurait pas de sens. La négation abstraite n'est pas la mort biologique qui est suppression de la vie.

D'où la nécessaire préservation de la vie en élevant l'autoconscience comme certitude authentifiée par la victoire. L'affrontement de deux autoconsciences qui se présentent dans l'égalité de leur être et de leur désir de reconnaissance met en scène ce que l'expérience de la liberté peut révéler quand il est question du risque de mort. Au niveau de chaque autoconscience individuelle, l'épreuve de la certitude de soi est confrontée à la nécessité de sa reconnaissance. « Chacune est bien certaine de soi-même, mais non de l'autre, et c'est pourquoi sa propre certitude de soi n'a encore aucune vérité ; car sa vérité serait seulement que son être-pour-soi se serait présenté à elle comme ob-jet autostant, ou, ce qui est la même chose, [que] l'objet [se serait présenté] comme cette pure certitude de soi-même[118]. »

Il s'agit de la quête de la reconnaissance, qui n'est pas du ressort de la conscience dans son intériorité, mais de son rapport à l'autre conscience qui désire aussi être reconnue. Les deux protagonistes portent leur désir sur une même chose : la reconnaissance. Les individus se positionnent chacun comme extrême de l'autoconscience qui constitue leur médiation et leur moyen terme et entrent dans un échange où la négation prend la forme d'un antagonisme. Par le jeu de la confrontation, l'autoconscience est traversée par la médiation des extrêmes dont le but est clairement identifié : « Chacun est à l'autre le moyen terme par lequel chacun se médiatise et syllogise avec soi-même, et chacun, à soi et à l'autre, [est] essence immédiate étant pour soi, qui en même temps n'est ainsi pour soi que par cette médiation. Ils *se reconnaissent comme se reconnaissant mutuellement*[119]. »

La dynamique de la reconnaissance s'engage sur la base d'une commune aspiration dont le moteur est le désir qui doit inscrire les deux individus dans une bataille où il est bien question du risque de mort. Le parcours de la reconnaissance met en scène une autoconscience déterminée à être libre au prix de la vie, disposée ainsi au risque suprême devant une autoconscience qui a pris position pour la vie en renonçant à la liberté. L'expérience de la confrontation inscrit les deux autoconsciences devant le choix existentiel de la vie ou de la liberté par la médiation de leur attitude vis-à-vis de la mort.

118 *Phénoménologie de l'esprit*, p. 220.
119 *Phénoménologie de l'esprit*, p. 219.

L'angoisse de la détermination devant le risque de mort implique une décision cruciale pour la vie ou pour la liberté ; ce qui les détermine comme deux dimensions de l'autoconscience.

Inscrites dans une structure inégalitaire et oppositive, les positions déterminées des protagonistes de la dialectique de la maîtrise et de la servitude apparaissent comme les déterminations concrètes de l'autoconscience dans l'extraposition de sa dualité à travers les figures du maître et du serviteur. Elles se présentent alors comme deux moments de l'autoconscience qui se manifestent : « [...] comme deux figures op-posées de la conscience; l'une la [conscience] autostante à qui c'est l'être-pour-soi, l'autre la [conscience] inautostante à qui c'est la vie ou l'être pour quelque chose d'autre qui est l'essence ; celle-là est le *maître*, celle-ci le *serviteur*[120]. »

Qui est maître et qui est serviteur ? Comment sont déterminées les deux figures dans leur agir effectif et réciproque ? « Le maître, écrit Hegel, est la conscience étant *pour soi*, (...) conscience étant pour soi qui est médiatisée avec soi par une conscience *autre*, savoir par une [conscience] telle qu'il appartienne à son essence d'être synthétisée avec [l'] *être* autostant ou la choséité en général[121]. » Le maître est en effet la conscience dans l'unité du pour-soi et de l'autre en tant que synthèse de l'autostance et de la phénoménalité de l'autre, plongé dans son être sensible. La synthèse qui fait l'être de la conscience est le mouvement de sursomption qu'elle a effectué pour être conscience pour-soi de son destin identifié à la liberté par le refoulement effectif de l'angoisse de la mort. Le maître est la conscience ayant sursumé l'instinct de conservation, le sentiment de soi pour la certitude de soi éprouvée par le risque de mort. Le maître est la conscience de la victoire de l'être pour-soi sur l'être du désir immédiat de la vie. En ce sens, il est relation au monde et à la conscience pour laquelle la vie est la valeur essentielle et non la liberté.

Une double relation se noue entre le maître et le serviteur : le maître est en rapport avec une conscience par la médiation de ce qui en fait une autoconscience, à savoir l'autostance; mais en tant que conscience victorieuse, le maître l'a réduit au statut de choséité parce que c'est à ce titre que le serviteur est en vie. La chaîne signifie la condition de la préservation de la vie par les services à effectuer pour le maître. Il

[120] *Phénoménologie de l'esprit*, p. 222.
[121] *Phénoménologie de l'esprit*, pp. 222-223.

s'agit d'une sursomption dans le but de l'accomplissement des tâches d'utilité immédiate pour le maître. Le serviteur a sauvé sa vie en se soumettant au maître qui s'est présenté à lui comme l'incarnation du courage en défiant la mort : « [...] le maître est la puissance sur cet être, car il prouva dans le combat qu'il ne vaut pour lui que comme quelque chose de négatif ; en tant qu'il a la puissance sur lui, tandis que cet être a la puissance sur l'autre, il a dans ce syllogisme cet autre sous lui[122]. »

La maîtrise apparaît ainsi comme la valeur que le serviteur n'a pas pu conquérir faute de courage, c'est-à-dire de sursomption de la peur de la mort. En ne transcendant pas l'épreuve du risque de mort, le serviteur s'est retrouvé dans une posture de vaincu et soumis aux conditions du maître. Pour le serviteur, le maître incarne le mépris de la mort et de la liberté comme valeur essentielle. Il se représente à lui-même comme l'être qui, en renonçant au combat est resté à la position naturelle de l'attachement au sentiment de soi. Nous pouvons en déduire que le sentiment de soi ne conduit pas à la liberté. L'inautostance de la conscience servile est la condition de l'affirmation de l'autostance du maître.

En effet, deux dimensions de l'autostance vont caractériser l'effectuation de cette confrontation dont la réversibilité n'est pas inscrite dans le concept de la reconnaissance, dans la mesure où seul le maître est dans une posture qui se présente au serviteur comme une position essentielle et à ce titre un idéal à conquérir. Sous l'angle du désir, le maître est dans un rapport de négation avec les choses, alors que le serviteur affirme son autostance en ne supprimant pas le produit de son travail. Le maître va se situer sur le terrain de la jouissance, pendant que le serviteur agit pour la transformation de la nature par la peur qui justifie le fait d'être au service du maître. En choisissant la vie par peur de la mort, le serviteur se voit obligé de peiner, de souffrir et de ne pas pouvoir jouir. Or, le maître en s'élevant à la décision de liberté par le mépris de la vie naturelle a conquis la posture de l'autostance qui lui permet de jouir des fruits du travail de l'autre autoconscience, témoin de son courage et désormais artisan de son bonheur enfin expression de son prestige.

La méditation sur les effets de la dialectique de la lutte à mort permet de dégager le sens que revêt la confrontation des individus quand il

---

[122] *Phénoménologie de l'esprit*, p. 223.

s'agit de la détermination de la valeur de la vie. Devant un tel enjeu, faut-il se soumettre ou opter pour la valeur qui incarne le sens de la vie ? C'est dans cette perspective que la problématique de la reconnaissance est un schème de compréhension et d'interprétation de la logique de violence qui a rythmé l'histoire de l'humanité. Certes, la figure de la maîtrise et de la servitude se déploie sous la modalité de l'expérience de la conscience dans son parcours phénoménologique avec une connotation logique qui la traverse de part en part. Cependant, sa portée anthropologique et historique comporte des éléments d'appréciation politique de l'affrontement entre les peuples en vue de la reconnaissance. S'il est vrai que le sens d'une telle dialectique fait signe à une détermination que n'épuise pas sa dimension phénoménologique, il importe de souligner avec Gwendoline Jarczyk et Pierre-Jean Labarrière que: « Ce qui est en jeu, en effet, n'est autre que la détermination objective la plus radicale, celle qui regarde la place et le sens de la vie, et donc de la mort[123]. »

La position de jouissance qui est celle du maître montre que le serviteur est dans une dynamique active qui lui permet de conquérir son autostance, mais dans le rapport à la chose qui ne peut lui apporter la reconnaissance. Ce qui détermine le serviteur alors, c'est la non-reconnaissance du maître qui l'interpose entre lui et la nature dans une sorte de syllogisme qui fait apparaître la chosification de son être. Qu'est-ce qu'une autostance qui n'est pas en relation avec une autoconscience ? Le rapport à la chose peut-il déterminer une posture autostante ? Le maître a la conscience de la valeur qui découle de sa position qui est une position de suprématie ; et le serviteur n'est pas sans se représenter la dimension essentielle de la position du maître.

Il importe de cerner le sens de la notion de désir dans son articulation à la reconnaissance. C'est en ce sens qu'en dépit de la surdétermination, résultant de l'interprétation d'Alexandre Kojève, nous pouvons retenir la portée anthropologique qu'il en dégage. Partant d'une analyse, qui consiste à en montrer la dimension historique, politique et sociale, il définit la lutte à mort que se livrent les deux protagonistes comme une « lutte à mort de pur prestige ». Comment cette confrontation caractérisée par le risque de mort relèverait-elle du seul prestige ?

---

[123] Gwendoline Jarczyk et Pierre-Jean Labarrière, *les premiers combats de la reconnaissance, op.cit*, p. 101.

L'être humain, ne peut s'élever à la dignité d'être libre, qu'en choisissant une valeur qui transcende l'immédiateté de la vie. Pour se distinguer des autres vivants et affirmer son humanité, il se doit de s'affronter à l'autre qui désire la même chose que lui. Conscience désirante dont le désir porte sur une autre conscience désirante. C'est sur le mode du désir, que les deux consciences, s'affrontent en vue de la quête de la reconnaissance. Les deux individus vont assumer l'enjeu de la reconnaissance, dans la perspective de la constitution de l'histoire humaine. Tel est le sens, qu'Alexandre Kojève, a conféré à la dialectique de la maîtrise et de la servitude comme moteur de l'histoire de l'humanité. Cette histoire trouve son vecteur essentiel dans le désir des protagonistes portant sur un même objet. « [...], Un tel Désir ne peut être qu'un Désir humain, et la réalité humaine en tant que différente de la réalité animale ne se crée que par l'action qui satisfait de tels Désirs : l'histoire humaine est l'histoire des Désirs désirés[124]. »

Que le Désir soit le mode d'effectuation du parcours de la reconnaissance, Alexandre Kojève le montre dans ces passages que nous venons de citer. Le ressort de la confrontation entre les deux consciences est la médiation de la négation sursumante qui prend son sens à travers la négation telle que Hegel l'énonce : « Leur acte est la négation abstraite, non la négation de conscience, laquelle *sursume* de telle sorte qu'elle *conserve* et *maintient* le surumé, et survit du même coup à son devenir-sursumée[125]. » En fait, le désir, dans la mesure où il n'est pas suppression animale, destruction par la consommation, est la diction de la négation. Le désir met ainsi en relief la sursomption qui résulte de ce rapport entre les deux individus engagés dans le procès de la reconnaissance.

C'est pourquoi, le serviteur est dans la confrontation constante avec les exigences d'un désir qui doit être maîtrisé pour la cohérence de l'effectuation de cette expérience. Car, l'économie de cette figure repose sur le contrat qui lie le maître au serviteur, un contrat qui stipule le maintien en vie du second à condition que ce dernier travaille pour lui. Pour Alexandre Kojève, la condition de l'humanité de l'homme résiderait dans sa capacité à faire triompher la dimension humaine du désir sur son aspect instinctif, animal. A ce propos, il

---

124 Alexandre Kojève, *Introduction à la lecture de Hegel, op.cit,* p. 13.
125 *Phénoménologie de l'esprit*, p. 222.

écrit : « Pour que l'homme soit vraiment humain, pour qu'il diffère essentiellement et réellement de l'animal, il faut que son Désir humain l'emporte effectivement en lui sur son Désir animal. Or, tout Désir est désir d'une valeur[126]. »

Certes, la posture du maître semble vouée à « l'ennui existentiel », selon l'expression d'Alexandre Kojève, mais il reste détenteur de la maîtrise. Cependant, le serviteur tout en travaillant ne se libère pas de la domination du maître. C'est en surdéterminant « idéologiquement » le travail du serviteur et l'inertie du maître que la lecture Kojèvienne de cette figure aurait commis « une méprise » occultant la nature limitative du travail servile. « Ce qui se signifie dans le fait que le travail, ici, ne libère pas toutes ses potentialités, étant toujours- c'est sa limite, mais c'est aussi son effectivité- un travail « servile », un travail assumé au sein d'une relation de service-servitude[127]. »

En sursumant sa peur par le travail, le serviteur acquiert l'expérience de la puissance réelle que l'être humain exerce sur la nature. La vérité de la négation qu'il effectue consiste dans l'utilité qui en découle. Il y a comme une opposition entre une liberté de principe pour ne pas dire abstraite et l'effectuation concrète que représente le travail qui n'est pas seulement souffrance et punition, mais perspective de libération. Du point de vue du serviteur, le devenir est porté par la conscience que le maître en tant que « conscience autostante » est bien l'essence et la liberté.

C'est par la médiation du travail que le serviteur réalise qu'il est aussi une autoconscience jouissant d'une autostance vis-à-vis de l'objet. Mais, comme l'objet n'est pas autoconscience, il découvre également que l'inégalité structurelle de son rapport au maître signifie que la reconnaissance est unilatérale : « Par là a surgi un reconnaître unilatéral et inégal[128]. » L'activité de transformation de la nature permet au serviteur d'être dans une attitude de distanciation qui lui renvoie une autre image que celle de l'être réduit à la position chosifiée résultant de sa défaite. Serviteur devant le maître, mais maître devant la nature, maîtrise ineffective étant donné qu'elle ne ressortit pas à la condition essentielle à cette expérience : sursumer la

---

[126] Alexandre Kojève, *Introduction à la lecture de Hegel*, *op.cit*, p. 14.
[127] Gwendoline Jarczyk et Pierre-Jean Labarrière, *Les premiers combats de la reconnaissance*, *op.cit*, p. 117.
[128] *Phénoménologie de l'esprit*, p. 224.

position naturelle par la médiation du risque de mort. La liberté lui a fait défaut parce qu'il a éprouvé l'angoisse qui a fait vaciller son être-pour-soi. En s'attachant ainsi à son en-soi, le serviteur est désormais une conscience déterminée par la crainte de la mort et la conséquence qui en a résulté. Et Hegel de décrire ainsi ce que l'autoconscience servile a ressenti dans son intériorité : « Cette conscience, en effet, n'a pas connu l'angoisse à propos de ceci ou de cela, ni pour cet instant ou pour cet autre, mais pour son essence totale ; car elle a éprouvé la crainte de la mort, du maître absolu.[129]. »

La complexité de cette figure relève des limites d'une affirmation du sujet qui reste encore déterminé par le jeu de la dualité. Car, d'une part, deux subjectivités entrent en scène dans le désir de conquérir une valeur qui authentifie leur dimension subjective ; d'autre part, au bout de l'expérience, il n'y a de liberté dans son principe que pour un seul individu. Il en résulte que le procès de la reconnaissance ne s'est pas accompli en assumant l'intersubjectivité qui semble y être en jeu, du moins dans la configuration de l'expérience de la relation entre deux subjectivités au départ autoconscientes et libres. On peut relever que pour le maître, l'altérité a fonctionné de façon unilatérale ; pour le serviteur, elle procède de la négation qui le met en face de l'objectivité de la nature à transformer. Pourtant, l'autoconscience propose l'expérience de l'altérité à travers la confrontation de deux subjectivités engagées dans le procès de conquête de la liberté comme vecteur du sens de l'être par delà les avantages de la puissance et les souffrances de l'impuissance.

L'impasse de l'expérience de la maîtrise et de la servitude ouvre à d'autres expériences de la liberté la possibilité de venir au jour de l'effectuation. Cette ouverture montre que, dès lors que la conscience est devenue autoconscience, la présence conceptuelle de l'esprit l'inscrit dans une perspective de quête de soi, ayant comme vecteur, la liberté. C'est en ce sens que la situation du serviteur est expressive d'un rapport de forces qui, ne s'inscrivant pas dans l'équilibre des protagonistes dans leur désir affiché de liberté conduit à une impasse qui infirme l'autostance du maître. Parce que la liberté ne peut relever de l'unilatéralité dans la mesure où elle est la modalité de la conjonction effective de l'intériorité et de l'extériorité.

---

[129] *Phénoménologie de l'esprit*, p. 225.

Expérience fondamentale de la dimension intérieure de la liberté, la figure de la maîtrise et de la servitude expose la nature contradictoire du rapport du vivant qu'est l'homme à la vie. Comment se manifeste cette contradiction ? Elle se manifeste comme un signe d'humanité à chaque fois que l'homme nie la vie en la sursumant par l'affirmation de son autostance. Cette négation de la vie est la condition de l'affirmation de la dimension spirituelle de l'homme en tant que subjectivité, dont la position dans la vie se distingue des autres êtres vivants par ce pouvoir de négation. Il ne nie la vie en lui que parce qu'il est aussi vie. La négativité, qu'elle s'exprime sous la forme du désir ou de la violence est productrice de l'expérience humaine dans sa dimension historique. Et, Jean Hyppolite de préciser : « (...) ; il s'agit d'une catégorie de la vie historique, d'une condition de l'expérience humaine que Hegel découvre par l'étude des conditions du développement de la conscience de soi[130]. »

Confrontation de soi avec soi-même, l'autoconscience a montré ce que peut donner l'expérience de la phénoménalité sous le mode de la singularité de la conscience. De façon concrète, la mise en scène de l'affrontement des consciences singulières en tant qu'individus est une vérification dans l'extériorité de l'expérience intérieure de l'autoconscience. Il s'agit du procès de l'autoconscience dans l'effectuation concrète de sa dualité intérieure : « Disons-le à nouveau : ce dont on *part* ici-ce que l'on présuppose à l'origine du mouvement- c'est l'autoconscience elle-même, dans sa dualité intérieure et son redoublement extérieur. Ce qui est en cause, c'est la dimension relationnelle de toute autoconscience singulière[131]. »

En effet, l'autoconscience servile se déploie par la médiation du travail qui lui permet de surmonter la crainte, de former la nature et de se donner une posture qui, sans la délivrer du joug du maître, l'inscrit dans une dynamique de la prise de conscience de soi. « Car dans l'acte de cultiver la chose, la négativité propre, son être-pour-soi, n'en vient pour elle à lui être l'ob-jet que par le fait qu'elle sursume la *forme* étante op-posée[132]. » La transformation de la crainte en nécessité de travailler la chose est par essence dialectique. Devant la chose, le serviteur est puissance de négation, et c'est dans ce processus qu'il

---

[130] Jean Hyppolite, *Genèse et Strcuture de la Phénoménologie*, *op.cit*, p. 164.

[131] Gwendoline Jarczyk et Pierre-Jean Labarrière, *les premiers combats de la reconnaissance*, *op. cit*, p. 133.

[132] *Phénoménologie de l'esprit*, p. 226.

advient à soi-même en tant que « pour soi-même un étant pour soi. » En tant que « conscience de soi travaillante », elle fait face au maître comme son altérité négative et dans son intériorité a pour ressort la crainte qui se révélera formatrice.

La conscience servile devient actrice dans la mesure où elle travaille, puisque le travail est négation et, dans sa condition, « désir refréné, disparaître retenu », même si elle ne dispose pas des fruits de son travail, « c'est par le travail qu'elle vient à soi-même[133]. » De ce point de vue, elle exerce doublement la négativité sur soi-même et sur la nature. C'est dans cette perspective que Hegel montre que c'est dans le procès du travail, que la conscience servile s'éduque, se forme et se cultive. La violence exercée sur elle, elle l'exerce sur la nature et en retour sur soi-même. Par la médiation de la négation de l'objet que signifie le travail, elle cesse d'être étrangère à elle-même. Donc, par la dialectique du travail, la conscience servile s'élève à la réflexion qui fait qu'elle voit le « sens étranger » se convertir en « sens propre ». Et Hegel de souligner : « Pour cette réflexion sont nécessaires les deux moments, de la crainte et du service en général, de même que de l'acte de cultiver, et tous deux à la fois sous un mode universel. Sans la discipline du service et de [l']obéissance, la crainte en reste à ce qui est formel, et ne s'étend pas sur l'effectivité consciente de l'être-là. »[134]

En un sens, la crainte comme mode intérieur de réaction face au danger de mort met la conscience dans l'attitude d'obligation de discipline dans le travail et d'obéissance qui destine les produits du travail au vainqueur. Par cette disposition, le serviteur est renvoyé constamment à sa défaite. S'il travaille et qu'il est tenu d'être à la disposition constante du maître, c'est qu'il a perdu la liberté et a accepté la condition servile. Le respect de son engagement l'oblige à une soumission qui garantit la conservation du contrat qui le lie au maître. Car, souligne Hegel : « Sans l'acte de cultiver, la crainte demeure intérieure et muette, et la conscience n'advient pas pour elle-même[135]. »

Toutefois, l'autostance que recherche l'autoconscience en tant que certitude sous le mode de la forme objective dans la façon dont elle

---

[133] *Ibidem.*
[134] *Phénoménologie de l'esprit*, p. 227.
[135] *Ibidem.*

veut s'appréhender comme « certitude vraie » aboutit à l'impasse. Parce que, c'est de façon unilatérale qu'elle s'est déployée sous la modalité de la liberté. Elle ne résulte pas d'une reconnaissance effective et expressive du principe énoncé par l'autoconscience à son surgissement. Cette première expérience des « premiers combats de la reconnaissance » est insatisfaisante. L'autoconscience servile est l'antithèse de la liberté. Parce qu'elle ne s'est pas purifiée de sa dimension de « conscience naturelle » dont la détermination est caractérisée par son attachement à la vie. Or, cette détermination naturelle est plutôt une négation de l'autostance qui se traduit par une sorte d'impasse que Hegel exprime en ces termes : « le sens propre est *entêtement*, une liberté qui en reste encore à l'intérieur de la servitude[136]. »

C'est pourquoi, cette première expérience s'achève sur la prise de conscience de la différence entre la configuration de l'essence, de la forme et du contenu qui se manifestent en tant qu'extériorité de l'intériorité du Je. En prétendant s'accomplir par la médiation de la forme pure, la conscience se révèle être impuissante quant à sa réalisation effective sous le mode de l'identité de la forme et de l'essence. Certes, l'autoconscience est conscience de soi et du monde sous le mode de la dualité représentante. Toutefois, la jonction qu'elle instaure, dans sa première diction se dessine, par la médiation de la négativité, sous la forme de l'unilatéralisme de la subjectivité qui définit le stoïcisme, le scepticisme et la conscience malheureuse.

---

[136] *Ibidem.*

III- Le principe d'effectuation dans le stoïcisme, le scepticisme et la conscience malheureuse

Dans son essence, l'autoconscience s'effectue sous le signe de l'autostance en tant qu'elle veut conjoindre certitude de soi et vérité. Cette articulation dans sa vérité effectuée est la réalisation de la conscience en tant que liberté concrète. Mais, c'est de l'impasse de l'expérience de l'autoconscience dans sa dualité redoublée sous la figure de la dialectique de la maîtrise et de la servitude que des figures de la liberté vont advenir. Le procès d'effectuation des figures de la liberté résulte de la nécessité pour l'autoconscience de s'effectuer dans son intériorité. Il s'agit des modes de diction de la liberté dans la sphère de la pensée dont l'expérience s'opère dans l'élément de l'autoconscience. Dès lors l'autostance comme liberté de l'autoconscience peut-elle s'accomplir dans son effectivité ?

Le procès d'effectuation du stoïcisme

La succession des trois figures qui résultent de l'expérience de l'autostance sous la quête de la reconnaissance pose le problème de l'expérience de la liberté comme dimension intérieure de l'autoconscience. C'est pourquoi, la figure du stoïcisme se présente comme la première autodétermination de l'autoconscience en vue de se donner la liberté conforme à sa qualité de figure de la pensée pure. L'articulation de l'autoconscience à la pensée est formulée dès son surgissement comme l'évoque le début de la section Autoconscience qui définit sa configuration comme la pénétration dans le « royaume natif de la vérité[137]. » Il est remarquable de constater que, c'est dans l'effectuation de la liberté de l'autoconscience avant le déploiement de la figure du stoïcisme que Hegel définit la pensée. L'abstraction de la pensée exprime t-elle mieux la forme intérieure de la liberté dont il est question dans ces figures ?

S'agissant de la figure de l'autoconscience stoïque, elle résulte du refoulement de la liberté au niveau de la conscience servile et de son impasse à propos de l'expérience du maître. Cette impasse conduit à la forme abstraite, diction de l'activité intérieure de l'autoconscience dans son refoulement se présentant dans la sphère de la pensée. C'est du procès d'intériorisation réflexive de l'autoconscience que procède la pensée.

---

[137] *Phénoménologie de l'esprit*, p. 208 : « Avec l'autoconscience, nous sommes donc entrés maintenant dans le royaume de la vérité. »

Il en résulte que l'expérience de la dialectique de la maîtrise et de la servitude aboutit à la réflexion récapitulative sur ce qu'il est advenu de cette figure. C'est dans ce sens que Gwendoline Jarczyk et Pierre-Jean Labarrière résument les conséquences de cette dialectique de la maîtrise et de la servitude en ces termes: « (...) le maître, dans la mesure où il reste fixé dans l'abstraction et l'unilatéralisme de sa maîtrise, représente une impasse ; quant à la servitude, pour peu qu'elle conjugue les deux éléments de la peur et du service, elle ouvre une brèche dans cette situation ; (...)[138]. » Aussi, la réflexion des auteurs des *Premiers combats de la reconnaissance* met-elle en relief, le sens qui résulte de l'expérience phénoménologique de cette première figure de l'Autoconscience dans sa quête de l'autostance et de la liberté. En ce sens la figure de la maîtrise et de la servitude est révélatrice de la puissance et de la richesse de l'abstraction négative.

C'est sous le signe de l'effectuation de l'articulation de l'intériorité et de l'extériorité dans leur réciprocité réflexive que se déploient les expériences de la liberté à travers des figures célèbres de l'histoire de la pensée qui sont aussi déjà des figures de l'esprit. Aussi faut-il cerner le principe d'autostance en tant que mode de manifestation de la liberté comme approfondissement de la dualité intérieure, caractéristique de l'autoconscience.

Nous pouvons à cet effet, observer que le mouvement qui anime l'expérience de l'autoconscience s'articule à la fluidité propre à la pensée, si bien que les distinctions que Hegel opère en la définissant requièrent notre attention. Qu'est- ce que penser ? « [...] être à soi son ob-jet non comme *Je abstrait*, mais comme Je qui en même temps a la signification de l'être-*en-soi*, ou se comporter à l'égard de l'essence ob-jective de telle sorte qu'elle ait la signification de l'*être- pour-soi* de la conscience pour laquelle elle est, voilà ce qui s'appelle *penser*[139]. » En définissant l'acte de penser comme identité du sujet et de l'objet dans la sphère de l'autoconscience, Hegel montre en quoi l'expérience de la pensée présuppose la manifestation de la subjectivité dans l'objectivation de soi de telle sorte que le Je n'est plus une abstraction coupée de l'extériorité, mais une mise en forme de l'intériorité dans sa propre extériorité.

---

[138] Gwendoline Jarczyk et Pierre-Jean Labarrière, *Les premiers combats de la reconnaissance*, *op. cit*, p. 131.

[139] *Phénoménologie de l'esprit*, p. 229.

La pensée est alors ce qui se meut dans son différencier propre en sursumant l'extériorité de l'objet. Parce qu'en elle sujet et objet sont identiques sous la forme de *déterminations constitutives* de l'autoconscience. Ainsi, le Je est à la fois être-en-soi et être-pour-soi dans la mesure où, il se pose à soi-même dans son autodétermination propre. C'est pourquoi, « Pour le *penser*, l'ob-jet ne se meut pas dans des représentations ou des figures, mais dans *des concepts*, c'est-à-dire dans un être-en-soi différent qui immédiatement pour la conscience n'est pas un [être-en-soi] différent par rapport à elle[140]. » Le concept apparaît ainsi comme l'objet de ce mouvement qui, dans sa phénoménalité, se manifeste à travers les formes déterminées qui constituent les différentes étapes du procès de la conscience. L'apparition du concept à ce niveau, pour se distinguer de la figuration ou de la représentation, indique que la dualité conscientielle se sursume en identité formelle du sujet et de l'objet, condition de l'émergence du concept.

Le principe d'effectuation se déploie au sein de l'autoconscience en tant qu'expérience de la pensée, après s'être effectué à travers la dialectique de la vie. La même fluidité la détermine dans son intériorité active, qui pour se saisir dans son différencier essentiel se nomme pensée. Celle-ci, en tant que mode de concrétion de l'intériorité, manifeste dans son autostance l'articulation de la liberté et de la pensée ainsi reconnues comme identiques en vérité en tant que déterminations de la subjectivité sous sa forme autoconscientielle.

Il en ressort que le Je sursume la dualité représentative en s'autodéterminant dans la forme pure de la pensée qui est la modalité appropriée à son essence différenciante. C'est dans cette mesure que l'autoconscience est « conscience pensante en général », d'où la configuration suivante de la subjectivité et de son contenu : « Dans le penser, Je *suis libre*, parce que je ne suis pas dans un autre, mais demeure purement et simplement près de moi-même, (...)[141]. » La pensée présuppose que le sujet n'est pas aliéné, dans la mesure où il se déploie dans un processus où il se manifeste à soi-même comme forme et contenu, intériorité et extériorité.

De ce fait, le mouvement de la représentation se sursume en tant que tel et se constitue dans son essence par la médiation du concept qui est

---

140 *Phénoménologie de l'esprit*, p. 229.
141 *Ibidem*.

la concrétion effective de la subjectivité dans son procès d'objectivation. Ce qui constitue la réalité de la pensée, c'est le processus par lequel elle se donne sa configuration dans l'intériorité du geste de penser. Par delà la dualité représentante, la pensée se construit dans la logique qui lui permet de s'appréhender dans l'authenticité de sa dimension conceptuelle. La pensée dans son principe est « automouvement du concept » parce qu'elle est le devenir du différencier dans son autostance. C'est ainsi qu'elle prend la forme déterminée et spécifique du stoïcisme.

La figure de l'autoconscience stoïque est la première forme déterminée de la liberté de l'autoconscience. Elle demeure sous l'emprise de l'intériorité abstraite, et est par conséquent située dans la sphère de la pensée pure. Pourquoi, le stoïcisme ? Parce qu'il représente le principe de la liberté tel que le maître l'a incarné dans son attachement à l'autostance abstraite. Le maître n'étant pas confronté à l'extériorité dans son objectivité empirique en tant que monde trouve dans la contemplation abstraite une affirmation de la liberté. La force avec laquelle le stoïcisme affirme le principe de la liberté par la réflexion et l'abstraction pensante en fait une figure de l'esprit en tant que le concept d'esprit est d'abord liberté autoconscientielle. « Cette liberté de l'autoconscience, en tant que dans l'histoire de l'esprit elle est entrée en scène comme phénomène conscient de lui [-même], s'est appelée, comme il est bien connu, *stoïcisme*[142]. »

L'expérience de la liberté se manifestant dans son intériorité et s'effectuant en tant que phénoménalisation de l'esprit s'est dégagée dans l'histoire de la pensée sous la figure de pensée que représente le stoïcisme. Figure de la liberté, et notamment de l'esprit, le stoïcisme se conçoit dans la sphère de la pure pensée, de ce fait se caractérise ainsi par l'expérience négative de l'objectivité et du monde extérieur. C'est pourquoi, elle illustre l'unilatéralisme constitutif d'abord de l'autoconscience dans son effectuation. Quel est le principe qui anime le stoïcisme dans son procès de manifestation ? « Son principe est que la conscience [est] essence pensante, et [que] quelque chose n'a d'essentialité pour cette même [conscience] ou n'est vrai et bon pour

[142] *Phénoménologie de l'esprit*, p. 230.

elle que lorsque la conscience se comporte là comme essence pensante[143]. »

Le principe du stoïcisme montre bien l'essence pensante qui est celle de la conscience advenue à soi comme autoconscience. Le redoublement qui est la détermination de la conscience à ce niveau de son développement se concevant en tant qu'essence pensante, se révèle être le mouvement de l'essence pensante. Aussi, toutes les déterminations qui en sont constitutives procèdent de cette essence pensante qui la détermine. Mais comment le stoïcisme est-il advenu de la maîtrise et de la servitude ?

Il est important de saisir le sens de ce passage où Hegel souligne la posture du maître à travers la configuration radicalement déterminée du stoïcisme en tant qu'essence pensante agissante. Comme « mouvement pur du penser », le stoïcisme est l'ampliation de la maîtrise sous le mode de l'agir dans la sphère de la pensée. En ce sens le stoïcien n'est pas seulement héritier du maître, mais aussi du serviteur, en tant qu'il voudrait unilatéralement affirmer, par son pouvoir sur le monde une « liberté » encore abstraite (du fait de sa « servitude »). Comment se présente alors ce dédoublement dans la conscience stoïque ? Pour répondre à cette question, il convient de lire ce passage : « Cette conscience est du même coup négative en regard de la relation de la maîtrise et servitude ; (...), mais d'être libre sur le trône aussi bien que dans les chaînes, (...), *se retire* dans *l'essentialité simple de la pensée*[144]. »

N'étant ni vérité de l'un ni de l'autre des protagonistes de la lutte pour la reconnaissance, mais procédant de l'unilatéralité de chacun, le stoïcisme est l'option radicale pour la posture qui, en toutes circonstances demeure égale à elle-même. Mais une telle posture ne peut s'obtenir que dans la sphère de la pensée abstraite. D'où sa dimension oppositive et négative vis-à-vis de toute position aliénée et conditionnée par l'extériorité. Le Je qui se pense libre et dégagé de toute relation avec l'extériorité ne peut se maintenir que dans une forme d'autosuffisance réflexive et pensante.

Bien qu'inscrite dans l'horizon de l'abstraction pensante, l'autoconscience stoïque est empreinte d'une forme d'historicité significative de la période qui a vu naître et se développer cette école

---

[143] *Ibidem.*

[144] *Ibidem.*

philosophique déterminée par une manière de vivre et d'agir qui repose essentiellement sur la pensée.[145] L'évocation de cette période est remarquable à la lecture de ce passage de la *Phénoménologie* : « (…), tandis que le stoïcisme (…) ; [qui], comme forme universelle de l'esprit-du-monde, ne pouvait entrer en scène qu'au temps d'une crainte et servitude universelles, mais aussi d'une culture universelle qui avait haussé jusqu'au penser l'acte de cultiver[146]. »

C'est sous la domination universelle que la conscience, par la médiation de la pensée s'est manifestée par la négation intérieure de l'oppression. La crainte a propulsé l'individu dans la sphère de la pensée comme quête du sens qui sursume la soumission à l'ordre imposé par le détenteur de la puissance. Hegel aurait-il choisi cette période de l'histoire pour mettre en jeu l'articulation de l'intériorité principielle de la pensée et son effectivité historique ? Non répondent Gwendoline Jarczyk et Pierre- Jean Labarrière en faisant remarquer: « On ne saurait s'attendre pour autant, en cet endroit, à une analyse qui relèverait de l'histoire des idées ; car la prise en compte de l'histoire effective n'intervient qu'avec le début de la section Esprit […][147]. »

Certes, l'historicité constitutive des figures de la conscience n'est pas encore entrée en scène dans ce parcours conscientiel de l'esprit, mais sa résonance est en filigrane dans cette dimension « archétypale » que revêt la figure du stoïcisme. Figure qui exprime un moment essentiel dans l'expérience de l'autoconscience en tant que figure représentative de la tentative de l'articulation de la certitude et de l'essence pensante qui se saisit dans son intériorité comme la seule effectivité qui vaille. C'est ainsi que se présente le stoïcisme comme effectivité du Je dans son intériorité en procès et négation active de l'extériorité sous la

---

145 Dans *Structures et Mouvement dialectique dans la Phénoménologie de l'esprit*, *op.cit*, p. 239, note 59, Pierre-Jean Labarrière montre comment et pourquoi l'historicité des figures de la *Phénoménologie*, qui, tout en s'appliquant à toutes les figures, se trouve « retardée » ou « freinée » dans les trois premières sections (Conscience, Autoconscience et Raison) par l'unilatéralité logique qui marque ces premières figurations.

146 *Phénoménologie de l'esprit*, pp. 230- 231.

147 Gwendoline Jarczyk et Pierre-Jean Labarrière, *Hegel : le malheur de la conscience ou l'accès à la raison, texte et commentaire*, Aubier, Paris, 1989, p. 79.

forme de « l'expérience de la « pensée » qui se voudrait indépendante de toute effectivité et de toute concrétude extérieure[148]. »

Il advient de cette figure de l'expérience pure de la pensée dans la radicalité de son abstraction intérieure que l'autoconscience ne s'accomplit pas par la médiation d'une autonomie intellectuelle érigée en principe de liberté et d'effectivité. « Cette conscience pensante, telle qu'elle s'est déterminée, comme la liberté abstraite, n'est donc que la négation inachevée de l'être-autre ; *retirée* seulement dans soi à partir de l'être-là, elle ne s'est pas accomplie comme négation absolue de ce même [être-là] en lui[149]. »

L'expérience de la pensée universelle sous la forme d'une figure déterminée montre que l'indétermination de pensée ne peut se présenter en tant que contenu concret, fût-il sous le mode du concept. La validité d'un contenu ne peut reposer sur l'exigence intérieure non déployée dans son articulation à l'effectivité extérieure. C'est la problématique de l'articulation de la certitude et de la vérité par la médiation de la seule pensée abstraite qui se révèle dans l'impasse et sa manifestation dans l'autoconscience stoïque est clairement identifiée dans l'amplitude donnée à la pensée abstraite.

Il en ressort que l'impuissance de l'abstraction à se constituer comme réalité de pensée caractérise l'expérience de la conscience stoïque. Hegel ne suggère-t-il pas, à travers le stoïcisme, l'échec de toute construction intellectuelle qui se veut irréductiblement fondée sur la pensée ? En exposant ainsi la vacuité d'une figure théorique aussi déterminée que le stoïcisme, Hegel ne met-il pas en scène l'exigence de mise en relation de la pensée avec la phénoménalité ? En se détournant de la phénoménalité, la conscience stoïque n'a abouti qu'à des formes de généralités qui ne peuvent se constituer en contenu effectif de la pensée.

Nous pouvons en conclure avec Gwendoline Jarczyk et Pierre-Jean Labarrière que : « Faute d'accepter une réelle compromission avec l'extériorité *comme extériorité*, la conscience stoïcienne se trouve donc condamnée à la culture des formes pures, idées générales et

[148] Gwendoline Jarczyk et Pierre-Jean Labarrière, *Hegel* : *le malheur de la conscience ou l'accès à la raison*, *op.cit*, p. 80.
[149] *Phénoménologie de l'esprit*, p.232.

vides, qu'il s'agisse de vérité, de bonté, de sagesse ou de vertu. (...)[150]. »

L'effectuation de la dialectique de l'autoconscience sceptique

La dialectique de l'autoconscience repose sur le principe de la dualité intérieure dont le contenu déterminé est le négatif et c'est lui qui va se donner à voir dans l'effectuation du scepticisme. Si le stoïcisme s'est retranché dans l'abstraction de la pensée pure, l'autoconscience sceptique s'expose comme l'authentique mouvement dialectique par l'énoncé du négatif comme principe de la conscience. Ainsi Hegel affirme : « Le *scepticisme* est la réalisation de ce dont le stoïcisme n'est que le concept- et l'expérience effective [de ce] qu'est la liberté de la pensée ; elle est en soi le négatif, et il lui faut se présenter ainsi[151]. »

A réfléchir de plus près sur les pages denses que Hegel a consacrées à la figure de l'autoconscience sceptique, nous pouvons dire que cette figure révèle le sens de tout le procès dialectique de la Conscience. La vérité du processus dont est porteuse la conscience apparaît dans le mouvement de l'autoconscience dont la dualité s'élève à la conscience du négatif qui l'anime. Et, le scepticisme se présente comme une première représentation encore inadéquate de la conscience dialectique de cette dualité. C'est désormais l'épreuve de la négativité qui anime l'expérience de la conscience, pour révéler la signification des expériences antérieures où se réfléchissait le négatif en elles sous la multiplicité. C'est ainsi que dans le scepticisme « (...) la pensée parvient au penser complet anéantissant l'être du monde *multiplement-déterminé*, et la négativité de l'autoconscience libre parvient pour soi à la négativité réelle en cette figuration multiple de la vie[152]. » La détermination propre à l'autoconscience sceptique se réfléchit dans sa négativité au cœur de l'extériorité ruinant ainsi l'intériorité vide de l'autonomie de pensée qui se réfléchissait dans son abstraction pure.

Le principe du scepticisme est de se mouvoir au sein de l'être-autre dans sa multiplicité et diversité phénoménale en tant qu'objet du désir et du travail. C'est en tant que le négatif est au centre de l'agir de la conscience sceptique que nous pouvons la reconnaître autant comme

---

[150] Gwendoline Jarczyk et Pierre-Jean Labarrière, *Hegel* : *le malheur de la conscience ou l'accès à la raison*, *op.cit*, p. 88.
[151] *Phénoménologie de l'esprit*, p. 232.
[152] *Ibidem*.

étape décisive du mouvement phénoménologique de la conscience que comme moment crucial du principe d'effectuation.

Certes, les trois figures qui structurent le procès de la Conscience ne se sont pas élevées à la prise de conscience de la dimension dialectique inhérente à leur propre expérience. Toutefois, c'est avec le scepticisme que l'expérience du négatif qui les constitue se manifeste dans sa détermination concrète. « Il amène au jour, le *mouvement dialectique* que sont la certitude sensible, la perception et l'entendement [153]» ; processus constitutif du parcours conscientiel, le « mouvement dialectique » dont il est question s'énonce dans son concept au niveau de l'expérience de la négativité dont est porteuse l'autoconscience sceptique. C'est dans cette perspective que le stoïcisme comme le scepticisme représentent la double dimension de la configuration de l'autoconscience résultant de l'échec de la dialectique de la maîtrise et de la servitude. Comme l'écrit, Jean Hyppolite : « Etre libre ce n'est pas être maître ou esclave, se trouver placé dans telle situation au sein de la vie, c'est se comporter en être pensant quelles que soient les circonstances[154]. »

L'autodétermination de l'autoconscience dans sa progression dialectique par la médiation de la négativité faite dialectique trouve dans l'agir du scepticisme son principe. C'est pourquoi, dans l'effectuation de la conscience sceptique, nous assistons à l'identification du mouvement de l'autoconscience à la dialectique. Hegel définit le procès de l'autoconscience sceptique comme mouvement de la négativité : « Le *dialectique*, comme mouvement négatif tel qu'il [= le mouvement] *est* immédiatement, apparaît d'abord à la conscience comme quelque- chose à quoi elle est livrée et qui n'est pas par elle-même[155]. » L'expérience de la dialectique s'est présentée à la conscience comme un destin, comme un mouvement qui lui est imposé de l'extérieur. Ce qui marque une certaine pauvreté de cette expérience qui n'est pas encore véritablement animée pour elle-même par le procès dialectique. La dialectique comme mouvement y est à l'œuvre, mais l'autoconscience n'est pas parvenue à son concept dans sa détermination concrète.

---

[153] *Phénoménologie de l'esprit*, p. 233.

[154] Jean Hyppolite, *Genèse et Structure de la Phénoménologie*, *op.cit*, p. 174.

[155] *Phénoménologie de l'esprit*, p. 233.

Il convient de souligner que ce parcours de la dialectique est encore sous le mode de la violence que subit la conscience sans en être consciente. C'est dans l'intensité de l'effectuation de l'intériorité sous l'impulsion active de la négativité que la conscience devenue autoconscience s'élève à la prise de conscience que c'est la dialectique qui détermine la fluidité constante de son devenir. C'est dans cette perspective que Hegel considère l'expérience comme étant le mouvement dialectique tel qu'il montre la conscience le déployant en elle-même. Non seulement la dialectique exprime la processualité conscientielle, mais elle révèle que la conscience est dialectique. C'est par l'expérience de l'autoconscience sceptique comme conscience divisée, déchirée, que la fluidité dialectique qui est constamment à l'œuvre dans la succession des figures de l'autoconscience montre la signification de la négativité sous le mode de la liberté. « L'autoconscience sceptique fait donc, dans la mutation de tout ce qui pour elle veut se fixer, l'expérience de sa liberté propre comme par elle-même donnée à soi et maintenue ; elle est à soi cette ataraxie du se penser soi-même, l'immuable et *véritable certitude de soi-même*[156]. »

Il y a comme une mise en mouvement des déterminations qui veulent se figer par la médiation de la négation considérée par la conscience comme la seule détermination du point de vue de sa certitude. Elle est ainsi dissolution des déterminations en tant que représentations sensibles ou abstraites. Car, pour elle, la diversité phénoménale reste sous l'emprise de l'extériorité non articulée à la conscience de « l'inquiétude dialectique absolue ». Or, c'est dans l'horizon de la différenciation inhérente à l'essence négative qui détermine la conscience sceptique que se manifeste le contenu déterminé que veut appréhender l'autoconscience.

Le scepticisme représente ainsi le procès de l'autoconscience dans la fluidité de son effectuation. Dans son acte de dissoudre les déterminations qui se présentent à elle comme inessentielles et contingentes, elle *tombe dans la contradiction qu'elle dénonce*. C'est ainsi qu'elle aboutit à l'attitude négative et contradictoire qui la détermine concrètement dans son fonctionnement : « Son agir et ses paroles se contredisent toujours, et elle a en elle-même tout aussi bien

[156] *Phénoménologie de l'esprit*, p. 234.

la conscience double [et] contradictoire de l'immutabilité et égalité, et de la contingence et inégalités totales avec soi[157]. »

La contradiction définit la figure de l'autoconscience sceptique en la constituant comme principe de son effectuation et de détermination des phénomènes. Elle identifie la certitude à la négativité de toute représentation qui se veut déterminée et fixe. C'est pourquoi, elle s'oriente vers le contraire de ce qui est posé ou affirmé au point de s'apparenter dans son discours à du « bavardage » et à une sorte de « dispute de garçons entêtés dont l'un dit A et l'autre dit B » ; une telle posture exprime l'impasse à laquelle aboutit l'expérience de l'autoconscience sceptique. Il n'en demeure pas moins qu'elle s'est constituée en tant qu'autoconscience en soi contradictoire, en manifestant l'égalité de la certitude et de la vérité dans leur opposition en son sein.

Confrontation intérieure dans l'intensité de la dualité, l'autoconscience sceptique fait l'épreuve de la contradiction qui la constitue et l'anime, et de cette expérience vient à jour la conscience malheureuse comme vérité de son effectuation. Elle constitue ainsi le concept de l'expérience qui sera celle de la conscience malheureuse dans son effort de représentation de cette négativité qui s'approfondit dans sa dimension spirituelle.

Il s'est agi alors du redoublement comme moteur des expériences de l'autoconscience, intensifié par l'exigence de liberté qui habite les figures qui sont ici en mouvement. Le surgissement de l'esprit dans son concept se fait jour dans la résolution de la confrontation entre la certitude et la vérité. Le principe de la dualité « âme » de l'autoconscience s'est présenté en tant que redoublement en énonçant l'en soi de l'esprit sous la détermination de l'essence intérieure qui meut la conscience. C'est ainsi que « [...], le redoublement de l'autoconscience dans soi-même, (...), est du même coup présent-là, mais pas encore son unité, et la *conscience malheureuse* est la conscience de soi comme de l'essence double seulement contradictoire[158]. »

---

[157] *Phénoménologie de l'esprit*, p. 235.
[158] *Phénoménologie de l'esprit*, p. 236.

La déchirure comme mode d'effectuation de l'autoconscience malheureuse

De quoi s'agit-il dans cette incarnation de la dualité sous la modalité de l'unité de la conscience au cœur du dédoublement ? Il s'agit de l'expérience de l'autoconscience dans la phase dramatique de la confrontation avec soi dans l'intériorité sous la forme déterminée de l'existence. Ainsi, le malheur de la conscience apparaît comme le mode de surgissement de l'esprit sous le registre de la contradiction vécue sous la forme du *déchirement*. En ce sens, elle est une figure vivante et existentielle.

Comment l'autoconscience est-elle devenue conscience malheureuse ? Comment s'est-elle mutée de la phénoménalisation de l'esprit à la dramatisation de sa manifestation autoconscientielle ? Qu'est-ce qui structure la conscience malheureuse ? Il est clair que la résonance dramatique de cette figure confère une tonalité différente à sa configuration et montre sa spécificité historico-religieuse. « Il faut donc, écrit Hegel que cette conscience *dédoublée dans soi*, *malheureuse*, parce que cette contradiction de son essence est à soi *Une* conscience, ait dans l'une des consciences toujours aussi l'autre, (…)[159]. » A l'opposition qui structurait les figures antérieures a succédé une forme de contradiction intériorisée qui fait l'unité de la dualité en tant que la conscience est constituée donc par cette unité duale. Parce qu'elle est le mouvement de cette dualité qui fait qu'elle est l'intériorité se manifestant dans l'extériorité comme intériorité. Elle s'est ainsi inscrite dans la dynamique de son redoublement à laquelle elle est confrontée.

En effet, la conscience malheureuse est structurée par la négativité qui se manifeste en tant que scission et qui la détermine comme *forme conceptuelle* de l'esprit dans sa dimension vivante et existentielle. Dans son essence, elle traduit l'unité dédoublée et divisée de la conscience où certitude et vérité se sont subsumées à travers l'immuable et le figuré. La conscience est malheureuse parce qu'elle veut réconcilier en elle la singularité et l'immuable. Mais, son malheur provient de cette difficulté de parvenir à cette réconciliation qui va déterminer son procès d'effectuation. C'est dans la mesure où elle est la scission en mouvement qu'elle vit l'épreuve de la réconciliation des inconciliables. Elle s'est engagée dans l'infinitisation de la finitude

[159] *Phénoménologie de l'esprit*, p. 237.

dans sa nécessité d'être en relation avec l'immuable. Elle agit sous le mode de la perception intérieure de soi dans sa dualité essentielle. Ce que la conscience malheureuse met en avant ne peut s'accomplir en son sein. C'est ce qui la détermine en fait comme conscience déchirée, décalée par rapport à soi et exposée à la puissance redoutable de la négativité. C'est alors qu'elle prend la forme d'une attitude existentielle consistant à mettre en scène la contradiction profonde entre l'aspiration à l'unité et à la tranquillité et la réalité de sa scission.

La conscience malheureuse est une conscience déchirée. Aussi vit-elle l'épreuve de cette scission qui la conduit à chercher une forme de paix intérieure qui exige une réconciliation qui se profile comme un idéal impossible à atteindre dans son horizon. Il y a une connexion entre le décalage structurel qui l'anime et une quête de l'harmonie. Il importe de souligner que cette quête d'harmonie est plus une aspiration métaphysique qu'un besoin psychologique. C'est pourquoi, Hegel fait remarquer en commençant par le « mais » que la structure duale de la conscience malheureuse pose le concept de l'esprit en son sein. « Mais son retour vrai dans soi-même ou sa réconciliation avec soi présentera le concept de l'esprit devenu vivant et entré dans l'existence, parce qu'en elle est déjà ceci que c'est en tant que conscience Une indivisée qu'elle est une [conscience] double ; (...), pas encore l'unité des deux[160]. »

Dans son essence duale, la conscience malheureuse cherche à s'atteindre en tant que lieu de confrontation de cette opposition de la conscience à soi par la médiation de la négation constitutive de son mouvement. Aussi faut-il saisir le sens de cette contradiction qui explique la tension que vit la conscience à l'épreuve de cette scission caractéristique de son parcours phénoménologique. L'expérience de cette figure se fonde sur la scission comme mode de venue à soi de la réalité de son dédoublement qui met en jeu la confrontation de deux aspects irréconciliables, « la singularité » et « l'immuable ». Par sa structuration et son mode de fonctionnement, la conscience malheureuse fait l'expérience de la vacuité qui la guette, dans la mesure où elle veut fusionner avec ce dont l'essence est inaccessible à la singularité dans sa finitude.

D'emblée, elle se présente comme « l'*unité immédiate* des deux » tout en sachant que « pour elle pourtant les deux ne sont pas la même

[160] *Phénoménologie de l'esprit,* p. 237.

chose, mais opposées, l'une, savoir l'immuable simple, lui est comme l'*essence* ; tandis que l'autre, la muable multiple, comme l'*inessentiel*[161]. » Inscrite dans la dynamique de l'unité duale qui fait qu'elle se pose dans son intériorité en tant que confrontation de ce qui en elle est d'une part essence et d'autre part inessentiel, la conscience malheureuse éprouve la scisson comme mode de relation de la dualité qui la structure. C'est son redoublement dans son intériorité qui met en jeu ces deux déterminations, l'immuable et le singulier, que la conscience malheureuse va articuler « l'immuable simple » et l'inessentiel.

C'est cette expérience de la confrontation de la certitude appréhendée sous le mode de la médiation de l'unicité et de la multiplicité que va éprouver l'autoconscience devenue conscience malheureuse. Cette fois-ci le procès de l'intériorité agit à fond dans un procès d'autodétermination de l'autoconscience sous la figure de l'autoconscience malheureuse. Il s'agit de saisir le procès d'effectuation de la « conscience dédoublée » en tant que mouvement d'« engendrement du contraire comme contraire dans le contraire même[162]. »

Une fois situé le sens de cette dialectique dans le procès de sa dualité et de la prise en charge récapitulative des expériences accomplies, dont la dernière est celle du scepticisme, on peut se poser la question : « Que représente en effet le malheur auquel elle se trouve vouée ? » En se constituant comme conscience contradictoire, la conscience malheureuse se présente sous la forme déterminée de la négativité qui est au cœur de toutes les expériences qui s'enchaînent dans l'effectuation de l'autoconscience. C'est ainsi qu'à la question que nous venons de souligner correspond la réponse suivante : « Il tient dans *la reconnaissance qu'elle opère de sa propre structure dédoublée*; (…), autrement dit dans la conscience de l'intemporalité du « passage » de l'un à l'autre[163]. » Ce n'est pas seulement le dédoublement qui est la caractéristique spécifique de la conscience malheureuse, mais ce sont surtout la dualité et l'unité constitutive de la contradiction qui la déterminent.

---

[161] *Ibidem.*

[162] Gwendoline Jarczyk et Pierre-Jean Labarrière, *Hegel : le malheur de la conscience ou l'accès à la raison*, *op. cit.*, p. 106.

[163] Gwendoline Jarczyk et Pierre-Jean Labarrière, *Hegel : le malheur de la conscience ou l'accès à la raison*, *op.cit*, pp. 104- 105.

La dialectique de la conscience malheureuse s'effectue comme le mouvement d'un extrême à un autre, avec comme moyen terme elle-même dans sa dualité. C'est pourquoi, bien que procédant d'elle, les deux aspects de sa dualité qui se font face sont comme des « essences étrangères ». La contradiction en son sein affecte le processus de son dédoublement qui est l'unité d'un rapport de l'essence et de la contingence en tant que déterminations qui en résultent. Dans une certaine mesure ce qui détermine le procès de la conscience malheureuse, c'est la contradiction qui la travaille et fait advenir constamment le couple de contraires qui s'articule dans son effectuation.

Sous cet angle, « elle n'est que le mouvement contradictoire dans lequel le contraire ne parvient pas au repos dans son contraire, mais ne fait que s'engendrer dans lui à nouveau comme contraire[164]. » La fluidité dialectique qui se manifeste dans le procès de la conscience malheureuse montre qu'elle est une conscience de la vie. C'est pourquoi son dynamisme participe de cette fluidité dont elle prend conscience et qui se convertit en conscience de la vie.

Dès les premières expériences de l'autoconscience, la vie s'est manifestée comme l'unité en mouvement de la dualité dont la partition engendre l'universel en tant que substance et le singulier en tant que vivant. Hegel investit la conscience devenue autoconscience de cette négativité qui est non seulement vie, mais aussi douleur et souffrance. Comment la conscience malheureuse se manifeste-t-elle en tant que conscience vivante ? C'est dans son essence vivante qui est constitutive de toutes les dimensions de son processus que se dégage son articulation à la vie par la contradiction qui est à l'œuvre dans sa structure même. « La conscience de la vie, de son être-là et agir, est seulement la douleur portant sur cet être-là et agir, car elle n'a là que la conscience de son contraire comme de l'essence, et de sa propre néantité[165]. »

La complexité de la constitution de cette figure dans son effectuation réside dans la conjonction contradictoire de l'essence et du néant. La transfiguration de l'immuable dans une figure singulière déterminée est une sorte de néantisation de l'essence l'exprimant ainsi dans son contraire. Or, c'est ce mouvement qui constitue l'essence même de la

164 *Phénoménologie de l'esprit*, p. 238.
165 *Ibidem*.

conscience malheureuse. Elle est l'agir de la dualité sous le mode d'une unité contradictoire parce qu'elle est conscience dédoublée.

La présence ou la manifestation de l'immuable dans la conscience fait qu'il sera affecté par un procès de singularisation. La règle de fonctionnement de la conscience malheureuse qui voit la singularité honorée dans le processus de manifestation de l'immuable découle de la relation fondamentale et contradictoire en son sein de l'essentiel et de l'inessentiel. Tant que la conscience malheureuse est ainsi structurée, la singularité aura constamment à se manifester comme mode de représentation de l'immuable.

Il en résulte que la conscience est sous le mode de présentation de l'immuable qui implique la reconnaissance de la médiation dont est porteuse la singularité qui fait advenir l'essence sous la modalité de « l'immutabilité ». Du fait de son unité constituée de sa dualité, la conscience malheureuse ne peut faire prévaloir l'immuable dans la dénégation de la singularité. Celle-ci est en effet le mode de concrétion même de l'immuable qui, sans elle, demeurerait une essence intérieure vide. L'expérience de la phénoménalisation de l'immuable est l'épreuve cruciale que va vivre la conscience malheureuse dans ses multiples phases. C'est pourquoi sa trajectoire se présente comme une mise en scène de la réflexivité constitutive de la transfiguration de l'immuable dans le singulier et de celui-ci dans l'immuable : « [...] dans ce mouvement, écrit Hegel, elle fait justement l'expérience de cet *entrer-en-scène de la singularité* EN *l'immuable, et de l'immuable* EN *la singularité*[166]. »

La conscience malheureuse est une conscience religieuse, en ce sens que l'immuable est bien l'Absolu auquel elle aspire et qui donne un sens à ses efforts. Le malheur de la conscience ne procède pas de souffrances psychologiques ou de drames provoqués par les accidents de la vie, mais du désir de plénitude qui ressort de l'aspiration à l'immuable. Mais, par définition, la conscience finie ne peut pas accéder à l'infinitude de l'immuable.

Le cheminement de la conscience vers l'Absolu procède de la ferveur qui l'habite en tant que « puissance affective ». Cette ferveur est le bouillonnement intérieur qui caractérise l'intensité de la relation de la conscience à l'immuable. Le drame de la conscience malheureuse est

[166] *Phénoménologie de l'esprit*, p. 238.

inhérent à son essence et à son effectuation. C'est le sens qui se dégage de son processus de manifestation: « En fait, par la *figuration* de l'immuable, le moment de l'au-delà n'est pas seulement demeuré, mais a été plutôt encore affermi ; (...) il faut que l'espérance de devenir Un avec lui demeure espérance, c'est-à-dire sans accomplissement ni présence[167]. »

La figuration est l'élément médiatisant en tant que mode de manifestation de l'Absolu dans la singularité et de celle-ci dans l'immuable. Par essence, elle est ce à travers quoi convergent les constituants de cette relation constituée de l'effectivité sensible et de l'Un. C'est pourquoi, c'est en termes d'espérance que le lien acquiert son sens dans la mesure où elle relève fondamentalement de l'absence de ce qui doit rester dans la représentation. L'espérance est le sentiment d'attachement à ce à quoi on ne peut accéder. Elle est d'autant plus ardente que son objet est de la sphère de l'inaccessible. C'est en ce sens que la conjonction du singulier et de l'immuable par la médiation de la figuration implique l'espérance qui se traduit par la proximité de la conscience avec l'Un et l'épreuve que sa réalité est dans l'absence. C'est pourquoi, la conscience sensible appréhende l'immuable par le sentiment qui est ferveur et non pensée.

Pourtant, elle prétend être une « conscience pure », coupée de l'extériorité sensible, alors que sa pureté est vide et l'effectivité avec laquelle elle est en relation est empirique. Inscrite dans la logique de la figuration représentante, la conscience est sous l'emprise de la ferveur du sentiment et non de la puissance différenciante du concept. Hegel décrit ainsi son intériorité : « Son penser, comme ferveur, demeure le bourdonnement informe du bruit des cloches ou une chaude nébulosité, un penser musical qui ne parvient pas au concept, lequel serait l'unique mode immanent ob-jectif[168] . » Dans ce passage, Hegel condense ce qui advient à la conscience malheureuse dans la confusion comme le sentir qui se manifeste dans son intériorité en tant que ferveur et non pensée conceptuelle.

Certes la ferveur religieuse n'entend pas se réduire à une sensation empirique puisqu'il s'agit de la relation subjective dans son intensité à l'immuable. Mais dans son impuissance à appréhender concrètement par la médiation du concept l'Absolu, elle s'emballe dans le sentiment

---

[167] *Phénoménologie de l'esprit*, p. 240.
[168] *Phénoménologie de l'esprit*, p. 242.

et ce qui lui parvient montre bien son aliénation à l'extériorité. Enfermée dans « le pur sentir intérieur », la conscience malheureuse vit le procès de son effectuation sous la forme d'une « nostalgie infinie », ce qui ne fait qu'accentuer sa situation dramatique. Car, la nostalgie est l'indice de la conscience de son impuissance à accéder à son idéal : la fusion avec l'immuable.

Il y a là à l'œuvre une tension obstinée à faire coïncider sa certitude et la réalité de l'Absolu, en identifiant son sentiment à la pensée de l'immuable qui mobilise la conscience malheureuse. La puissance de cette conviction est confortée par le mouvement de la singularité pensante qui se concentre sur les ressources de l'affectivité sous la forme de la nostalgie.

La conscience est persuadée d'être, dans son mouvement intérieur une conscience pure se pensant dans l'unité de sa certitude et de son objet défini dans son objectivité intériorisée. Si la conscience s'identifie à la singularité pensante, c'est qu'elle s'appréhende dans la fusion postulée et déterminée comme réalité dans l'intériorité advenue comme pensée de la singularité. En fait, elle mobilise toutes les ressources de l'intériorité pour consolider sa certitude : affectivité, nostalgie, penser pur. Ce sont des déterminations de l'intériorité qu'elle considère comme étant à l'œuvre dans son procès de redoublement et qui lui donnent la conviction par la ferveur qui l'habite de saisir l'immuable. Elle entend ainsi abolir la distance infranchissable qui structure sa relation à l'immuable. Au fond, c'est la dimension ontologique de sa relation à l'Absolu qui est l'enjeu de cette dialectique explicite du procès de la conscience malheureuse dans son rapport à son autre qu'est l'immuable.

C'est pourquoi son expérience se déploie sous le signe de la douleur parce qu'elle s'achemine vers sa perte, dans la mesure où elle ne peut pas atteindre son objet. Elle est décalée en son sein de façon constante de son objet qui, dans son essence, est inatteignable. Elle se rend ainsi étrangère à elle-même en se définissant par sa scission qui est le mode immanent de sa manifestation à soi. Ce que la conscience malheureuse révèle, c'est l'essence de l'esprit qui, par la dualité est vie, existence et manifestation de sa substance dans la phénoménalité de la conscience. C'est en ce sens que nous pouvons entendre le mot de Jean Hyppolite:

« La conscience malheureuse est le thème fondamental de la *Phénoménologie*[169]. »

En effet, la progression phénoménologique de la conscience l'inscrit dans une processualité négative, procédant par conversion au terme de laquelle, elle désespère quant à l'identité de la certitude et de la vérité. C'est pourquoi la déception est cet advenir de la conscience malheureuse avant le surgissement de sa figure propre. C'est ainsi qu'elle se déploie dans le sacrifice et la douleur de la scission qui la constitue et la structure. Mais cette scission est l'activité de l'autoconscience malheureuse et c'est elle qui détermine le procès de la singularité qui est constitutive de son être dans sa singularité.

La relation duale qui structure la conscience dans la manifestation de sa certitude en tant que mouvement vers l'immuable est caractérisée par les déterminations que sont « l'en deçà actif » et « l'effectivité passive ». C'est leur conjonction dynamique qui constitue le contenu paradoxal de la conscience malheureuse. En s'approfondissant dans la quête de l'autre qui, par définition, lui échappe, elle se livre au mouvement où chaque extrême est affronté au regard de l'autre comme étant soi-même dans l'altérité négative et sursumante. C'est la conscience elle-même qui tente de se sursumer pour que l'effectivité qu'elle conçoit dans sa scission se sursume en tant que telle et coïncide avec elle-même. Partant « L'extrême de l'effectivité se trouve sursumé par l'extrême actif ; mais elle ne peut de son côté se trouver sursumée que pour la raison que son essence immuable la sursume elle-même, se repousse de soi, et livre à l'activité ce qui a été repoussé[170]. »

Le travail de la négativité est assumé par la forme sursumante qui caractérise la scission. La logique de la figuration qui est celle de la *Phénoménologie* se conçoit alors sous le signe de la manifestation de la phénoménalité qui, sous la forme de l'immuable figuré, se dépouille de la singularité en la sacrifiant. L'œuvre de la conscience dans sa dimension spirituelle est déterminée par la sursomption qui élève le singulier à l'universel dont la forme figurée est l'immuable.

Par conséquent, la dissolution de la singularité constitue l'insuffisance de l'accomplissement de l'immuable dans sa figuration. Par essence, la figuration est le mode déficient de la représentation de

[169] Jean Hyppolite, *Genèse et Structure de la Phénoménologie, op. cit.*, p. 184.
[170] *Phénoménologie de l'esprit*, p. 245.

l'Absolu, qui ne peut se manifester qu'à travers cette conscience inessentielle. Qu'est-ce qui détermine la relation des extrêmes ? La détermination de ce rapport résulte de la singularisation de l'immuable qui ne peut s'enfermer dans son essence qu'en tant qu'entité coupée de la condition de la représentation qu'est la singularité. Celle-ci en tant que « singularité pensante » se présente comme l'unité de la conscience et de l'abstraction pure de la pensée comme intériorité déterminant la conscience malheureuse.

C'est dans cette perspective qu'elle se révèle soumise au contenu de sa représentation. Dans la figuration, la conscience n'est plus en rapport avec son objet dans son objectivité phénoménale, elle est subjectivité objectivée dans son intériorité. Il y a un double regard qui se porte sur soi double de son autre par la médiation de la scission d'elle-même. En s'appréhendant en tant qu'unité de soi même comme son autre, la conscience assume dans la figuration son au-delà, qui est ce en vertu de quoi elle est conscience malheureuse. Ce qui constitue la relation de la conscience à l'immuable et qui en fait une conscience immuable, c'est le mode négatif de la constitution de leur rapport.

Que la conscience malheureuse soit incarnée par la pensée de l'universel immuable ne la délivre pas de la dualité qui la structure, c'est dans cette perspective qu'elle cherche à trouver un mode de détermination en lien avec l'activité propre à la conscience singulière. Cette nouvelle détermination ressortit à un processus de concrétude où elle s'accomplit par le travail et le désir. Il y a comme un besoin d'extraposition qui procède de la nécessité de surmonter son abstraction confrontée au néant d'un contenu qui reste enfermé dans son essence. Certes, l'effectuation de la conscience malheureuse se déroule sous le signe du principe de la dualité qui met en mouvement toutes les figures de l'autoconscience.

Cependant, son originalité, c'est de vivre la dualité sous sa forme existentielle, non pas seulement comme un geste intellectuel, comme c'est le cas pour le stoïcisme et le scepticisme. La forme déterminée qui la caractérise quand elle est mue par le désir et le travail, aboutit à une forme de transmutation négative. C'est en rompant avec le sentiment intérieur de satisfaction par la pure extériorité qui est ferveur et nostalgie, qu'elle va se tourner vers le monde de l'extériorité empirique pour l'élaborer par une activité de transfiguration.

Sans renoncer à l'unité qui la constitue dans sa dualité, sa multiplicité conforme à sa nouvelle détermination implique une attitude nouvelle. Elle vit une forme de distance à soi qui est séparation, mieux une brisure qui manifeste qu'elle est unité duelle de l'universel et du singulier. « Seulement, en même temps cette unité est affectée de la séparation, à nouveau brisée dans soi, et l'opposition de l'universel et [du] singulier vient au jour à nouveau à partir d'elle[171] . » Si la première brisure correspond à la détermination de la conscience malheureuse dans la scission de l'intériorité pensante et abstraite, la deuxième brisure est division de l'universel et du singulier dans sa manifestation à l'extérieur de soi. Qu'elle soit tournée vers son intériorité ou vers son extériorité, elle vit la tension de son essence qui est déterminée par la scission qui se manifeste dans la phénoménalité extériorisée par la séparation. C'est pourquoi, la brisure s'amplifie et s'exacerbe, illustrant ainsi la profondeur de la déchirure, au point qu'elle déborde et pousse la conscience à chercher d'autres modes de sursomption de la douleur.

La conscience malheureuse en effet éprouve à fond le négatif sous le mode de l'aventure de la douleur. Elle aiguise son besoin de surmonter la contradiction et la nécessité de la réconciliation qui résorberait la forme brisée qui la caractérise. Renonciation et découverte d'une autre forme de satisfaction se conjuguent dans cette investigation dans les profondeurs de l'intérieur brisé de l'autoconscience malheureuse. « Car la conscience renonce certes *en apparence* à la satisfaction de son autosentiment ; mais elle gagne la satisfaction *effective* de ce même [autosentiment] ; car *elle a* été désir, travail et jouissance ; c'est *elle* qui, comme conscience, a *voulu*, *agi*, et *joui*[172]. »

A ce niveau de la dialectique de la conscience, il paraît important de mettre en exergue l'ineffectivité affective qui est le moteur de l'attitude de la conscience plongée dans le désarroi. La nécessité de se démarquer de cette attitude se révèle encore ambiguë, dans la mesure où la conscience n'est pas libérée de son attitude pieuse. En fait, c'est parce qu'elle est pieuse qu'elle vit son intériorité comme ferveur et nostalgie. En se rendant compte de sa vacuité, elle cherche une

---

[171] *Phénoménologie de l'esprit*, p. 246.
[172] *Ibidem*.

satisfaction plus consistante dans la réalisation de son désir par l'accomplissement du travail.

En se déterminant comme conscience singulière, la conscience malheureuse combine grâce et agir pour accéder à la plénitude qu'elle poursuit, à travers son inscription dans la quête de la certitude appréhendée dans son effectivité. En tant que déterminée par la singularité, elle veut s'identifier à ce processus récapitulant ses activités : « Le mouvement total, pas seulement dans le désirer, travailler et jouir effectif, mais jusque même dans le rendre grâce où c'est le contraire qui paraît advenir, se réfléchit donc dans l'*extrême de la singularité*[173]. »

La conscience malheureuse est mouvement, et, dans cette attitude singulière, elle veut parvenir à l'effectivité de ses manifestations particulières. Elle aspire ainsi à sortir de l'abstraction de la pureté, qu'elle soit pensée ou affective.

Il est manifeste que le procès de la conscience malheureuse est l'effectuation de la scission comme réflexivité redoublée médiatisée par la singularité constitutive de l'agir de la conscience. La conjonction effectuée de l'intérieur et de l'extérieur a permis à la conscience de vérifier que la scission qui la constitue ne peut être surmontée par le sentiment intérieur, ni par le désir et le travail. Elle demeure, en dépit de la vanité de ses activités, une autoconscience agissante. Elle épuise ses tentatives qui ne lui ont pas permis de se concrétiser à travers l'effectivité visée. Elle se conçoit à travers sa singularité comme une conscience dont la plénitude s'accomplit par la douleur et le malheur.

Il y a comme une nécessaire radicalisation de l'affirmation de sa singularité pour mieux éprouver la déchirure qui constitue la spécificité de son expérience. A l'extrême de la confrontation de son être-pour-soi avec l'universel, la conscience singulière éprouve son autonomie dans la dissolution de ce qui la détermine dans sa relation à l'immuable. C'est cette attitude qui s'exprimait dans son imbrication avec la pensée empreinte de la singularité. En voulant s'atteindre dans sa singularité effective, elle s'est autodéterminée d'une part dans l'abstraction de l'intériorité et ensuite dans l'acte de s'accomplir par le travail. Toutes ses déterminations aboutissent au constat d'échec qui

---

173 *Ibidem.*

met à l'ordre du jour le troisième moment où elle se détermine comme « conscience de son être-pour-soi. »

Après s'être effectuée dans les deux étapes antérieures où elle a fait l'expérience de sa détermination en tant que conscience pure et conscience singulière, elle revient vers elle-même pour s'examiner en profondeur. La vie intérieure qu'elle s'est représentée à travers la pensée, la ferveur, la nostalgie, en tant qu'affectivité l'a conduite dans l'impasse. Ensuite, elle s'est tournée vers la dynamique de la singularisation par la figuration comme désir et travail, c'est aussi l'échec qui s'est imposé. Toujours sous l'impulsion de la dualité agissante, elle tente de vérifier ce que peut représenter, pour son advenir à soi, l'expérience de la médiation figurée.

Il reste à la conscience malheureuse le principe de l'ascèse, du dépouillement et de la dépossession qui correspond au sacrifice qui définit son comportement. C'est par la négation de son en-soi qu'elle surmonte sa propension à entretenir sa relation vivante avec le monde. Or, ce monde est la négation de son aspiration à l'absolu. Par essence, la conscience malheureuse est fondée sur une contradiction agissante et qui la traverse entièrement. Elle se conçoit dans son désir de pureté comme une conscience qui doit transcender la contingence qui l'affecte. C'est ainsi qu'elle se meut sur le registre de l'abnégation et de l'austérité pour se sauver de la souillure qui la guette dans son rapport à la vie tout en étant orientée vers l'autre extrême qu'est l'Absolu. Son aspiration est ainsi contrariée par son inscription dans l'agir qui fait qu'elle est en relation avec l'immédiateté, qu'elle soit de l'ordre de l'intérieur ou de l'extérieur.

C'est pourquoi, elle s'avoue défaite. En lieu et place du sublime, de la grandeur et du sacré qui sont les déterminations de l'immuable, elle se retrouve avec un contenu constitué par la bassesse et la mesquinerie. Elle prend conscience du fossé immense qui se creuse entre l'essentiel et son contraire qui la réduit ainsi à sa misère et à son malheur. Autant l'aspiration au sublime est forte et puissante, autant sa chute dans les profondeurs de la mesquinerie est manifeste.

Il advient à la conscience malheureuse l'épreuve concrète de la limitation structurelle de sa posture. A travers les différentes attitudes qui ont jalonné son expérience dramatique, elle a réalisé l'unilatéralité limitative de son confinement dans une position de bascule d'un extrême à un autre. Structurée par le principe de l'unité réflexive traversée par la dualité constitutive de ce qu'elle est, la conscience malheureuse s'est exposée à la résonance dramatique de la négativité.

C'est ainsi que la médiation qui anime la conscience est une articulation de son abstraction et de sa phénoménalité. La conscience malheureuse est *le procès de l'extériorisation de l'intérieur dans le mouvement de son intériorité*. D'où le sens du sacrifice, de la dépossession et de la renonciation. Par le biais de ses modalités de dépouillement, elle affirme sa liberté dans le malheur. Elle n'existe dans son autostance qu'en tant qu'elle éprouve la douleur de la privation et du décalage structurel entre son en-soi et son pour-soi. Le mode de manifestation de la liberté dans cette étape est bien la négation que la conscience exerce sur elle-même pour s'auto-engendrer.

En s'élevant à la nécessité de procéder au sacrifice de ce qui constitue sa jouissance et son rapport vital à l'extérieur, la conscience malheureuse se libère de « l'extrême inessentiel ». Cette part de son être est, dans son objectivité, la cause de sa servitude. Certes, le « sacrifice effectif » est le mode de vérification de sa capacité à surmonter les modes de subordination à l'extériorité empirique, source des plaisirs et de la vie sensitive qui l'enchaînent dans une certaine mesure. Cependant le sacrifice révèle l'intériorisation du combat acharné qu'elle mène pour se libérer des entraves au chemin de purification qui est son destin. « Mais dans le sacrifice effectivement consommé, la conscience, tout comme elle a sursumé l'*agir* en tant que sien, s'est *en soi* déprise également de *son malheur*. Que cette déprise soit advenue *en soi* est cependant un agir de l'autre extrême du syllogisme, lequel est l'essence *étant-en-soi*[174]. »

« Pour clore ce parcours, Hegel va moduler ce résultat, affirmant en substance que le « malheur » de la conscience, par là, se trouve bien aboli, mais seulement sous la modalité de l'*en-soi*[175]. » L'inachèvement la caractérise au niveau du pour-soi dans la mesure où elle articule de manière contradictoire l'en-soi et le pour-soi, le positif et le négatif sans pour autant être en mesure de les conjoindre sous leur unité effective. « Une telle conjonction structurelle entre la négativité qu'elle est pour elle-même et la positivité qu'elle confesse

---

[174] *Phénoménologie de l'esprit*, p. 250.
[175] Gwendoline Jarczyk et Pierre-Jean Labarrière, *Hegel : le malheur de la conscience ou l'accès à la raison*, *op. cit*, p. 149.

comme sa propre détermination extérieure n'est pas son fait, mais elle la reçoit de cet autre ; c'est ce dernier qui réalise en elle l'articulation de ces deux éléments[176]. »

En fait, à travers les trois modes de manifestation qui définissent son parcours, la conscience malheureuse demeure hantée par le désir d'unité qui est l'indice de son impuissance. Sa trajectoire, depuis la conscience pure jusqu'à l'émergence de l'agir qui résulte de la prise de conscience de l'échec de la relation entre la singularité et l'immuable se définit comme la succession des expériences où se manifeste la confrontation de la singularité avec l'immuable. Aussi faut-il souligner les étapes décisives de son effectuation ainsi mentionnées : « Conscience pure, elle ne gagnait rien, que le vide ; singulière, elle accède à l'objectivité, celle-ci fût-elle encore brisée d'avec son universalité *effective*[177]. » Elle s'est manifestée en tant que conscience pure, singularité, effectivité brisée en exacerbant la dynamique de la scission qui s'approfondit en s'autodéterminant à travers les deux aspects qui la structurent : le singulier et l'immuable.

Il est clair que le processus d'effectuation de la conscience malheureuse, en dépit de sa dimension opérationnelle, est sous l'égide de la scission et de la déchirure. L'essence de son mouvement est l'aspiration à l'absolu, au divin, son moteur est l'unité duale. Si son activité est affectée par la misère et sa jouissance se renverse en douleur, c'est que le principe qui met en œuvre son agir est constamment déterminé par la scission de son en-soi et de son pour-soi, de l'universelle essence et de la singularité de son être. L'agir, au lieu de combler la vacuité de son aspiration à l'absolu, n'a fait qu'exacerber son malheur et donner l'indice que sa vérité est de l'ordre de l'aspiration.

Conduite par la visée d'une espérance par définition maintenue en tant qu'idéal inaccessible, « il faut que l'espérance de devenir Un avec lui demeure espérance, c'est-à-dire sans accomplissement ni présence [178]», la conscience demeure sous l'emprise d'une postulation à l'infini. De cet infini, elle tire la source de son mouvement qui est

[176] Gwendoline Jarczyk et Pierre-Jean Labarrière, *Hegel : le malheur de la conscience ou l'accès à la raison, op. cit*, p. 150.
[177] Gwendoline Jarczyk et Pierre-Jean Labarrière, *Hegel* : *le malheur de la conscience ou l'accès à la raison, op.cit*, p. 132.
[178] *Phénoménologie de l'esprit*, p. 240

procès de quête d'espérance dont la distanciation ontologique aiguise son malheur. A vivre de l'espérance d'un au-delà qui se profile sans se concrétiser, la conscience se réalise dans la tourmente d'une attente renforcée par l'exigence de concrétude et d'unification qui prend son sens dans son impossible réalisation.

Dans la logique du principe d'effectuation en sa manifestation autoconscientielle, il s'est agi du procès d'extériorisation de l'intériorité dans son intériorité. L'autoconscience veut traduire son essence duale, dédoublée sous la forme d'une autonomie qui se maintient dans le redoublement de son intériorité. Etant donné l'unilatéralité structurellement limitative, elle s'est déployée dans son advenir à soi sous le signe de la manifestation de l'esprit dont elle est le concept. Le principe d'autostance qui l'a animée, qui est aussi moteur de sa progression dans soi à travers les figures de la liberté issues de sa scission, a épousé les contours de la négativité en mouvement. Il y a comme l'épaisseur de la réflexivité dialectique qui s'est effectuée pour livrer à la substance des modes déterminés de sa manifestation.

Au fond, l'enjeu de la conscience malheureuse est de montrer que le procès de l'autoconscience est inscrit dans la dynamique du surgissement de la raison en tant que lieu d'émergence et d'effectuation de « la certitude de la conscience d'être toute vérité ». L'autodétermination de la conscience en tant qu'autoconscience s'est révélée être « la représentation de la *raison*, la certitude de la conscience, dans sa singularité, d'être absolument *en soi*, ou toute réalité[179]. » C'est quand la représentation de l'universel comme certitude de la réalité se concrétise sous la forme déterminée de la singularité que surgit la raison. L'unilatéralité du procès de l'autoconscience dans la prise en compte même de la dualité et de son unité d'effectuation met en exergue son échec quant à la concrétisation de la conjonction effective de la certitude et de la vérité.

[179] *Phénoménologie de l'esprit*, p. 251.

C- LE PRINCIPE D'EFFECTUATION COMME PROCES DE LA RAISON

Nous avons assisté au mouvement des dialectiques de l'Autoconscience à travers le désir de reconnaissance, de l'universalité pensante du stoïcisme, de la négativité du scepticisme et de la confrontation de la singularité avec l'immuable, dynamique constitutive de la conscience malheureuse. Il ressort de la fluidité de la dualité propre à l'effectuation de l'Autoconscience, l'émergence de la singularité universelle en tant que conscience effective, « essence absolue ». Le mouvement de la conscience a comme résultat l'extériorisation de l'en-soi comme manifestation de l'essence posée dans son extériorité dont la réflexivité est le moyen terme constituant l'unité de l'en-soi et de l'autre que soi. Cette singularité comme « conscience effective » est le « négatif de soi-même ». C'est pourquoi, elle est le procès de soi-même dans son intériorité extériorisée. C'est à cette condition que : « Ce moyen terme est l'unité qui les sait et les met en rapport tous deux immédiatement, et la conscience de leur unité, qu'il énonce à la conscience et partant *à soi-même*, la certitude d'être toute vérité[180]. »

Le moyen terme est la médiation des extrêmes apparus comme termes propres à la scission concrète qui anime la conscience malheureuse. Le principe d'effectuation s'est ainsi manifesté à travers le redoublement autoconscientiel qui est la règle de fonctionnement déterminée de cette section dont la figure illustrative est la conscience malheureuse. Aussi, la nature médiatisante du moyen terme dont l'essence est d'unifier les extrêmes se concrétise en tant que concept de la raison énoncée comme « certitude d'être toute vérité ». Dans les expériences à venir, il est question du devenir effectif de cette certitude par l'observation de la nature, ensuite par l'observation de l'effectivité extérieure à travers l'élaboration de lois logiques et psychologiques et enfin par l'effectuation de l'autoconscience rationnelle par soi-même et l'agir de l'autoconscience individuelle.

Dans cette partie, nous allons nous intéresser au procès constituant de la raison dans ses efforts de rationalisation qui se révèlent infructueux dans plusieurs sphères de son champ d'application qui est divers et varié. La raison veut *se trouver* et *s'appréhender* à travers la réalité

---

[180] *Phénoménologie de l'esprit*, pp. 252-253.

phénoménale et objective du monde après avoir acquis l'assurance d'être la certitude et la vérité de la réalité.

La visée des expériences qui se déploient à travers le procès d'effectuation de la raison est d'articuler la certitude à la vérité dans la perspective de la concrétude engagée dans ce parcours phénoménologique de la Conscience. Les mesures de cette articulation sont soumises à la logique d'expérience qui est celle du processus phénoménologique du principe d'effectuation. La Raison va s'effectuer sous le signe de la reprise de ces deux dimensions (certitude et vérité) déterminations des figures effectuées au niveau du parcours de l'autoconscience.

Il ne s'agit plus du monde de l'abstraction pure comme c'était d'abord le cas de la Conscience, dans une certaine mesure aussi de l'Autoconscience, bien que le doublement de l'objet (et la pleine autostance du sujet /objet) ne sont plus à entendre comme « abstraction pure ». C'est au travers de son engagement concret dans la configuration du monde aussi bien empirique qu'humain que la raison va mettre à l'épreuve l'unité advenue de l'universel et du singulier pour la convertir en certitude et vérité de soi.

Découvrir dans le monde et dans les choses son être conceptuel, la conscience de soi-même, est le but recherché par la raison, donc, elle n'est pas dans la quête de son autre comme autre dans sa différence, mais elle veut se trouver elle-même dans cet autre. Ce comportement de la raison résulte de l'intérêt qui l'habite dans l'exploration du monde : « La raison a par conséquent maintenant un *intérêt* universel au monde, parce qu'elle est la certitude d'avoir présence dans lui, ou que la présence est rationnelle. Elle cherche son autre en sachant ne rien posséder d'autre en cela que soi-même ; elle ne cherche que sa propre infinité[181]. »

[181] *Phénoménologie de l'esprit*, p. 260.

I- La catégorie comme procès du principe d'effectuation

Il importe de voir l'articulation qui se noue entre la raison et l'idéalisme telle que Hegel la souligne dès les premières pages de cette section. Qu'est-ce qui dans l'advenir de la raison implique cette réflexion sur l'idéalisme ? Pourquoi l'énonciation de l'idéalisme surgit-elle en ce moment précis du procès d'effectuation de la conscience, c'est-à-dire au sortir de l'autoconscience ? La réflexion sur l'idéalisme s'élabore comme l'autoconception du Je dans le concret de son redoublement différent du Je abstrait et général de l'autoconscience. Il s'agit d'un mode de subjectivation qui consiste à convertir l'essence intérieure en extériorité concevante, condition de l'émergence de l'autoconscience devenue raison. C'est en ce sens que Hegel écrit : « La raison en appelle à l'*auto*conscience de chaque conscience : *Je suis Je* ; mon ob-jet et essence est *Je* ; et aucune ne lui déniera cette vérité[182]. »

La certitude ne se présente plus dans sa visée de la phénoménalité mais dans l'extériorisation de son intériorité revenue à soi. L'idéalisme ne serait-il pas alors la figure de la raison en tant que *subjectivité conceptualisante et rationalité effectuante* ? Etant donné que la raison s'énonce comme le procès de la singularité devenue universelle, ne s'apparente-t-elle pas à l'idéalisme comme structure pensée du monde ? En tant que l'idéalisme est l'expérience de la subjectivité par elle-même sous la forme déterminée et active de la pensée à travers le Je redoublé, il s'assimile à la raison qui, dans son effectuation, « est certaine en cela de ne faire expérience que de soi[183]. »

Il convient de voir comment Hegel scrute la structure subjective de la raison en tant qu'identité conceptuelle de l'intériorité telle qu'elle se phénoménalise et s'appréhende dans sa subjectivité extériorisée. Aussi la catégorie intervient-elle comme mode d'apparition de la conscience dans sa dimension universelle. D'où la nécessité de s'interroger sur le dynamisme constitutif de l'idéalisme dans son exposition à travers l'expérience des figures de la raison comme modes d'articulation de la certitude à la vérité dans l'espace de la phénoménalité objective. La raison est ainsi l'unité formelle de la conscience et de

[182] *Phénoménologie de l'esprit*, p. 255.
[183] *Phénoménologie de l'esprit*, p. 253.

l'autoconscience, et c'est sous le signe de la réconciliation conceptuelle que vont se déployer les étapes constitutives des figures qui se succèdent à travers le procès de son inscription dans le monde. Son effectuation consistera alors à montrer que « le singulier sursumé est l'universel ».

Si la Raison se conçoit comme le mouvement même du réel et de l'être des phénomènes, c'est parce qu'elle résulte du procès de la conscience et de l'autoconscience qui fait qu'elle s'est autodéterminée comme « certaine de soi-même comme de la réalité ; ou que toute effectivité n'est rien d'autre qu'elle »[184]. Confiante en elle-même comme unité advenue de l'objectivité conscientielle et de la subjectivité autoconscientielle, la raison peut se présenter comme l'énoncé de l'identité structurelle de la pensée et de l'effectivité : « son penser est immédiatement lui-même l'effectivité », c'est pourquoi « elle se comporte donc à son égard comme idéalisme[185]. » Saisir le principe d'effectuation au niveau du procès phénoménologique de la raison, c'est voir comment se traduit le mouvement d'extérioration de la certitude advenue comme concept de l'intériorité dans sa manifestation phénoménale.

A cet effet, nous pouvons dégager une double signification de la certitude entendue comme relation au sortir de l'autoconscience et au moment de son entrée en scène dans la raison : négative et positive. Elle se convertit de la relation négative à l'autre en relation positive. De la certitude négative à la certitude positive, il y a eu mouvement de sursomption de l'altérité phénoménale par l'altérité subjective. C'est dans ce sens que la raison s'affirme ainsi comme étant l'être même de l'effectivité : « la raison est la certitude d'être toute *réalité*[186]. » Cette proposition principielle est le fil conducteur de la configuration du mouvement de la conscience dans son parcours phénoménologique en tant que raison.

Tel est le sens de l'émergence de la catégorie en tant que notion qui exprime la diction de cette réalité de la certitude comme identité de la pensée et de l'être. Qu'est-ce que la catégorie ? Voici la réponse de Hegel : « La *catégorie*, qui avait auparavant la signification d'être essentialité de l'étant, de l'étant en général *de façon indéterminée* ou

---

[184] *Ibidem.*
[185] *Phénoménologie de l'esprit*, p. 253.
[186] *Phénoménologie de l'esprit*, p. 256.

de l'étant en regard de la conscience, est maintenant *essentialité* ou *unité* simple de l'étant seulement comme effectivité pensante ; (…)[187]. »

La catégorie se présente comme la certitude immédiate de l'être de la raison en tant qu'elle est la réalité appréhendée comme pensée. C'est ce qui fait que la catégorie est l'identité de l'être et de la pensée dans son immédiateté. En tant qu'elle est la position d'immédiateté de l'être rationnel dans son apparition phénoménale, la catégorie n'est pas dans cette perspective une notion virtuelle qui affirme l'être de la chose dans son abstraction. La catégorie, dans ce sens, est la diction de la réalité dans son intériorité conceptuelle résultant du procès de la conscience et de l'autoconscience. Nous pouvons dire que la catégorie est le phénomène appréhendé en tant qu' « effectivité pensante », c'est-à-dire réalité d'essence assumant la phénoménalité du monde. C'est dans cette mesure, que dans sa signification hegelienne, la catégorie n'est pas une notion abstraite qui incarne l'en soi des choses sans leur articulation au devenir phénoménal de la conscience. Aussi, faut-il reconnaître la dimension logico-phénoménologique de la catégorie qui se manifeste à travers la mutation de l'Autoconscience devenue Raison.

Unité de l'identité et de la différence, la catégorie est constituée de l'essence et de son autre. Contre le formalisme de l'idéalisme critique qui oppose l'essence et la manifestation dans la tradition philosophique, Hegel dénonce l'unilatéralisme de ces procédures de pensée qui ne sursument pas l'extériorité déterminant la relation de la subjectivité et de l'objectivité. Le mode de détermination propre au procès de la conscience fait surgir la catégorie comme *structure d'intelligibilité en mouvement.* Pour énoncer la réalité dans sa configuration pensée, Hegel invoque la catégorie comme constituant de la raison dans son intériorité immédiate.

C'est ainsi que, pour désigner le sens de la catégorie dans le processus d'effectuation de la raison, Hegel écrit : « (…), cette catégorie maintenant, ou unité *simple* de l'autoconscience et de l'être, a en soi *la différence* ; car son essence est justement ceci : être immédiatement égale à soi-même dans l'*être-autre* ou dans la différence absolue[188]. » Hegel a constamment dénoncé le dualisme inhérent au procès de

[187] *Ibidem.*
[188] *Phénoménologie de l'esprit*, p. 256.

l'idéalisme transcendantal qui maintient la dualité conscientielle consacrée dans le criticisme kantien par l'opposition irréconciliable du phénomène et du noumène. En régime dialectique, la catégorie est une articulation des différences dans leur unité distinctive. C'est pourquoi, elle se déploie comme entité qui conjoint les déterminations essentielles que sont l'identité, la différence, l'opposition et finalement la contradiction ou comme unité des déterminations logiques : l'universel, le particulier et le singulier. La catégorie s'effectue ainsi comme le vecteur de l'advenir de l'universel dans les dialectiques de la raison et, à ce titre, comme dimension processuelle du principe d'effectutaion.

En fait, qu'il s'agisse de la catégorie ou de la certitude dans son articulation à la vérité, la conscience poursuit un parcours où le négatif se déploie dans sa relation à l'altérité. Celle-ci s'est manifestée comme objet, loi, liberté, et, avec l'avènement de la raison, elle se présente comme articulation de la certitude et de la vérité. C'est sous cet angle que Hegel écrit : « La conscience détermine de diverse manière sa relation à l'être-autre ou [à] son objet selon qu'elle se tient précisément à un degré de l'esprit-du-monde devenant conscient[189]. »

La dialectique de la négativité dont la forme conscientielle est la dualité traduit comment « l'esprit-du-monde » s'autodétermine à travers l'effectuation des figures de la conscience. Elles sont à la fois des moments de la substance spirituelle dont la scission engendre les figures ; et dans son épaisseur logique, trouve sa diction à travers les déterminations conceptuelles. Cette épaisseur logique montre la fluidité du procès de la conscience dans sa dimension de raison, sous la forme de ce qui s'apparente au concept, sans recouvrir encore toute sa signification. Dans cette perspective, *la catégorie est la diction du concept dans la phénoménalité*, c'est-à-dire dans l'« époque de la conscience ». Puisque la raison est l'unité conceptuelle de la conscience et de l'autoconscience ; la catégorie ne serait-elle pas mieux à même d'exprimer cette réconciliation formelle de l'opposition de l'objectivité et de la subjectivité? Pourquoi la catégorie intervient-elle en ce moment du développement de la conscience comme traduction de la subjectivité dans la réalité phénoménale?

---

189 *Phénoménologie de l'esprit*, p. 255.

En quoi, la catégorie peut-elle exprimer le réel que vise la raison dans sa quête de soi-même en tant que « certitude et vérité de toute réalité » ? Il convient de saisir ce que recèle la catégorie en termes de diction de la réalité qui est désormais l'enjeu de la conscience devenue raison. Pour Hegel, la catégorie se définit comme « pure essentialité », comme mode d'être de la chose en tant qu'unité de soi et de son autre. La catégorie dit la chose dans sa positivité et non dans son unité négative. Elle est le concept de la chose dans la radicalité de son en-soi. C'est sous la modalité opérationnelle d'un sujet qui se conçoit dans son dédoublement effectif que la catégorie s'opère et sursume la négativité qui posait le sujet et l'objet dans leur unité négative et exclusive.

C'est sous cet angle que la catégorie est une en tant que schème et structure d'intelligibilité et multiple dans son mouvement configurateur des choses dans leur diversité. « Car [que] les catégories multiples soient des *espèces* de la catégorie pure veut dire que *elle* est encore leur *genre* ou essence, [et] non pas op-posée à elles. »[190]
Etant donné que la catégorie est la diction de la chose dans sa positivité, elle a sursumé le négatif qui définissait l'objet dans le procès antérieur de la conscience. L'objet de la raison est la diversité phénoménale appréhendée dans son unité, ce que Hegel définit comme « l'*essentialité pure* de l'étant ou la *catégorie* simple[191]. » L'unité de la catégorie se déploie dans la réalité et apparaît sous le mode de la diversité pour répondre au foisonnement des phénomènes qui caractérisent la nature. Parce que la raison, c'est l'autoconscience à l'œuvre dans la nature. Il ne s'agit plus de choses faisant face à la conscience comme opposition d'un sujet et d'un objet, mais, de la raison se cherchant comme monde. La catégorie apparaît comme le concept de l'unité et de la multiplicité dépouillée de la négativité et de la scission dualisante ou oppositive. C'est en ce sens qu'elle est le mode de manifestation de la conjonction de la certitude et de la vérité de la réalité telle qu'elle est définie comme objet de la raison. Parce que cet objet est dans son concept unité de l'objectivité et de la subjectivité, elle est énoncée sous le mode de la catégorie.
Mais dans la mesure où, il est question de la raison dans son concept, la dualité conscientielle demeure présente et c'est cette situation qui explique que l'idéalisme qui se présente comme mode d'effectuation

---

[190] *Phénoménologie de l'esprit*, p. 257.
[191] *Phénoménologie de l'esprit* p. 256.

de la raison n'est pas sans ambiguïté ni contradiction. Déterminée comme essentialité des phénomènes, la catégorie ne sursume pas d'emblée la différence qui est la détermination qui caractérise le monde extérieur dans lequel va se déployer la nature. C'est pourquoi le procès de la raison est aussi un processus de singularisation et de particularisation de la catégorie qui, dans son universalité, est le concept en soi. En fait, reconnaître à la réalité sa dimension d'effectivité, c'est saisir ce qui la constitue dans son universalité différenciée. Cependant, quand la catégorie se fait singularité, elle se manifeste de façon déterminée en tant que « conscience excluante », parce qu'affirme Hegel : « La singularité est son passage, à partir de son concept, à une réalité *extérieure* ; le *schème* pur qui est tout aussi bien conscience que, par le fait qu'il est singularité et Un excluant, l'acte de désigner un autre[192]. »

La raison s'est manifestée ainsi dans son épaisseur logique à travers la catégorie, mode d'expression de la singularité advenue comme universelle. Cette universalité a surgi dans son principe comme une exigence de conversion de l'intériorité autoconscientielle en objectivité résultant de son extériorisation. Cependant, il s'agit du concept de la raison dans son immédiateté, c'est pourquoi l'idéalisme et la catégorie se sont d'abord manifestés en tant que déterminations logiques de la configuration immédiate de la raison. C'est à travers son inscription dans son advenir comme monde que ses figures ressortissent à une logique de mutation, et les catégories constituent la réalité de leur effectuation et du sens qui en résulte.

Le procès phénoménologique qui voit la conscience se convertir en raison à partir de son développement autoconscientiel procède de l'oubli de ce qui, à chaque moment de son devenir, la déterminait dans son principe d'organisation. C'est pourquoi le chemin de la conscience se poursuit comme la mise en scène de la trajectoire du négatif à même la phénoménalité dont l'objectivité sursumée se convertit en certitude objectivée. D'où le sens de l'effectuation de la raison en tant que raison observante comme pour signifier la reprise du parcours conscientiel, sous le mode de la conjonction de la certitude et de la vérité.

Telle est la nouvelle règle de lecture dont l'exploration nous fait assister à l'émergence de l'individu universel. Il y a une succession de figures scandée par une dialectique de manifestation du vivant qui

[192] *Phénoménologie de l'esprit*, pp. 257- 258.

montre la vitalité et la fécondité du mode de penser propre à Hegel, y compris à travers des détails fastidieux. Certes, nous ne nous attarderons pas sur la première et longue partie de l'effectuation de la raison ; toutefois nous essaierons de mettre en exergue les enjeux de ce mouvement de reprise de la certitude sensible en sa dimension de raison pour mieux cerner la signification du principe d'effectuation au sein du parcours de la raison.

Il est intéressant de suivre l'investigation paradoxale dans laquelle s'engage la raison comme pour s'incruster dans l'intimité des choses, afin de les surprendre dans leur effective choséité. Le mode de diction de la raison, dans cette perspective, ne semble pas s'accommoder des exigences conformes à la nécessité intérieure, condition d'une appréhension conceptuelle. C'est pourquoi elle se présente sous le mode de « l'instinct rationnel » comme pour légitimer l'immédiateté de son opération qui est d'observation. Comment se présente la conscience observante comme première figure de la raison dans son processus d'effectuation ?

Le principe d'effectuation comme procès de la raison observante

En effet, il y a tout un programme à l'œuvre pour la pénétration de la structure des phénomènes de la nature par la médiation de l'autre dans le but pour la raison de s'appréhender elle-même. D'entrée de jeu, Hegel nous présente cette conscience observante comme une reprise du mouvement effectué par la certitude sensible et la perception : « Cette conscience à qui l'*être* a la signification du *sien*, nous la voyons maintenant, certes, s'engager à nouveau dans l'opiner et percevoir, non pourtant comme dans la certitude d'un seulement *autre*, mais avec la certitude d'être cet autre même[193]. » Si la similitude du mouvement est reconnue, il importe de souligner la différence fondamentale entre deux types d'effectuation dont les modalités sont distinctes. La certitude propre aux figures de la conscience que sont la certitude sensible et la perception se rapportait à l'autre en tant qu'autre, alors que la certitude de la raison est la *manifestation de soi comme autre à travers l'autre*.

Que cherche la raison ? Elle s'engage dans une logique de connaissance de soi et de découverte de la vérité comme étant la détermination essentielle des choses : « la raison s'emploie à *savoir* la

[193] *Phénoménologie de l'esprit*, p. 260.

vérité ; ce qui pour l'opiner et percevoir est une chose, à [le] trouver comme concept, c'est-à-dire à n'avoir dans la choséité que la conscience d'elle-même[194]. »
Montrer, à travers ce mouvement l'identité de la vérité et du concept de choséité qui est la détermination essentielle des phénomènes naturels et vivants est le but de la raison. Il est question, dans son procès, de son identité de raison à travers son agir au sein de la nature. Nous assistons à une processualité immanente à la raison comme agir dans les choses. Elle se meut comme dynamisme s'effectuant dans le sens de la rationalité constituante et constitutive des choses en tant qu'« effectivité étante ». Puisque la raison entend montrer sa souveraineté, elle va affirmer son règne comme universalité se manifestant à même les objets à travers aussi bien leur configuration singulière que leur essence intérieure.
« Ne faisant tout d'abord que se pressentir dans l'effectivité, ou ne la sachant que comme la *sienne* en général, elle chemine dans ce sens jusqu'à la prise de possession universelle de la propriété qui lui est assurée, et plante sur toutes les hauteurs et dans toutes les profondeurs le signe de sa souveraineté[195]. » Ce passage nous indique clairement la prétention de la raison dans son assurance à être la certitude et la vérité de la réalité. Ainsi, elle proclame qu'elle est l'effectivité immédiate des choses de *façon instinctive*. Dans son énonciation principielle immédiate, la raison se présente comme une sorte de *rationalité intégrale spontanée*. Or, c'est là que réside sa faiblesse dans la mesure où, sans sursumer sa propre immédiateté, elle entend s'imposer en tant que structure universelle de l'être des phénomènes.
Rejoindre la réalité des choses dans leur phénoménalité en s'instituant leur effectivité universelle à même leur déterminité singulière sans médiation est la volonté affichée par la raison. Et ce, par la modalité d'un pressentiment qui tient lieu de fil conducteur de son cheminement en tant que raison observante : « La raison se pressent comme une essence plus profonde que n'*est* le Je pur, et il faut qu'elle exige que la différence, l'*être multiple*, lui devienne comme le sien même, qu'elle s'intuitionne comme l'*effectivité* et se trouve présente comme figure et chose[196]. » Se considérant comme effectivité intérieure ayant sursumé l'abstraction de l'intériorité pure et, à ce titre,

---

194 *Ibidem.*
195 *Phénoménologie de l'esprit*, p. 261.
196 *Ibidem.*

fondée à se mouvoir dans le règne de l'extériorité comme chose ou phénomène, elle se fait le devoir de s'approprier la réalité de l'être autre comme réalité sienne.

L'enjeu de la raison en tant que principe d'effectuation est la conjonction de l'intériorité et de l'extériorité comme étant son identité propre. C'est pourquoi, elle va ausculter l'univers de la nature pour se trouver et agir en son sein au profit de la vérification de la réalité de sa souveraineté qu'elle brandit comme mode de conquête de la vérité manifestée de sa certitude. C'est sous le signe de l'objectivation de l'intériorité articulée à l'extériorité que la raison entend mener l'investigation de sa présence dans le monde, même si des difficultés parsèment sa trajectoire. « Pourtant, la raison fouille-t-elle toutes les entrailles des choses et leur ouvre-t-elle toutes les veines pour pouvoir surgir de là à la rencontre de soi, elle n'atteindra pas alors à ce bonheur, mais il lui faut s'être achevée auparavant en elle-même, pour pouvoir ensuite faire expérience de son achèvement[197]. »

Confrontée avec son effectuation comme devant se structurer en structurant la configuration du monde comme sa propre configuration, la raison s'ouvre aux phénomènes et aux choses en tant que le même et l'autre en son sein. C'est en ce sens que la reprise dont il est ici question est de l'ordre de l'approfondissement de la réflexivité dans l'autre, un autre considéré comme soi-même. Partant, la raison se considère avec un niveau de profondeur plus effectif que celui de la subjectivité pure. Elle n'est pas en rapport avec un objet qui se dresse face à elle dans sa phénoménalité irréductible, mais elle se ressaisit à travers cet objet-monde dans ce qui constitue son essence comme conscience d'elle-même. La conscience devenue raison cherche à se trouver soi-même dans un mode d'accomplissement qui exprime que la dualité est constitutive de ce qu'elle est comme redoublement de soi-même à même l'autre. Et, cet autre n'est que la conscience qui se représente son être dans son immédiateté.

En se représentant dans son agir immédiat sous la forme de « l'instinct rationnel », la raison veut s'atteindre comme l'« épiderme » du monde. Son investigation de l'être de la nature n'est que le mode de transposition de son être qu'elle effectue en tant que conscience se manifestant dans la figure d'une raison observante. En s'appliquant à l'observation, la raison ne vise qu'elle-même, à travers la visée de l'objet, qu'elle présente en tant qu'effectivité étante. C'est ainsi que

---

[197] *Phénoménologie de l'esprit*, p. 261.

« la conscience *observe* ; i.e. la raison veut se trouver et posséder comme ob-jet étant, comme mode *effectif, sensiblement-présent*[198] . » L'observation de la conscience apparaît ainsi comme la procédure que la raison engage dans sa volonté d'appropriation d'un objet qu'elle entend saisir comme soi-même dans sa présence sensible. La raison entend mesurer sa présence phénoménale comme nécessité logique de se manifester en tant qu'objet étant. Le concept de raison est ainsi à l'épreuve de l'expérience de la contingence naturelle comme pour vérifier la pertinence de son agir au sein de la réalité phénoménale du monde. Elle n'entend pas conquérir sa certitude comme certitude sensible ou subjective, mais comme certitude rationnelle advenue par la médiation de l'immédiateté devenue. Comme le montre Bernard Mabille : « La certitude de la raison est « immédiateté devenue », c'est-à-dire qu'elle est grosse d'une médiation par laquelle la conscience a surmonté l'étrangeté d'un objet (*Gegenstand*) extérieur à elle, l'a intériorisée comme son contenu et s'est trouvée en lui[199]. »
Mais, il apparaît que la certitude est ici sous le mode du pressentiment, c'est-à-dire de l'immédiateté qui se présente sous la figure de l'instinct rationnel. Celui-ci relève plus du sentiment traduisant ainsi l'impulsion de la raison sans prendre la mesure du procès d'adéquation qu'elle prétend avoir réalisé dans la mesure où elle entend prouver qu'elle a sursumé l'extériorité de l'objet pour le saisir comme son être. Partant, il importe de souligner l'actualisation de la conscience, dont le fil conducteur est la conjonction de la certitude et de la vérité. Dans sa réflexion sur la « Raison » dans la « Phénoménologie », Denise Souche- Dagues, après avoir mis en exergue la continuité du procès phénoménologique de la conscience, note ceci à propos de la raison : « La Raison observe des objets, mais elle est munie désormais de la certitude que l'Autre, qui est le corrélat de son observation, est elle-même[200]. »
En tant que raison observante, la raison est, dans son immédiateté, conscience. C'est sous l'impulsion de cette conscience qu'elle s'engage dans la perspective de se déterminer comme identique à l'essence des choses. Elle se déploie dans le but d'atteindre la choséité des phénomènes identifiée comme la profondeur de son être qu'elle

[198] *Ibidem.*
[199] Bernard Mabille, *Hegel, l'Epreuve de la contingence*, Aubier, Paris, 1999, p. 31.
[200] Denise Souches Dagues, la « *Raison* dans la *Phénoménologie* » dans *Phénoménologie et métaphysique* (sous la direction de) Jean- Luc Marion et Guy Planty- Bonjour, PUF « Epiméthée », Paris, 1984, p. 45.

s'assimile, étant donné que la conscience est désormais production de soi comme son autre. La raison se meut dans la dynamique constituant son monde qui n'opère plus par la négation objectivante ou intériorisante, mais par une conscience dont l'opération s'oriente vers l'effectivité qu'elle représente. C'est pourquoi la profondeur dont il est question ne relève pas de l'intérieur énigmatique de l'entendement ou des arrières-monde qui n'ont de réalité qu'abstraite.

Engagée dans un mouvement d'autodétermination dont le principe est d'effectuation, la raison se meut dans l'horizon de l'unité de la certitude et de la vérité dans son advenir comme réalité à travers l'expérience du monde. « La raison, telle qu'elle entre en scène *immédiatement* comme certitude de la conscience d'être toute réalité, prend sa réalité au sens de l'*immédiateté de l'être*, et pareillement l'unité du Je avec cette essence ob-jective dans le sens d'une *unité immédiate*, (…)[201]. »

La raison, dans son surgissement immédiat, est de l'ordre de l'*avoir* et non de l'*être*, c'est-à-dire qu'elle n'a pas encore expérimenté son identité conceptuelle, afin de parvenir à l'effectivité rationnelle. C'est la mise en œuvre concrète de sa dimension médiatisante qui s'effectue comme identité du concept et de l'objet, de l'intérieur et de l'extérieur, qui va conduire l'expérience qui est sienne. Il s'agit pour elle de se mettre en mouvement pour l'advenir de son en-soi en pour-soi, c'est-à-dire du devenir vraie de sa certitude, à travers le procès de l'observation ; et le mouvement de son accomplissement comme conversion du sensible en concept.

Comment se présente le parcours de la conscience observante ? Il y a une contradiction essentielle au procès de concrétion de la raison, c'est l'opposition entre sa représentation et son agir effectif. Au niveau de sa représentation, elle a affaire à des phénomènes sensibles et à ce titre en opposition à la subjectivité. Or, son effectuation concrète est une réfutation de cette attitude, dans la mesure où sa posture opérationnelle est de convertir la configuration sensible des choses en configuration conceptuelle. On peut en déduire que la réalité sensible qu'elle connaît est une effectivité pensée ou une pensée advenue comme étant. Parce que la conscience est devenue raison, même sur le terrain de l'observation sensible, elle est conduite par le penser qui est le principe d'effectuation de la raison.

---

[201] *Phénoménologie de l'esprit*, pp. 261- 262.

Désormais, l'autoréflexivité de la raison se déploie dans le mouvement des choses de la nature qui ne se manifestent que sous la forme de concepts et sous la modalité de phénomènes en observation. Dans la mesure où le mode de relation de la conscience à l'objet se concrétise par la médiation de l'observation, la représentation qu'elle se fait implique la sensation, mais une sensation qui ne peut se réduire seulement au pur sentir. Le devenir de la conscience observante comme premier moment de l'effectuation de l'agir de la raison porte sur l'être des choses, or son être à elle advient à travers le mouvement même de son effectuation.

Le processus de la raison observante à l'œuvre dans les phénomènes naturels et vivants se présente en tant que procès de classification où les procédures en mouvement sont l'observation et l'expérimentation. En effet, la raison descriptive présente une reconnaissance formelle de l'égalité de la certitude et de la vérité résultant du principe que, même immédiate, la raison est la « certitude d'être toute réalité ». Il importe d'avoir constamment à l'esprit cette dimension de la raison observante qui consiste à redéployer l'expérience de la certitude sensible et de la perception dans un autre contexte qui est celui de la raison, c'est-à-dire non soumise aux singularités sensibles comme telles. Aussi, l'énumération des fonctions organiques dans leur spécificité s'inscrit-elle dans l'effectuation de la raison descriptive.

Ainsi, en tant qu'opération descriptive, la conscience observante ne renvoie pas concrètement à la pensée conceptuelle. En parlant de la sensation à travers les organes sensibles, le concept, dans sa détermination universelle, ne se manifeste pas et encore moins ne se trouve énoncé. Or, qu'est-ce qu'une activité de la raison où ne se trouve pas nommé le concept ? Cette activité ne peut être que celle de la raison descriptive qui se déploie dans la sphère de l'immédiateté. Cette opération en tant qu'« acte de décrire » tombe dans l'ambiguïté épistémologique d'une détermination universelle soumise aux normes de la « particularité ».

Que faut-il saisir dans l'opération de description ? Quel est le mode de désignation de la différence entre les déterminations universelles et les déterminations particulières et contingentes ? Dans la mesure où le mouvement de la raison est agir en tant que description, il convient de voir comment l'acte de décrire conjugue le sujet et l'objet. « Il faut que la conscience, qui dans cette mesure ne trouve dans l'ob-jet que

l'*universalité* ou le *mien abstrait*, prenne sur *soi*-même le mouvement proprement dit de ce même [ob-jet] …[202]. »
En fait, le procès de la conscience observante a pour contenu l'universel à travers l'immédiateté sensible, détermination essentielle qui se dégage de l'acte de décrire. C'est pourquoi la conscience est dépouillée dans son agir effectif de l'acte de penser, sans pour autant procéder comme la conscience sensible, même si son objet et la façon de l'appréhender renvoient ce moment de la raison aux expériences qui furent celles de la certitude sensible et de la perception.
Au fond l'enjeu de la raison observante se détermine dans le jeu complexe de l'articulation de la nécessité inhérente à l'universel dans sa manifestation avec la particularité des déterminités sensibles. C'est à travers cette dialectique que s'effectue le processus de mise à l'épreuve de l'effectivité universelle de l'agir de la raison dans la sphère de la contingence. Orientée vers le sensible, la raison éprouvera les difficultés et les obstacles de sa dimension universelle quand il s'agit des phénomènes dont la configuration est caractérisée par le foisonnement de ses propriétés ou de ses attributs, comme c'est le cas des phénomènes naturels et vivants.
La raison descriptive s'effectue sous la modalité des procédures de l'immédiateté propres à la certitude sensible, dont l'objet a pour caractéristique l'universalité sensible et abstraite. La « certitude de la raison d'être toute réalité » est *encore sous la phénoménalité immédiate* et non *sous le mode de l'effectivité*. Le mouvement de l'observer va ainsi illustrer les limites et les insuffisances de la raison qui tente de saisir l'objet en tant qu'universel seulement d'un point de vue descriptif. Car l'acte de décrire révèle que la raison se meut dans la superficialité quant à la saisie des propriétés essentielles de l'objet. Parce que « l'ob-jet, sitôt qu'il est décrit, a par conséquent perdu son intérêt »[203] au point que la description doit constamment se renouveler comme pour justifier sa nécessité par la répétition. Procéder par une revue générale des objets à observer est la tentation qui anime la raison dans son opérer au sein de la nature.
C'est alors sous la figure d'un « instinct sans repos et infatigable » que la raison s'empare de ce qui incarne la vie à travers la chaîne diverse et variée qui compose la nature. « Dans ce royaume de l'indéterminité de l'universel où la particularisation se rapproche de la

[202] *Phénoménologie de l'esprit*, p. 263.
[203] *Ibidem.*

singularisation, et ici et là redescend totalement dans elle, est ouverte une réserve inépuisable pour l'observer et décrire[204]. »

Le mouvement indéfini de la raison observante et descriptive se trouve justifié dans l'indéterminité constitutive de l'universel de l'objet vivant ou naturel dont la « singularité » n'est encore appréhendée que comme particularité. Le règne de l'universel dans la nature s'engage dans une dynamique dont la structuration s'accommode peu des exigences de la singularité spécifiée. En voulant suivre l'objet dans le foisonnement de ses propriétés sensibles, elle s'enfonce dans la description en divisant l'objet décrit en « essentiel » et « inessentiel ».

La trajectoire complexe de la raison sous le jour de la description met en scène la manifestation de la dualité de la nécessité et de la contingence. La raison entend conjoindre l'universel et le particulier, la nécessité et la contingence, l'intérieur et l'extérieur, à travers le vivant déterminé dans sa particularité. Il s'agit donc d'une « essentialité doublée » qui se détermine à travers les catégories de la raison qui lui confèrent sa dimension de rationalité immédiate. Ce qui se joue à ce niveau de la conscience devenue raison, c'est la problématique de la connaissance de la nature comme du vivant par la médiation de l'universalité à l'œuvre dans ses déterminations sensibles.

Dès lors, la raison s'interroge sur le mode d'articulation qui justifierait le connaître de ce point de vue sans pour autant que cette opération soit adéquate à la nature des choses dans leur immédiateté. Le travail de différenciation inhérent au concept en tant que mouvement du connaître ne cesse d'être traversé par la dualité extériorisée qui consiste à situer l'acte de connaître en « essentiel » et « inessentiel ».

Le mouvement du connaître s'effectue donc dans le sens d'identifier les propriétés visibles, immédiates et manifestes comme propriétés distinctives. Il est clair que ce connaître se conçoit comme étant une opération de l'*instinct de la raison* tel qu'il s'inscrit dans la logique de la classification. Il en résulte que ce qui est connu doit refléter ce qu'il y a de plus particulièrement naturel. Car, l'objectif est d'identifier ce qui est essentiel à la chose tout en étant sa déterminité la plus apparente. C'est pourquoi, précise Hegel : « Les caractères-remarquables ne doivent pas avoir seulement un rapport essentiel au connaître, mais aussi les déterminités essentielles des choses, et le

---

[204] *Ibidem.*

système artificiel [doit] être conforme au système de la nature elle-même et n'exprimer que celui-ci[205]. »
C'est en tant qu'expression du système de la nature que la manifestation extérieure des déterminités apparentes de la chose est le reflet de la nécessité qui la constitue comme contingente et à ce titre la pose dans sa particularité. Etant donné que ce qui se joue dans la détermination de la chose, c'est la raison dans son concept, elle ne peut être sous la forme de la contingence, même si elle relève du procès de la raison à l'œuvre dans son processus de description des phénomènes. Elle définit ainsi le système de classement dans sa détermination de chaque phénomène qui, tout en étant inscrit dans le mouvement universel de la raison, n'en constitue pas moins un mode d'expression particulière de la nature. Quoi de plus conforme à la raison que d'articuler la manifestation extérieure contingente à la nécessité intérieure ?

Une logique de l'autodétermination de la raison dans son agir le plus immédiat et le plus naturel est à l'œuvre dans ce cheminement de la raison descriptive. Le système de la nature est visé dans sa configuration apparente dans la mesure où la raison s'y affronte à sa propre nécessité par la médiation des objets qui se donnent en observation. La raison s'appuie sur la nature différenciée et distinctive des propriétés du vivant sans que le connaître s'exerce en tant qu'activité de différenciation et de distinction. La raison est descriptive parce que la nature se présente à elle à travers les déterminités distinctives des phénomènes naturels et vivants. Hegel va montrer l'agir concret de la raison à travers le vivant, qu'il soit animal ou végétal.

La raison peut-elle appréhender universellement ce qui, par ses déterminités, échappe à l'universel ? Voici un connaître qui ne relève pas du principe d'universalité qui définit la raison. L'animal accède à l'être-pour-soi par ses caractéristiques distinctives qui sont ses instruments de défense dans l'adversité agressive propre à la vie naturelle. En fait, le parcours de la raison dans le champ de la nature est de l'ordre de l'indétermination qui confère à la contingence une sorte de nécessité déficiente et déroute l'acte de connaître dans sa nature logique. Si, le vivant animal peut se manifester dans son individuation constituante, il n'en va pas de même pour le vivant végétal. « La plante en revanche ne parvient pas à l'être-*pour-soi*,

---

[205] *Ibidem*.

mais touche seulement la limite de l'individualité ; c'est en cette limite, où elle met en évidence l'apparence du *dédoublement* dans des sexes, qu'à ce compte elle s'est trouvée répertoriée et différenciée[206]. » La plante est dans sa déterminité en soi, être en repos qui ne se différencie pas par lui-même et demeure sous l'emprise de l'indétermination de la nature qui lui confère sa limite. Celle-ci, tout en déterminant son individualité, ne l'a pas dotée de cette puissance de différenciation qui définit le pour-soi de l'animal. Etant donné que ce n'est pas par elle-même que la plante se différencie, elle exprime ce qui par nature ne peut être en relation et reste confiné à la place que lui assigne l'ordre naturel.

En réalité, le principe d'effectuation de la raison descriptive illustre les ambiguïtés de la connaissance s'inscrivant dans la prise en compte de la configuration des choses, dans le procès du connaître. La raison descriptive n'est pas seulement simple observer, mais activité d'identification de la chose dans sa détermination essentielle et dans sa différenciation spécifique. Appréhender la chose non seulement en tant qu'élément de la nature, mais dans son essence propre ne relevant uniquement pas de la nature, mais de sa nature, c'est-à-dire de ses « caractères distinctifs » caractérise le mouvement d'effectuation de la raison.

Si la raison cherche à vérifier l'égalité de la certitude et de la vérité à travers la manifestation contingente des objets, c'est parce qu'elle entend *convertir la particularité naturelle en universalité de raison.* La quête flottante du trait constitutif de la chose comme dimension essentielle de celle-ci traduit la difficulté et la complexité du cheminement de la raison observante. Cette difficulté éprouvée par la raison observante est constamment présente dans les expériences siennes qui « constituent une sorte de traité d'épistémologie hégélienne ou, pour employer un vocabulaire plus immanent, une reprise dialectique des démarches des sciences expérimentales[207]. »

Il n'est pas exagéré de dire que les expériences inscrites dans l'horizon de l'exploration de la nature par la raison observante relèvent par leurs procédures de l'investigation épistémologique. La raison est engagée dans un procès de la connaissance dans la mesure où elle cherche à établir la relation de nécessité entre la particularité contingente et l'universalité de raison qu'elle reflète. La nécessité et la

---

206 *Ibidem.*

207 Bernard Mabille, *Hegel, l'Epreuve de la contingence*, *op.cit*, p. 31.

contingence sont imbriquées dans une relation rationnelle sous-tendue par le concept. Il n'est guère de contingence en tant que telle sans qu'elle ne manifeste sa connexion structurelle avec le concept. Il convient de souligner que, l'indétermination de la nature se trouve accentuée par la dispersion sensible, qui fait que l'enchaînement des phénomènes naturels relève plus de la modalité de la contingence que de celle de la rigoureuse nécessité de la loi.

La loi comme procès d'unification et de codification de la diversité des phénomènes de la nature

Dans l'immédiateté de son observation, la raison voit partout une inversion qui bouscule et contrarie son cheminement. Ce qui s'offrait à elle dans son unité se manifeste dans sa diversité, et sa multiplicité se réduit à son unité. La raison est enfoncée dans les contradictions de son effort de description. Elle est confrontée avec le chaos de la nature dans la mesure où elle veut la décrypter dans les détails de sa configuration. On peut constater avec Bernard Mabille que : « L'effort descriptif rencontre non seulement la contingence naturelle, sous les traits d'un monde chaotique où les particularités prolifèrent sans mesure, mais encore la contingence de sa propre opération qui n'est finalement que le reflet particulier de particularités contingentes[208]. » La configuration structurante de la nature et de l'opération d'observation qui en résulte, confrontée avec un foisonnement démesuré de propriétés qui se dégagent de la plus petite portion du naturel ou du vivant, rend complexe le travail d'observation auquel se livre la raison observante. A la complexité de l'objet s'ajoutent la fragilité des procédés et l'impuissance du principe qui se meut dans le champ par excellence de l'indéterminé qu'est la nature.

Hegel, en insistant sur le caractère minutieux de cette raison observante, n'entend-il pas montrer la vacuité d'une connaissance qui se veut rationnelle en ayant comme source l'immédiateté de ce qui se donne à voir et à décrire ? C'est ainsi qu'après avoir décrit le procès chaotique de l'observer qui vacille de certitude en incertitude, Hegel précise : « Cet observer qui se borne à ce qui est simple ou qui limite par l'universel la dispersion sensible trouve donc en son ob-jet la *confusion de son principe*, (…)[209]. »

[208] Bernard Mabille, *Hegel, l'Epreuve de la contingence*, *op. cit*, p. 33.
[209] *Phénoménologie de l'esprit*, p. 266.

Nous constatons que, dans la sphère de la nature, la raison est traversée par la contradiction inhérente à la nature de l'observer qui veut articuler de façon immédiate la particularité contingente à l'universel de raison. Il y a comme une mise entre parenthèse des médiations indispensables à tout connaître, fût-il descriptif. La dissolution de la déterminité en tant que particularité est la modalité de sa venue à soi dans la sphère de l'universalité connue.

Pourtant, la raison n'est pas désarmée en tant que certitude d'être toute réalité. Cependant, en tant que raison observante, elle prend conscience que l'essentiel est du côté de son opposé, c'est-à-dire le contraire de la déterminité. C'est ainsi qu'elle va s'orienter vers la quête du code de l'universalité de raison en régime d'observation : la loi. Elle investit les phénomènes de l'universel advenu que représente la loi. Nous savons que la loi est la vérité du phénonème posé dans l'opposition de ses extrêmes comme l'entendement l'a montré. La raison va présenter la loi dans son concept en tant qu'« effectivité étante » en sursumant « l'effectivité sensible ». Le procès de l'observation va s'élever à la loi comme catégorie de la nécessité universelle convertissant la contingence naturelle en effectivité étante.

C'est dans la mise en œuvre des lois que l'expérience telle que la construit la raison observante accède à sa dimension universelle par la médiation du concept. C'est par le concept que la vérité de la loi peut prendre la forme d'une nécessité rationnelle et universelle. Conformément à la nature de la raison, le déroulement de l'observation va confronter la contingence disparaissante avec l'universalité de la raison.

Désormais, c'est l'universel tel qu'il sursume le sensible qui se manifeste comme étant la vérité de la contingence naturelle en tant qu'être sensible. Conjuguer l'universel et le sensible par la médiation du concept qui se manifeste sous le mode de la loi permet d'élever l'observation à la vérité universelle en la dépouillant de sa phénoménalité contingente. « A la conscience observante, la *vérité de la loi* est dans l'*expérience* comme dans le mode où *l'être sensible* est *pour elle* ; non en et pour soi-même. Mais si la loi n'a pas sa vérité dans le concept, elle est quelque-chose de contingent, non une nécessité, ou en fait non une loi[210].»

Dans le passage que nous venons de citer, on peut repérer les concepts essentiels qui résument la trajectoire de la conscience observante, son

[210] *Phénoménologie de l'esprit*, p. 267.

mode de fonctionnement et le dispositif de validation de son processus. Dans l'observation, la source de légitimité du vrai est dans l'expérience, c'est pourquoi la loi ne peut résulter que du procès de l'expérience et non de l'abstraction. La phénoménalité enrichit et met en mouvement la sensibilité qui recueille les propriétés sensibles et cherche le concept unificateur qui est présenté comme loi.

Toutefois cette loi, pour être rationnelle, se doit d'être une production du concept, de l'universalité de la raison, autrement elle est sous l'emprise de la contingence et non de la nécessité, donc elle n'est pas loi. Or, le but poursuivi par la raison, dans sa phase d'observation, est de prouver que dans la contingence de l'immédiateté de l'observer se profile la nécessité universelle comme mode de présence et de manifestation du concept. Elle est « instinct de la raison » dans la dimension d'immédiateté de son universalité sous la figure de la chose en tant qu'essence organique. La raison agit ainsi en tant que mouvement du concept, et son agir est déterminé par le principe de détermination universelle dont le moteur est le concept enseveli dans les dédales d'une raison observante plus sensible que rationnelle.

Il en résulte que le procès de la conscience observante se déploie dans le sens de se purifier de la phénoménalité sensible pour présenter la loi sous sa forme conceptuelle. C'est pourquoi l'universel qui est ici en jeu en tant que concept est advenir de la chose dans l'effectivité de sa présence comme loi. La raison observante se confronte avec une essence objective dans la mesure où l'universel qui est son contenu est en mouvement en vue de sursumer sa contingence naturelle et sa dispersion indifférente. Elle cherche à travers la loi à saisir ce qui constitue sa nécessité logique et son être substantiel. Pour atteindre cette finalité, il lui faut appréhender le phénomène dans sa raison, dans son concept. Donc, la nécessité et le concept de la chose se résument dans sa validité universelle et l'universalité de sa validité dans son essence. C'est dans cette perspective que Hegel énonce: « Ce qui est universellement valide est aussi universellement valable ; ce qui *doit* être *est* en fait aussi, et ce qui seulement *doit* être, sans *être*, n'a aucune vérité[211]. »

L'inscription de la raison dans un processus de concrétisation de l'universalité effective est le fil conducteur de son effectuation à travers la complexité du procès de la conjonction de l'universalité de son principe et de la singularité de son objet. Hegel réaffirme ici une

---

[211] *Phénoménologie de l'esprit*, p. 267.

constante de son philosopher, qui consiste à identifier le devoir-être à l'effectivité. L'actualisation de cette proposition fondamentale au sein de la dialectique de la raison observante est une forme de reconnaissance de l'épaisseur de la nécessité constitutive de la contingence naturelle qui est une détermination essentielle du contenu de cette raison observante.

Comment alors articuler l'universalité de la raison dans son effectivité et la singularité contingente et indifférente des phénomènes naturels ? Le devenir loi de celle-ci est un mode de négation qui ressortit à la détermination logique de son contenu sensible. L'universalité de principe qui constitue le fil conducteur du mouvement de la raison est mise à l'épreuve par la singularité inhérente à l'être sensible en tant qu'objet. La conscience observante se trouve alors confrontée avec une opposition qu'elle ne sursume pas encore dans la mesure où la certitude d'être la réalité n'est pas de l'ordre de l'effectivité. La raison agit ainsi dans la perspective de la constitution de la loi comme élément configurateur de la réalité, lui conférant ainsi nécessité et universalité, donc sa dimension conceptuelle.

En effet l'activité de la raison est aussi un travail de purification du concept de la loi pour la libérer du sensible et procéder à ses « expérimentations » pour vérifier son articulation avec le contenu varié de son champ d'application que représente le sensible. Comment se présente la loi, point de conjonction, lieu de convergence de l'universel et du singulier, du conceptuel et du sensible ? « Telle que la loi apparaît d'abord, elle se présente de façon impure, enveloppée d'être sensible singulier, le concept qui constitue sa nature [étant] immergé dans le matériau empirique[212]. »

L'analyse que Hegel fait de la loi montre l'intérêt qu'il accorde à la structure logique des phénomènes, condition de leur accès à l'universalité de raison. Car c'est la *raison dans les phénomènes qui s'énonce comme loi.* Cette loi est l'expérience, et son essence, le concept. Elle opère en tant qu'instance de conjonction de l'expérience et du concept. Etant donné que la loi est concept, elle doit se dépouiller du sensible, mais parce qu'elle procède de l'expérience, elle est liée au sensible. La constitution de la loi révèle le sens de son parcours comme quête des conditions de son effectivité logique à l'oeuvre au sein des phénomènes sensibles. La raison semble s'énoncer sous la figure d'une loi purement conceptuelle. Le passage

---

[212] *Phénoménologie de l'esprit*, p. 269.

de l'expérience sensible au concept comme loi définit l'itinéraire de l'investigation de la raison dans les phénomènes. Quelle est la signification de cette investigation ? Ce passage peut répondre à notre interrogation : « Cette recherche a la signification intérieure de trouver des *conditions pures de la* loi ; ce qui ne veut rien dire d'autre, (…), que d'élever la loi totalement dans la figure du concept, et d'abolir toute sujétion *de ses moments* à [l']*être déterminé*[213]. »

Le but de la raison est de trouver ce qui constitue la loi dans sa dimension purement conceptuelle et universelle, abstraction faite de la détermination particulariste ou sensible. Il s'agit donc d'une purification sursumante pour l'établissement de la loi déterminant la rationalité des phénomènes, du point de vue du concept, dans la reconnaissance pourtant de l'extériorité phénoménale qui est aussi essentielle.

Il en ressort que le concept, dans la sphère de l'effectuation de la raison observante, est confronté avec l'immersion de l'empirique. La raison qui observe, du fait de sa relation au monde, est déterminée par le sensible tout en se déployant par essence, dans la sphère conceptuelle, tel est son paradoxe ou la contradiction vivante qui la constitue. Partout, la raison voit des « universels » au sein de la nature et cherche à identifier l'unité de cette diversité par l'énoncé de la loi comme code universel. La raison découvre que l'universel des phénomènes est la matière, non leur être spécifique, abstraitement nommé universel. Cette matière « est, par contre, non pas une *chose étante*, mais l'être comme [quelque chose d']*universel*, ou dans le mode du concept[214]. »

La matière n'est pas l'objectivité figée dans son extériorité, mais la fluidité constitutive des phénomènes en tant qu'expressions particulières et moments s'articulant entre eux par la médiation de la loi. Celle-ci se manifeste comme relation déterminée et universelle des phénomènes tels qu'ils sont constitutifs de la matière. L'activité de la raison s'achemine dès lors vers une détermination de son contenu telle qu'elle sursume le sensible tout en se présentant sous une forme objective. Qu'est-ce à dire sinon que la raison va se manifester à travers les déterminations de son objet tel que celui-ci se constitue dans sa réflexivité propre ? La conscience observante est traversée par l'objectivation de son instinct rationnel qui ne peut venir à bout de la

---

213 *Ibidem*.

214 *Phénoménologie de l'esprit*, p. 270.

contingence qu'elle s'efforce de sursumer par la médiation de la loi dont l'universalité est empreinte du sensible.

Le résultat auquel aboutit la raison par la médiation de la loi est clair ; elle est parvenue à l'émergence de la différenciation effective consciente de soi à sursumer le sensible qui affecte la loi. Cette sursomption a donné naissance à « un sensible-insensible » c'est-à-dire « un être dépourvu de corps et pourtant ob-jectif ». Quelle est la signification de ces expressions contradictoires ? Elles montrent comment le procès de la raison observante a purifié le sensible de son immédiateté pour laisser subsister la phénoménalité en tant que matière ; et à ce titre le sensible est disposé à se conformer à la structure rationnelle que représente la loi.

La diversité des êtres sensibles en tant que moments de la loi comme matières particulières s'abolit dans l'être de la matière en tant que sensible universel dont l'énoncé conceptuel se manifeste dans la diction universelle de la loi. Ce que la raison observante visait à travers la loi, c'est l'émergence de l'universel sensible dans son objectivité phénoménale conforme à la matière. Poser l'extériorité dans sa phénoménalité objective sous mode conceptuel est la détermination universelle et conceptuelle de la loi, telle qu'elle est la diction du sensible sursumé dans sa dimension sensible. La raison observante se meut alors dans la dynamique du principe qui l'anime et qui consiste à conjoindre la vérité et la certitude comme caractéristiques de sa réalité effective.

Il en résulte que la trajectoire de la conscience rationnelle doit se déployer à travers un processus de différenciation de son contenu qui, au sein de la nature, est confronté avec son universalité indéterminée. Il est question pour elle de s'approprier sa vérité à partir de la conversion de sa certitude. Dans cette perspective, Bernard Mabille souligne que : « Pour *avoir* cette vérité qu'elle *est* ou pour vraiment posséder cette vérité avec laquelle elle coïncide encore, la conscience rationnelle doit se différencier de ce contenu et passer ainsi de la certitude à la vérité[215]. »

Le contenu de la raison observante appelle une différenciation qui justifie son procès d'effectuation. Au centre de son mouvement, la tension de la concrétisation de l'universalité vivante qu'est la nature à travers la singularité vivante que représente l'individu particulier, dans le sens hegelien où chaque portion de vie incarne la totalité vivante.

---

[215] Bernard Mabille, *Hegel, l'Epreuve de la contingence*, *op. cit*, p. 32.

Il importe de mesurer l'intérêt de cette dialectique de la vie qui est souterraine au procès de la nature telle qu'elle nous est présentée par la raison observante. Elle produit ainsi une partition productrice des entités vivantes qui se conçoivent dans l'advenir des figures qui traversent le périple de la raison en sa phase observante. C'est d'une exploration chaotique qu'il s'agit dans la mesure où il faut sonder la nature dans la diversité de ses manifestations par l'observation, la description et la codification des expériences par la loi. Chaque étape de ce processus est en articulation avec l'épreuve de l'expérience de la contingence naturelle qui se cherche une ossature logique à travers la loi. Comme le formule Bernard Mabille : « L'observation n'est pas évacuée mais enrichie lorsqu'elle est effectuée à partir d'une connaissance de la légalité naturelle[216]. »

Nous remarquons que la raison observante navigue entre deux démarches, dont l'une consiste à partir de l'universel pour atteindre le particulier et l'autre du particulier vers l'universel. Dans un cas comme dans l'autre, la *médiation est la loi*. Il en découle qu'elle ne peut pas suivre au cas par cas la diversité des choses qui sont dispersées dans la nature, en revanche elle se doit de dégager le trait essentiel constitutif de l'universalité des phénomènes. « Il faut donc renoncer à chercher l'universel et l'essentiel dans tel ou tel trait particulier mais dans les relations entre phénomènes[217]. »

Le procès de l'expérimentation de la loi dans sa tentative de se déterminer dans l'intelligence de chaque particularité singulière de la nature se poursuit dans la constitution en mouvement de l'objet en tant qu'organique. On pourrait dire qu'il s'agit de la vie dans son autodétermination particulière. Parce qu'il s'agit de la nature comme de la vie dans leur fluidité universelle. C'est pourquoi la loi n'est pas une abstraction conceptuelle qui s'impose comme intériorité extraposée dans la nature pour l'ordonner afin de la rendre intelligible. Elle montre plutôt une particularité vivante saisie sous sa figure d'intelligence, dont la diction à travers la loi, exprime son être sous le signe de la nécessité certes naturelle, mais aussi advenue par un procès de raison.

Au terme du processus de description et d'observation apparaît un objet qui résulte du procès du concept dans son mouvement simple. « Un tel ob-jet, qui a en lui le procès dans la *simplicité* du concept, est

---

216 *Ibidem.*

217 - Bernard Mabille, *op.cit*, p. 33.

l'*organique*[218].» Dans la formation de l'organique telle que Hegel la conçoit ou l'analyse, se dégage une réflexivité qui est constitutive de sa spécificité déterminée. Comment se présente l'organique ?

Pour définir l'organique, Hegel le compare à l'inorganique dont la configuration est en relation avec d'autres phénomènes, c'est-à-dire déterminé de l'extérieur. Or, l'organique se présente dans son mouvement comme l'entité ayant sursumé la déterminité. D'où sa fluidité absolue, dans la mesure où il contient en soi le faisceau de ses déterminités. Il est l'unité du pluralisme rassemblé de ses qualités. L'organique se constitue dans sa structure sous la forme de la relation à soi, ainsi advient dans sa cohérence propre le jeu des déterminités telles qu'elles sont imbriquées de façon réflexive. Ce qui se traduit par une unité où « l'organique se maintient par conséquent dans son rapport même[219]. » L'autodétermination de l'organique telle qu'elle s'affirme sous la modalité de l'autonomie qui lui est propre est questionnée par Hegel pour mettre à l'épreuve la réalité de son autostance. Cette « liberté organique » qui se présente comme essence universelle dans la simplicité de son individualité est l'être de la nature dans son concept simple. Cette essence universelle se détermine dans son abstraction à la fluidité universelle et continue de la nature.

Dans la configuration en mouvement de l'organique, le principe d'effectuation se manifeste sous le mode de la réflexivité qui anime les éléments constitutifs de la nature. L'agir de la raison au sein de la nature ne se déploie pas sous le signe de l'effectivité autoconsciente, dans la mesure où les individualités en question restent des éléments de la nature. Il en ressort que l'essence de l'organique est constituée de la représentation de sa réalité empirique à travers la loi qui la pose dans sa dimension universelle. C'est en ce sens que Hegel fait remarquer : « Ici la loi est donc présente-là comme le rapport d'un élément à la formation de l'organique, lequel une fois a l'élémentaire en face de soi, et l'autre fois le présente en sa réflexion organique[220]. » L'activité de la raison au sein de la nature se confronte avec la constitution de l'organique dont la réalité ne se dit pas à travers la subjectivité de l'énonciation de la loi. Certes, dès son entrée de jeu, la présence de la raison s'est manifestée sous le signe de l'affirmation de

---

[218] *Phénoménologie de l'esprit*, p. 271.
[219] *Ibidem.*
[220] *Phénoménologie de l'esprit*, p. 272.

la subjectivité comme mode de détermination de son rapport au monde. La raison observante, même en privilégiant l'observation de la nature, considère la subjectivité comme principe de conception des phénomènes dans leur dimension universelle. C'est pourquoi, la loi s'est présentée comme ce qui advient par la raison au cœur des phénomènes naturels.

Toutefois, la loi en tant que catégorie subjective de la raison s'est présentée comme le mode d'inscription de l'objectivité phénoménale à même la conjonction de l'universel et du particulier. C'est dans cette perspective que Hegel, montre à travers des exemples empiriques, la difficulté d'énoncer des lois pour exprimer la nécessité du rapport logique entre les dimensions constitutives des phénomènes. Si la loi est déterminée par le sensible, elle ne peut alors coïncider avec la dimension logique qu'elle représente. Le formalisme de la loi ne parvient pas à réduire la diversité phénoménale de l'organique, dont le parcours phénoménologique heurte l'orientation téléologique du procès de la raison. A travers l'aporie de la loi, c'est le caractère téléologique de l'effectuation de la raison qui montre ses insuffisances. La raison est passée de l'observation à la détermination des phénomènes par la loi sans rendre raison de cette mutation, comme si l'observation et la loi s'impliquaient de façon naturelle.

La dialectique de l'observation va voir émerger l'organique, avec comme détermination la finalité qui se manifeste en tant que « rapport téléologique ». Elle est la modalité de la relation d'extériorité qui caractérise l'ordre de succession des phénomènes de la nature. L'organique se déploie dans une dynamique réflexive qui le constitue dans son organisation intérieure. D'où sa détermination téléologique, qui n'est pas conforme à la nature de la loi. Le mode de détermination des termes qui convergent à ce niveau relève d'un rapport d'extériorité. « Ne se trouvant pas alors en l'essence réelle elle-même, elle est ce que l'on nomme rapport téléologique, un rapport qui est *extérieur* aux [termes] rapportés, et est par conséquent plutôt le contraire d'une loi[221]. » Les déterminations sensibles se révèlent être, dans l'effectuation de l'essence organique, des termes qui ne ressortissent pas à la nécessité, *caractéristique de l'essence dans l'effectivité de son intériorité*.

En fait, le mode de constitution de l'organique reflète la nature de ce qui ne se manifeste que sous le mode de la nécessité. Au fond,

---

[221] *Phénoménologie de l'esprit*, p. 273.

l'organique dans sa nature véritable est la vérité du procès de la raison observante, en ce sens que l'observation est le procédé d'une conscience qui cherche à déterminer les phénomènes naturels de façon instinctive et immédiate. Tel est le paradoxe de la raison qui va établir le connaître sous le mode de son agir immédiat. Le comportement de la raison observante trouve son répondant dans l'organique dans la mesure où l'extériorité est autant le fait de l'observation que de la loi qui est la raison immanente de l'organique. C'est pourquoi l'organique ne vise qu'à se maintenir dans son intériorité close et soustraite à toute relation avec d'autres éléments de la nature. La relation représentée par la loi est une forme de reconnaissance de la présence de la raison sous la modalité de la contingence. Parce que la raison s'est effectuée dans la nature en s'incrustant en son sein comme sa raison, elle transcende la contingence en cherchant à la faire disparaître par la médiation de la finalité.

Il y a dans le parcours phénoménologique de l'être vivant, un processus téléologique qui identifie son essence à son accomplissement objectif. Le sens de la finalité est ainsi de montrer la liberté organique à travers le devenir du vivant qu'il s'agisse du règne animal ou du règne végétal. A travers la réflexion sur les phénomènes naturels, se profile le parcours phénoménologique de la nature dont l'exposition conceptuelle prendra la forme d'une philosophie de la nature.

Hegel conçoit la nature comme le champ dans lequel la raison se cherche et s'élève à une forme de saisie de soi imparfaite dans la mesure où, les éléments de la nature ne sont pas des êtres de raison. L'air, le climat, le poisson, etc., ne sont pas des déterminations réfléchies et des entités qui se manifestent dans un advenir à soi. Il y a une détermination de leur être qui résulte d'une nécessité extérieure. C'est en ce sens que Hegel écrit que : « La nécessité, puisqu'elle ne peut se trouver comprise comme une [nécessité] intérieure de l'essence, cesse aussi d'avoir un être-là sensible, et ne peut plus se trouver observée en l'effectivité, mais est *sortie* d'elle[222]. » On peut en déduire que la relation des éléments qui sont dispersés dans la nature est une relation d'extériorité. La nécessité qui l'anime et la constitue n'étant pas une nécessité intérieure, elle s'exprime sous le mode de la contingence. L'organique en tant qu'entité naturelle est la figure particulière de la réflexion qui s'engendre dans sa finalité et dans son

---

[222] *Phénoménologie de l'esprit*, pp. 272- 273.

intériorité propre. Sa finalité détermine la constitution de ses moments dont l'articulation intérieure se déploie dans le sens de sa configuration définie comme mouvement de se rapporter à soi.

C'est le concept de fin en effet qui structure l'organisation de l'organique en le manifestant dans son effectivité. A travers la finalité, c'est la circularité propre au vivant qui s'exprime en tant que raison immanente à l'être de la nature. La fin représente ainsi le mode de détermination de la raison dans l'être constitué des phénomènes naturels. Activité de production et de représentation de soi sous forme de loi qui détermine l'opérer de la raison, la fin est la raison du phénomène naturel dans son extériorité à soi. C'est pourquoi, la détermination de ce processus apparaît comme la trajectoire de l'organique à travers le concept de finalité qui se concrétise dans le concept de la chose. « L'organique se montre comme quelque chose qui se *maintient* soi-même et *revient* et *est revenu* dans soi[223]. »

En fait la chose vivante dans son dynamisme reflète le devenir propre au vivant et se donne à travers un cycle qui se maintient dans la cohérence des moments qui le constituent. Il s'agit d'une articulation de l'intérieur et de l'extérieur dans l'unité de l'effectif. L'essence de l'organique apparaît dans son contenu comme la substance dont le contenu se compose de l'intérieur et de l'extérieur. Il ne s'agit plus du pluralisme organique constitué de moments particuliers fonctionnant dans leur spécificité propre, mais de l'intérieur tel qu'il fait face à son contraire. Ce qui va surgir comme accomplissement de la relation de l'organique et de l'inorganique, c'est la détermination du rapport de l'intérieur et de l'extérieur.

La raison observante se trouve confrontée avec le principe de l'universalité qui anime son processus et le foisonnement de la diversité des êtres tels qu'ils sont dispersés dans la nature. C'est pourquoi, elle poursuit dans le concept de finalité ce qui rassemble, les multiples déterminations des phénomènes. L'agir de la raison aboutit au surgissement de l'opposition entre la finalité et l'effectivité. Cette opposition exprime le dédoublement de l'essence organique en extérieur et intérieur représentés, par la finalité et l'effectivité. « Ainsi voyons-nous, dans l'opinion, le premier [= le concept-de-fin] à peu près comme l'*intérieur*, l'autre [= l'effectivité] comme l'*extérieur*, et

[223] *Phénoménologie de l'esprit*, p. 276.

leur rapport engendre la loi *que l'extérieur est l'expression de l'intérieur*[224]. »
Deux déterminations fixes caractérisent l'essence organique telle qu'elle se trouve constituée par la conscience observante à travers la représentation de la nature sous forme de loi. Celle-ci reflète la partition de l'essence organique qui est constituée d'une part de l'intérieur et d'autre part de l'extérieur. C'est la détermination de l'opposition qui confère à l'agir universel de la raison sa différenciation effective. Il s'agit du cycle naturel de la vie tel qu'il se concrétise en tant que fluidité universelle en s'incarnant à travers des formes singularisées que sont les étants. Sous leur forme déterminée, les moments constitutifs de la substance organique représentent le procès d'effectuation de la substance dans sa dimension conscientielle. L'agir de la raison demeure sous l'emprise de la dualité dans la mesure où la certitude et la vérité de la réalité n'ont pas encore atteint leur conjonction effective.

Il y a, dans le déroulement des expériences de la raison observante, une dynamique de vérification, de mise à l'épreuve de son devenir universel. Parce qu'il ne s'agit plus de la manifestation de l'universalité dans son intériorité abstraite, mais de son inscription dans un processus d'extériorisation au sein de la phénoménalité du monde. L'activité universelle de la raison en tant que mouvement de compréhension et de connaissance de la nature et du vivant ne se contente pas de la proclamation de principes abstraits, mais s'implique dans le cours des choses. Elle apparaît sous la forme d'une doublure de l'organique en partant de l'intériorité de son mouvement.

Dans son processus de manifestation, la substance organique revêt une double dimension : intérieure et extérieure. Dans son intériorité, elle est le concept de l'âme dans sa simplicité, essence en puissance d'activité et d'engendrement dans son autre. Elle est finalité ou universalité agissante, d'où sa processualité, dont le mode d'activité est la scission. Dans son activité, elle laisse se manifester et agir chacun de ses moments, qui advient comme effectivité jusqu'à sa réalisation disparaissante. En tant que subsister universel, elle est la condition de surgissement de l'être déterminé comme étant, qu'il soit intérieur ou extérieur et négativité sursumante. D'où un mode de surgir-disparaître qui conjugue l'universel qu'elle représente et la singularisation concrète qui définit son agir. La vérité de son contenu

[224] *Phénoménologie de l'esprit*, p. 277.

en tant qu'intérieur va se manifester dans l'extériorité de la figure qui est l'extraposition de son essence. Intérieur et extérieur apparaissent comme les déterminations vivantes et concrètes de l'activité de la substance organique.

C'est cette dialectique qui structure le procès de la raison dans ses efforts de connaissance et de rationalisation des êtres vivants et des phénomènes naturels. La raison, dans son procès d'intelligence de la nature, va explorer des dimensions où elle va plutôt faire face à ses limites. C'est dans ce sens qu'elle va se concevoir dans son approche de l'organisme humain, sciences des différentes parties du corps humain. A ce titre la physiognomie et la phrénologie sont illustratives de l'impasse dans la quelle se retrouve la raison. Engagée dans une perspective épistémologique, la raison entend pénétrer tous les aspects du vivant pour en rendre compte du point de vue de l'universalité de ses concepts et de leur articulation à la singularité. Il s'agit pour la raison de mettre en œuvre ses propres concepts pour conférer une structure rationnelle à l'être dispersé de la nature et de ses phénomènes. C'est en effet de son principe configurateur en effectuation, qu'adviennent les conditions d'une structuration rationnelle de la nature dans sa dimension intérieure et extérieure.

Ce qui se manifeste en tant que configuration de la nature, n'apparaît de façon intelligible à travers les qualités sensibles des objets que par la médiation des déterminations de la raison. Il en découle que la raison ne montre son intérêt qu'en fonction de sa capacité à se retrouver dans les phénomènes qui reflètent sa structure intérieure. Elle n'étudie pas la nature pour elle-même, mais en tant qu'elle se déploie dans le sens de confronter son propre contenu avec l'être-là de la nature.

En effet, la nature est livrée au procès d'effectuation de la raison dans la mesure où elle abrite en son sein la diversité des éléments que la raison cherche à organiser et à unifier du point de vue du principe d'universalité. Dans son désir de vérification à travers la configuration particulière de la singularité organique, la raison ne veut pas se réduire à la représentation abstraite, intérieure de la loi, mais l'appréhender sous la forme déterminée inhérente à la chose empirique. C'est dans ce sillage qu'avant de montrer le tournant amorcé par la raison dans son investigation des phénomènes, Hegel écrit : « Les lois caractéristiques de l'organique, en conséquence, concernent une relation des moments organiques dans leur double signification, d'être

une fois une *partie* de la *configuration* organique, l'autre fois déterminité *fluide universelle* qui traverse tous ces systèmes[225]. »
La partition de la loi et son dédoublement correspondent à la double dimension de l'objet organique constitué d'un intérieur et d'un extérieur. C'est en les articulant que la loi assume leur singularité fluide et leur appartenance à l'essence organique. L'observation de la loi dans son procès d'expérimentation montre que la raison observante qui s'élève au « concept- de-fin » aboutit à l'appréhension d'un mode de réflexivité propre à l'organique. L'observation n'atteint pas l'objet dans sa nécessité intérieure. C'est son essence organique telle qu'elle échappe à la loi qui est de l'ordre de l'extériorité et se conçoit dans la sphère de la quantité. A déterminer les phénomènes selon la sensibilité, l'irritabilité ou la reproduction, la conscience observante les fige dans des propriétés qui se manifestent en tant que différence quantitative. La raison descriptive se révèle être un mouvement contingent dans la mesure où elle ne parvient pas à sursumer la particularité contingente des phénomènes.
Il en résulte que la raison observante aboutit à « l'extrême *de la singularité* » qui montre que « [...], la conscience observante n'a devant soi, comme chose, que l'*acte d'opiner* »[226] . Elle tourne dans sa propre certitude où la représentation de l'objet s'apparente à une activité de la conscience dépourvue de nécessité et de liberté. Le concept de loi sans la médiation de la nécessité universelle constitutive de l'organique qui se déploie dans sa contingence est le jeu vide de la représentation. La raison observante aboutit à une liberté abstraite qui se manifeste dans sa vacuité sous la forme de l'intériorité sans contenu. Hegel caractérise ainsi l'état de la raison : « Cette liberté dépourvue d'esprit de l'acte d'opiner va, il est vrai, offrir partout des prodromes de lois, des traces de nécessité, des allusions à ordre et à la mise-en-série, des rapports de pacotille et d'apparence[227]. » Si, dans le procès de l'observation, la raison cherchait à vérifier à travers la configuration de la nature sa structure rationnelle, il est clair qu'elle se retrouve dans la forme non effective de la représentation qui maintient la dualité du concept et de l'empirique.
Sans entrer dans les détails de l'aventure de la raison dans son exploration du corps et du psychisme de l'homme par la conception

---

[225] *Phénoménologie de l'esprit*, p. 280.
[226] *Phénoménologie de l'esprit*, p. 301.
[227] *Ibidem.*

des « lois logiques et psychologiques » pour rendre compte de la relation de l'intérieur et de l'extérieur, nous pouvons constater le délire du dispositif explicatif qu'elle met en œuvre. Ainsi, la raison est tiraillée entre la pureté logique de la pensée et son incursion dans la singularité contingente de l'organisme à travers le fonctionnement de ses organes. Il y est question de l'effectuation de la conscience dans l'univers psychologique où il s'agit de la description des « capacités multiples » comme détermination universelle de l'« individualité *effective* ».

L'appréhension de l'individu comme objet en l'inscrivant dans une perspective épistémologique relevant de l'évaluation quantitative de ses capacités ou facultés procède d'une « singularisation contingente » le dépouillant de sa substance pensante. La critique hegelienne de l'agir de la raison nous semble mettre en évidence la nature contingente des procédés mis en œuvre en tant que démarche de connaissance. « La science de la connaissance de l'homme qui porte sur l'homme présumé par opinion, (…) est par conséquent quelque-chose sans-fin et sans-fond qui jamais ne peut arriver à dire ce sur quoi, il opine, parce qu'il ne fait qu'opiner et [que] son contenu est [quelque chose de] saisi-par- l'opinion[228]. »

Le paradoxe de la raison en poursuivant l'expérience de l'observation, c'est de ne pas prendre en compte que l'homme est esprit, et que, à ce titre, il ne peut être réduit à des déterminations figées et abstraites si l'on veut le saisir dans sa rationalité. Ce passage traduit la réfutation hegelienne de la connaissance de l'homme comme résultant de la psychologie et de la physiognomonie, sciences qui illustrent pour Hegel l'absurdité et l'irrationalité de l'exploration que la raison observante tente de faire de l'univers humain.

S'agissant de l'individualité, en revanche, la conjonction de l'intérieur et de l'extérieur est la modalité de la compréhension de son être qui est constamment en situation au regard de l'importance de l'agir dans sa détermination. La formalisation d'une science de l'homme fondée sur l'observation des fonctions psychiques et sur des organes échoue dans la mesure où elle procède de l'abstraction de la représentation. C'est pourquoi, il identifie cette activité de la raison à l'opiner qui ne peut s'effectuer sous le mode de la rationalité. L'individualité ne peut faire l'objet d'une description comme l'objet dans la mesure où elle est une autoconscience agissante. Hegel la définit ainsi :

[228] *Phénoménologie de l'esprit*, p. 318.

« L'individualité est ce qu'est *son* monde comme le *sien* ; elle-même est le cercle de son agir, dans lequel elle s'est présentée comme effectivité, et n'[est] purement et simplement qu'unité de l'*[être] présent-là* et de l'*être fabriqué* ;(…) [229]. »
L'individualité se conçoit pour Hegel dans l'extériorisation de son intérieur par la médiation de l'agir. Elle se définit par un mouvement constant entre ce qui lui est offert par l'environnement qui est donné et de ce qui provient de ses actes. Il y a comme un faisceau de médiations qui déterminent sa configuration qui se présente de façon dynamique comme la synthèse de l'universel et du particulier. L'individualité telle que Hegel la conçoit est le produit de sa subjectivité singulière et de l'objectivité universelle du monde qui est le sien. Nous verrons au niveau de l'individualité autoconsciente la traduction effective de ce mouvement propre à l'individualité.
Une théorie de l'agir se profile à travers l'analyse que Hegel livre de cette séquence de la section de la raison, pour mettre en évidence l'implication vivante et active de l'individu dans son destin, qui est de l'ordre de l'action. « L'*être vrai* de l'homme est plutôt *son acte* ; c'est dans lui que l'individualité est *effective*, et il est ce qui sursume, dans ses deux côtés, ce qui *a été opiné*[230]. » C'est par son activité effective que l'individu sursume la représentation duale qui oppose de manière abstraite l'intérieur et l'extérieur. En ce sens, l'action est le véritable processus de concrétisation de l'agir, dans la mesure où elle aboutit à des œuvres qui manifestent la réalité du monde dans lequel se construit l'individu.
Donc, il ne s'agit pas d'une détermination théorique et unilatérale de son être. Tandis que l'opinion est du domaine du bavardage, de ce qui ne peut relever de l'effectivité, parce qu'elle reste dans le domaine de la possibilité ou de la capacité, l'agir propulse l'individualité dans le champ de la réalisation et de la production d'œuvres effectives. L'opposition entre le discours de l'opiner et la réalité effective de l'agir par la production de l'œuvre trouve clairement son énonciation dans ce passage : « […] c'est plutôt seulement l'acte qui est à affirmer comme son *être authentique*, (…)[231]. »
Le mouvement d'effectuation ou l'agir rend compte de la conception hegelienne de la concrétude effective. En effet, pour Hegel,

[229] *Phénoménologie de l'esprit*, pp. 308- 309.
[230] *Phénoménologie de l'esprit*, p. 319.
[231] *Ibidem.*

l'authenticité de la subjectivité consiste dans l'activité qui n'est autre que le procès de conjonction de l'intériorité et de l'extériorité. Il n'y a de possibilité que concrétisée par la médiation de l'agir qui convertit l'essence en extériorité effective par la sursomption de l'intériorité abstraite. C'est pourquoi, le dualisme ou l'opposition de la représentation théorique des capacités de l'individu et de l'effectivité concrète de l'œuvre se sursume dans l'effectivité de l'acte.

Dans le premier cas, l'être est situé dans le champ de la virtualité des capacités et des aptitudes, évaluation de ce qu'il pourrait faire ou être. Illusion d'une puissance qui ne l'est que parce qu'elle n'entre pas dans le champ de l'effectuation concrète. Dans le deuxième cas, c'est l'authenticité de l'être par les actes, les productions, y compris quand l'individu ne s'y reconnaît pas en opposant l'effectivité manifeste et la possibilité intérieure. Le sens hegelien de l'effectivité transcende le reniement du sujet devant la concrétude de l'œuvre qui est libre par rapport à l'opiner de l'auteur lui-même. La marque significative de l'œuvre s'impose au point de rendre vaine la représentation de l'individu qui exprime son insatisfaction en prétendant distinguer la qualité supérieure dont l'être se prévaut dans l'intériorité et sa manifestation extérieure. C'est dans ce sens que cette affirmation de Hegel résonne comme une réplique : « L'ob-jectivité ne change pas l'acte lui-même, mais montre seulement *ce qu*'il est, c'est-à-dire s'il *est* ou s'il *n'est rien*[232]. »

Pour Hegel, ce qui importe, c'est l'acte matérialisé, réalisé et en ce sens, il est ce qui sursume le dualisme de l'intérieur et de l'extérieur, de l'intention et de l'opiner. Dans cette perspective, ce passage traduit l'objectivité irréfutable de l'effectivité de l'acte : « Ne trouve place par conséquent en général ni *élévation*, ni *plainte* ni repentir ; car tout cela provient de la pensée qui s'imagine un autre *contenu* et un autre *en-soi* que ne sont la nature originaire de l'individu et son exécution présente-là dans l'effectivité[233]. »

En effet, l'acte pour Hegel nous libère du jeu binaire où une forme d'insatisfaction est entretenue par l'illusion que ce qui est fait aurait pu être accompli autrement. Ce jeu binaire met en scène le dualisme que traduit l'opposition « nuit de la possibilité » « jour de la présence » « *en-soi abstrait* » « signification de l'être *effectif* »; ce qui est advenu dans son effectivité est le résultat de « ce qui sommeillait

[232] *Phénoménologie de l'esprit*, p. 320.
[233] *Phénoménologie de l'esprit*, p. 376.

dans cette [nuit] ». Le langage hegelien traduit la matérialité de l'acte pour conférer à l'effectivité la signification qui est la sienne et la puissance dont elle s'est pourvue. L'effectivité de l'acte ne permet pas de donner de l'espace aux attitudes psychologiques de l'ineffectivité que sont « *élévation*, *plainte*, repentir ».

La raison s'est engagée dans la nature avec comme principe de se trouver elle-même en tant qu'identité de la certitude et de la vérité. Confirmation du principe dans sa subjectivité formelle en tant que raison observante. Elle a exploré un vaste champ où l'observer et le décrire ont joué les modalités de son procès d'effectuation. C'est pourquoi, Hegel reconnaît que : « L'observation, avec cela, en est arrivée à énoncer ce que fut notre concept à son propos, à savoir que la certitude de la raison se cherche elle-même comme effectivité objective[234]. »

Dans le champ de la nature avec la diversité des phénomènes et leur innombrable propriété, la raison s'est perdue dans le foisonnement de caractéristiques constituant la configuration des choses. Le principe d'effectuation de la raison va se poursuivre en explorant la sphère de l'effectuation de l'autoconscience rationnelle. Cette partie de la dialectique de la raison expose les figures les plus denses de son processus d'effectuation.

---

[234] *Phénoménologie de l'esprit*, p. 335.

II-L'agir de l'autoconscience rationnelle en tant que procès du principe d'effectuation

De quoi s'agit-il dans cette expérience où se manifeste le procès de l'identité de l'autoconscience avec elle-même ? Il s'agit de la reconnaissance de soi de l'autoconscience devenue rationnelle en ce sens que la certitude de sa réalité n'est plus de l'ordre de l'immédiateté objective. Cette certitude est comme parvenue à sa vérité, dans la mesure où elle s'est déployée dans son essence et, qu'elle a maintenant à s'accomplir pour soi. Ce que la certitude de la raison a parcouru « dans l'élément de la catégorie » doit s'effectuer pour soi-même dans la substance effective universelle qu'est le peuple. Car elle est autoconscience rationnelle ; et à ce titre « [...] elle est l'*esprit* qui a la certitude d'avoir son unité avec soi-même dans le redoublement de son autoconscience et dans l'autostance des deux[235]. »

C'est sous le signe de l'effectuation dans l'élément de « la *substance réelle* » que se déploie l'expérience universelle de l'autoconscience rationnelle dont la figure est l'individu devenant « raison *universelle* ». Le parcours de la raison observante comme procès de la catégorie telle qu'elle est énoncée dès le début de la section Raison et dont l'effectuation est comme la répétition de la certitude sensible, de la perception et de l'entendement, montre l'advenir de la phénoménalité dans son devenir-monde. Le principe de l'observer s'est converti en agir, faisant advenir ainsi une figure déterminée de la raison. La certitude advenue comme vérité se manifeste ainsi comme conscience universelle agissante. Comment la raison s'est-elle incarnée dans l'individualité agissante ?

Le procès de l'individualité agissante en tant qu'autoconscience rationnelle

« Tout d'abord cette raison active n'est consciente d'elle-même que comme d'un individu, et c'est en tant que tel qu'il lui faut exiger et produire son effectivité dans l'autre – mais ensuite, en tant que sa conscience s'élève à l'universalité, il [= l'individu] devient raison universelle, [...] [236]». La raison sous la figure de la raison active est

---

[235] *Ibidem*.

[236] *Phénoménologie de l'esprit*, p. 339.

individu dans la mesure où elle est le sujet qui agit à travers l'autre, en tant que celui-ci est aussi conscient de soi comme raison. Quelle est la condition et quel est le lieu de manifestation de l'individu en tant qu'autoconscience universelle ? Le moment est venu pour la conscience, parce qu'elle est devenue raison de s'éprouver dans l'universalité de son effectivité en tant qu'*être-là agissant de l'esprit*.
A travers ce procès d'effectuation de l'individu, Hegel montre le sens de l'articulation de l'universel et du singulier en soulignant la dimension éthique de cette articulation comme manifestation de « la substance parvenue à son être-là ». La mutation universelle qui fait de la conscience singulière une conscience universelle annonce la proximité du surgissement de l'esprit en tant que substance universelle effective. Il s'agit de la formation de la conscience individuelle en tant qu'autoconscience singulière et effectivité agissante de la « *substance réelle* » que représente le peuple.
Le principe d'effectuation de l'agir de l'individu convertit l'en-soi en pour-soi par la médiation de la sursomption de l'abstraction de la substance éthique qui s'expose dans l'effectivité universelle qu'est le peuple. La mutation qui nous intéresse est celle qui consiste à traduire le concept de raison dans la configuration de l'agir humain sous la forme déterminée de l'*activité de l'individu au sein d'un peuple*. Et c'est lui qui constitue la condition de possibilité de l'agir universel de l'autoconscience individuelle. Il est le cadre d'effectuation des opérations de l'individu qui, parce qu'élevé à la conscience universelle, ne peut se soumettre à la contingence de l'opiner et se doit par conséquent de mettre en pratique l'exigence de production d'œuvres effectives et universelles.
« C'est dans la vie d'un peuple que le concept de l'effectuation de la raison autoconsciente a en fait sa réalité achevée, [qui consiste] à intuitionner dans l'autostance de l'*autre* l'*unité* complète avec lui,(…)[237]. » L'imbrication des consciences singulières comme conscience organique a pour condition objective la prise de conscience de l'appartenance à la collectivité organique, et, subjectivement, la conscience de la dimension universelle de cette appartenance. C'est cet ensemble humain qui lui donne la possibilité de penser, c'est-à-dire de s'élever à l'universel. C'est en étant solidaire de la vie de son peuple que l'individu voit s'ouvrir à lui l'accès à

[237] *Phénoménologie de l'esprit*, p. 340.

l'universel. L'individu n'affirme sa singularité effective que dans la mesure où il est en adéquation avec « la substance universelle ».

Pour Hegel, l'individu ne peut s'inscrire dans l'horizon de l'universel qu'en étant en adéquation avec les exigences et les impératifs de son peuple, qui se traduisent en lois et coutumes, son « langage universel ». La raison résulte alors de l'articulation advenue de l'universel et du singulier. La relation de l'individu et de la collectivité est clairement analysée dans ces pages où le principe de la philosophie politique hegelienne est mis en mouvement dans la perspective de signifier l'effectivité de la raison dans sa dimension agissante à travers les figures de l'individu et de son peuple.

L'unité organique de l'individu et de son peuple se déploie en effet comme le principe d'effectuation de son agir dans la diversité de ses dimensions. De la satisfaction de ses besoins les plus élémentaires à son obéissance aux lois en passant par le travail et le langage, l'individu s'affirme dans la reconnaissance des autres en tant que membre d'une collectivité humaine. « Cette unité de l'être pour autre-chose ou du se faire chose et de l'être-pour-soi, cette substance universelle, parle son *langage universel* dans les coutumes et lois de son peuple ; (…)[238]. »

C'est ce processus universel qui définit le parcours de la reconnaissance telle qu'elle est le mode de convergence des individus dans la vie de la collectivité. Il ne s'agit plus de la confrontation des consciences individuelles telle que le montrait la dialectique de la maîtrise et de la servitude, mais de la conscience de cette reconnaissance de soi par les autres, par la médiation universelle de la collectivité. Autant l'autoconscience singulière accède à son effectivité par le procès de son autodissolution, autant la substance spirituelle se réalise par l'agir de cette « singularité étante ».

Le mouvement auquel nous assistons exprime la puissance d'effectivité de la raison dans son devenir autoconscientiel, comme résultant de la conjonction de la conscience et de l'autoconscience sous le signe de la réconciliation. L'objectivité phénoménale sursumée à travers l'advenir de la subjectivité déterminée s'effectuant dans l'élément de la catégorie ouvre la raison à l'effectuation de l'autoconscience comme individualité agissante. Il en résulte un mode de détermination de la conscience universelle dont la signification concrète est la relation organique entre l'individu et son peuple. La

[238] *Phénoménologie de l'esprit*, p. 342.

certitude est désormais le propre de l'intuition de l'universalité effective de l'esprit par la conscience individuelle. Car énonce Hegel : « C'est seulement dans l'esprit universel que chacun, par conséquent, a la certitude de soi-même, de ne rien trouver d'autre que soi-même dans l'effectivité étante ; il est aussi certain des autres que de soi-même[239]. »
En fait, c'est la présence vivante s'effectuant selon l'autodétermination de l'esprit qui fait advenir l'esprit sous la figure de la raison individuelle. Pour se manifester en tant que figure effective de l'esprit, l'autoconscience se conçoit d'abord comme une raison individuelle. C'est ainsi que se déploie le principe d'effectuation à travers le procès de la raison sous la forme de la certitude de soi et de l'autre, qui présuppose le concept d'esprit pour son effectuation concrète.
La conversion progressive de la conscience individuelle en conscience universelle suit le cheminement de l'effectuation de l'esprit de l'abstraction en effectivité. La dialectique de l'esprit se manifeste, à cet égard comme l'élévation de l'universel abstrait à l'universel singulier qui est la vérité de l'universalité effective qu'est l'esprit. Jean Hyppolite nous décrit ce cheminement en ces termes : « D'abord cette raison active est consciente de soi-même seulement comme d'un individu et elle doit produire sa réalité dans l'Autre. Mais ensuite elle s'élève à l'universalité et pense l'essence spirituelle[240]. »
Pourquoi cette évocation du peuple au niveau de la raison ? La conjonction de l'universel et du singulier comme modalité de concrétisation de l'universalité portée par le principe d'effectuation de la raison justifie-t-elle le surgissement du peuple comme substrat de l'agir individuel ? Quelle connexion Hegel établit-il entre la raison et le peuple ? En quoi raison et peuple se rencontrent-ils pour établir une forme de correspondance organique ? Ce passage de la *Phénoménologie* nous apporte un éclairage : « C'est dans un peuple libre, partant, qu'en vérité la raison est effectuée ; elle est esprit vivant présent, dans lequel l'individu trouve sa *détermination*, (…)[241] . »
A ce niveau, nous pouvons remarquer que l'épaisseur historique et anthropologique apparaît de plus en plus dans le parcours de la raison. En choisissant le passage de la raison observante à la raison active,

---

[239] *Ibidem.*
[240] Jean Hyppolite, *Genèse et Structure de la Phénoménologie*, *op.cit*. p. 268.
[241] *Phénoménologie de l'esprit*, p. 342.

Hegel considère que l'agir ne serait pertinent qu'au sein de la vie du peuple, incarnation vivante de l'effectuation de la raison, dans la mesure où il reconnaît l'effectuation de la raison comme caractéristique d'un « peuple libre ». L'inscription de cette articulation dans la dimension d'histoire est une forme déterminée de l'exigence d'effectivité qui s'est manifestée dès les premières expériences de la raison.
Les figures de l'individu universel qui se succèdent à ce niveau du parcours phénoménologique traduisent le mode de protestation de la conscience contre la présence absolue de la substance éthique dont elle est l'expression. L'individu révolté ressent le besoin et la nécessité de s'orienter vers soi-même et d'éprouver les délices de la solitude et des expériences exaltantes qui en résultent. C'est dans cette perspective que vont surgir les figures de l'autoconscience jouissante, de l'autoconscience amoureuse et de l'autoconscience vertueuse. Toutes ces figures se lancent à la conquête du bonheur comme modalité d'affirmation et de reconnaissance de soi. Il y a comme une prise de position de rupture et de négation du bien fondé de l'appartenance au peuple comme cadre d'épanouissement de l'individualité.
En situant le procès réel de l'agir de l'individu comme effectivité universelle d'un peuple libre, Hegel considère que la raison est entrée dans le règne de l'éthicité. Cette étape correspond à la cité heureuse de la Grèce antique. Dans cette partie, l'histoire n'est pas énoncée pour elle-même, et son évocation explicite se contente de simples allusions.
La conscience singulière n'accède à son universalité effective et concrète que dans la rupture avec son peuple. Elle devient figure de la révolte, et à ce titre va vivre des expériences qui conviennent à son autonomie arrachée au prix de la renonciation au bonheur et à l'harmonie propres à l'obéissance aux lois et aux coutumes de la cité. C'est dans la dynamique du renoncement au bonheur que la raison devient autoconscience effective et universelle. Hegel avait souligné le caractère impératif de cet arrachement au bonheur : « *Il faut* que la raison *sorte de son bonheur* ; car c'est seulement *en soi* ou *immédiatement* que la vie d'un peuple libre est l'*éthicité réelle*, ou elle est une [éthicité] *étante* […][242] ».
La cité antique offrait à l'individu une organisation sociale et politique harmonieuse. Or l'individualité, pour se libérer de cette emprise, se

[242] *Phénoménologie de l'esprit*, p. 343.

trouve dans la nécessité d'affirmer son autonomie par rapport à la totalité organique que représente le peuple avec ses lois et coutumes. C'est à partir de cette mutation que l'autoconscience rationnelle va éprouver l'universalité déterminée de sa singularité à travers son « expérience éthique du monde ».

C'est ainsi que surgit la figure de l'autoconscience jouissante, qui s'engage dans le monde pour la recherche de son propre plaisir. « Elle se précipite donc dans la vie, et mène à accomplissement l'individualité pure dans laquelle elle entre en scène[243]. » La conscience qui jouit se déploie dans le cours du monde en tant qu'individualité qui est animée par le désir, dont le seul but est de jouir. Son attitude universelle est déterminée par une quête des conditions propices à la jouissance. Elle est animée par l'« esprit de la terre » dans la mesure où elle veut prendre son bonheur pour en jouir immédiatement. Une telle attitude se préoccupe de ce qui s'offre à elle sans médiation pour en disposer sans l'épreuve de la négativité. Comme il s'agit d'un rapport de jouissance avec les choses, la conscience agit sous l'impulsion du désir. Son agir consiste alors à se méfier des lumières de l'intelligence et de la science pour ne s'en tenir qu'à l'immédiateté de la sensation de plaisir, dont l'intensité est le but recherché par l'individu jouisseur. La conscience jouisseuse révèle que le cours du monde perçu selon le principe du plaisir se déploie sous la modalité de la confrontation entre la contingence et la nécessité. Il y a dans ce procès de l'individualité dans sa quête du plaisir une expérience du vide et de la mort qui identifie la jouissance à la négativité, dans la mesure où la satisfaction du désir est une forme de suppression de l'objet désiré. La violence est inscrite dans la dialectique du plaisir. L'universel est sous la détermination de la singularité immédiate, qui est le propre de la conscience en tant qu'elle ne se préoccupe que de son plaisir.

Au cœur de son agir, l'impulsion de la singularité s'affirme et se détermine en prenant le monde comme le lieu de réalisation de ses désirs et de son plaisir. La conscience de l'universel en tant que relation organique avec le peuple ne représente plus rien pour elle. Désormais, elle est une conscience individuelle. C'est en ce sens que les figures du plaisir et de l'amour en tant que figures du désir sont aussi des figures de l'individualisme. La conscience individuelle

[243] *Phénoménologie de l'esprit*, p. 347.

dissout ainsi son lien organique avec le peuple pour s'enfoncer dans la logique de la satisfaction personnelle.

Tout en prétendant affirmer un attachement à la vie et faire de son expérience mondaine une expérience vivante, l'individu qui jouit est confronté avec l'abstraction, avec la nécessité vide et la mort. « [...], il [l'individu] prit la vie, mais c'est plutôt la mort, du coup, qu'il empoigna[244]. » Confronté à la particularité de son expérience qu'il veut universelle alors qu'il n'engage que sa singularité propre, l'individu éprouve la complexité de son agir et les conséquences qui en découlent et qui révèlent la dimension négative de son attitude. Il y a un renversement qui se produit dans le procès d'effectuation de l'expérience de la négation de l'universalité par l'affirmation de la singularité du sujet en tant qu'acteur de son destin marqué par la contingence. La conversion qui s'opère dans ce sens révèle que, en l'absence de médiation, la conscience retombe dans l'abstraction de la certitude immédiate. « Ce *passage* de son être vivant dans la nécessité dépourvue de vie lui apparaît par conséquent comme un renversement qui n'est médiatisé par rien[245]. »

L'absence de médiation signifie que son expérience est empreinte de vacuité et d'abstraction. Or, la conscience qui s'est enfoncée dans la recherche du plaisir a occulté la nécessité de la médiation. Il en résulte que l'autoconscience jouisseuse se retrouve dans le jeu illusoire de la vacuité des essences abstraites qui se présentent à elles comme contenu de son plaisir. « Ce qui donc à l'autoconscience devient *ob-jet* comme son essence dans le plaisir jouissant est l'expansion de ces essentialités vides, de l'unité pure, de la différence pure (...)[246]. »

Tout en étant une conscience abstraite et immédiate, l'autoconscience jouisseuse ne se présente pas sous la figure de l'immédiateté comme ce fut le cas de la raison observante, mais son essence est « la catégorie abstraite », ce qui est une autre forme d'immédiateté. Partant, elle s'avère être « la figure la plus pauvre de l'esprit s'effectuant ». Mue par le plaisir qui ne peut relever ni de l'universalité effective de l'esprit, encore moins de la nécessité conceptuelle, l'individualité qui jouit éprouve la contingence du sentiment du plaisir. D'où la vacuité de son contenu et la détermination purement abstraite du procès de son expérience. L'objet

[244] *Phénoménologie de l'esprit*, p. 350.
[245] *Ibidem*.
[246] *Phénoménologie de l'esprit*, p. 349.

de son contenu est ainsi décrit : « Il est ce que l'on nomme la *nécessité* ; car la nécessité, le *destin* et choses semblables, est justement ce dont on ne sait pas dire *ce qu'*il agit, (…)[247]. »
Comment l'individu qui cherche son plaisir est-il confronté au destin par la médiation de la nécessité ? Du plaisir au destin en passant par la nécessité, se manifeste une « logique » que la conscience ne maîtrise pas. Pourtant, l'inscription de la raison, dès sa première figure, comme expérience de la catégorie abstraite, n'a pas conduit à l'effectivité universelle visée. L'inégalité de la certitude et de la vérité advient ainsi comme le résultat de la prétention à l'universalité dont la conséquence est l'abstraction de la nécessité incarnée par la catégorie abstraite. La figure du plaisir et de la nécessité illustre la vacuité de la raison dans son effectuation sans médiation qu'elle soit raison observante, ou autoconscience rationnelle ou encore autoconscience en quête de plaisir. C'est en ce sens que l'interprétation de cette figure à travers l'évocation précise des personnages de romans incarnant par leur agir le sens que revêt l'expérience de l'esprit à ce niveau de son procès a mis l'accent sur l'épaisseur historique[248] de ces tentatives de la raison en soulignant leur impasse. Conjuguer le principe d'universalité qui anime le principe d'effectuation de la raison et l'expérience de la contingence du sentiment de plaisir procède de l'abstraction de l'immédiateté dont la vacuité se convertit en « *connexion fixe* », « car ce qui est en connexion ce sont les essentialités pures ou les abstractions vides »[249].
L'expérience négative de la figure du plaisir et de la nécessité, en tant qu'elle ne s'accomplit pas dans son effectivité avec l'universel que représente le cours du monde, fait surgir la figure de la nécessité devenue « loi du cœur ». C'est à travers la figure de la nécessité s'effectuant comme loi du cœur, dont le délire résulte de la « folie de la présomption », que la confrontation entre le singulier et l'universel sous le mode de l'articulation de la loi du cœur à la nécessité universelle va tenter de se déployer.

---

[247] *Ibidem.*
[248] L'évocation de l'histoire n'est pas encore faite pour elle-même ; c'est pourquoi, Hegel procède à une réinterprétation universalisante que permet la littérature. Ce sont donc des « types » que l'on peut rencontrer à toute époque de l'histoire (même s'ils sont visés à travers des figures bien déterminées : le *Faust* de Goethe, Le *Karl moor* de Schiller, le *Quichotte* de Cervantès).
[249] *Phénoménologie de l'esprit*, pp. 349-350.

La figure de l'autoconscience dont l'agir a pour principe la loi du cœur met en scène l'expérience de la nécessité universelle dans l'effectivité du cours du monde face à l'« effectivité propre » à la « singularité de la conscience ». L'expérience de cette figure est de montrer comment se noue une forme particulière d'effectivité qui prétend à l'universalité dans un processus de non-reconnaissance de l'effectivité universelle. C'est ainsi que l'autoconscience singulière va opposer la loi du cœur à la loi, c'est-à-dire au cours du monde en tant que nécessité universelle. « La loi donc, qui immédiatement est la [loi] propre de l'autoconscience, ou un cœur mais qui a une loi en lui, est la *fin* qu'elle s'attache à effectuer[250]. »
L'agir de l'individualité sous la forme de l'agir déterminé par la loi du cœur s'opère dans une dynamique où apparaît l'opposition entre la loi de l'individualité et la loi du cours du monde. L'effectivité universelle apparaît comme l'autre de l'individu dans son effectuation : « Cet autre se détermine par là comme une effectivité qui est l'opposé de ce qui est à effectuer, du coup la *contradiction* de la *loi* et de la *singularité*[251]. » Cette contradiction exprime l'inadéquation entre l'agir de l'individu et l'effectivité universelle, dans la mesure où la loi de celle-ci est perçue comme « un ordre violent du monde qui contredit la loi du cœur »[252]. Ce qui caractérise cette nouvelle figure, c'est la conscience d'élever son agir du singulier à l'universel en déterminant le cours du monde par sa propre loi. Son attitude consiste à traduire sa loi dans le langage de la nécessité et de l'universalité sans être « soumise à une nécessité étrangère. » Son programme est clairement identifié dans ce passage : « Elle n'est plus du coup la légèreté de la figure précédente, qui ne voulait que le plaisir singulier, mais le sérieux d'une fin élevée qui cherche son plaisir dans la présentation de son essence propre *excellente* et dans la production du *bien-être de l'humanité*[253]. »
Trouver dans le cœur la détermination de son agir est le moteur du procès d'effectuation de l'individualité qui, dans l'affirmation de sa loi singulière, prétend exprimer l'universel à travers la ferveur de ses convictions. Elle identifie ses convictions au bien de l'humanité et fonde ainsi l'excellence de son œuvre dans l'élan qui l'habite. C'est le procès de la certitude immédiate sous l'impulsion de la conviction et

[250] *Phénoménologie de l'esprit*, pp. 351-352.
[251] *Phénoménologie de l'esprit*, p. 352.
[252] *Ibidem.*
[253] *Phénoménologie de l'esprit*, pp. 352-353.

de l'enthousiasme. « L'effectuation de l'essence *indisciplinée* immédiate vaut comme présentation de son excellence et comme production du bien-être de l'humanité[254]. »
L'effectivité universelle à laquelle prétend la loi du cœur échappe à son procès en ce sens qu'elle reste une visée du singulier dont le mouvement est en opposition avec le cours du monde. Or, l'universel qui anime la loi du cœur demeure déterminé par l'arbitraire des sentiments et l'enthousiasme de l'élan sans liaison concrète avec l'universel effectif. A travers ces figures, Hegel met en exergue sa critique des illusions du romantisme dans ses ambitions humanistes ou héroïques. Le principe de l'agir de l'individualité devenue autoconscience universelle ne peut fonder l'effectivité universelle de son action dans l'intimité du cœur, d'où son « dé-rangement ». Cet agir se manifeste comme un délire de la raison individuelle dans la mesure où l'individu cherche la légitimité de son implication dans le cours du monde par une sorte de nécessité qui découle de son en-soi abstrait. L'opposition de l'en-soi de l'individualité repliée dans l'intériorité qu'elle érige en loi universelle et le cours du monde aboutit à la contradiction qui la conduit à la folie : « […], ce qui dans sa conscience se contredit donc, ce sont les deux [termes] dans la forme de l'essence et de son effectivité propre pour elle[255]. »
Le procès d'effectuation de l'autoconscience amoureuse exprime l'inscription de l'agir de l'individualité dans une vision du monde où la particularité de la loi du cœur se présente sous la modalité de l'universalité. Cette conscience agit au nom de l'humanité avec les meilleures intentions. Mais, pour Hegel, son échec réside dans cette prétention elle-même, à savoir prôner l'universalité de la loi dont la source est le sentiment, fût-il pour le bien-être ou le salut de l'humanité. L'expérience du dérangement de l'autoconscience qui se veut bienfaitrice de l'humanité dans sa contradiction existentielle la conduit à une posture dramatique. En se voulant unité de son effectivité singulière et de l'effectivité universelle du monde sans la sursomption de sa particularité, l'individualité se retrouve dans l'impasse de sa propre « ineffectivité ».
En effet la relation de la conscience avec le cours du monde ayant pour intention le bonheur de l'humanité sous-entend le sacrifice de soi au profit de cette humanité en souffrance. La médiation de la

[254] *Phénoménologie de l'esprit*, p. 353.
[255] *Phénoménologie de l'esprit*, p. 356.

singularité, étant de l'ordre de l'abstraction de la visée, se transforme en « nécessité morte » et agitation vaine. L'immobilisme caractérise ici l'autoconscience, en dépit de son agir. C'est l'échec de la propension de la loi du cœur dans son ambition d'édification d'un monde meilleur par le triomphe de son ordre qui voit surgir la vertu et le cours du monde. « Cette figure de la conscience, [qui consiste] à devenir pour soi dans la loi, dans le vrai et [le] bien *en soi*, (...), [et] à savoir pourtant l'individualité comme le renversé et le renversant, et à devoir nécessairement, par conséquent, sacrifier la singularité de la conscience, est la *vertu*[256]. »

Le principe d'effectuation des figures de l'agir de l'individualité universelle en tant que modalité de venue à soi de l'effectivité spirituelle au niveau de la raison est lié à une certaine vision de la vertu. Pourquoi ? Parce que, depuis que la conscience est advenue à soi comme effectuation de l'autoconscience rationnelle, la règle de lecture de sa cohérence se déploie dans le sens de la mise en œuvre du devenir universel du singulier, par la médiation de la sursomption de sa particularité. Mettre ses penchants, ses passions et ses besoins en avant comme exigence universelle par rapport à l'universalité du cours du monde dans la mesure où, elle considère que la loi de la singularité est elle-même loi universelle, est le but poursuivi par l'autoconscience singulière dans le procès de son agir. C'est dans cette perspective que la figure de l'autoconscience dont le rapport au monde est déterminé par la vertu et le sacrifice va l'illustrer de manière concrète.

La conscience vertueuse se présente comme une forme déterminée de l'opposition des deux termes, à savoir la loi et l'individualité. Si, dans la figure de la conscience amoureuse et bienfaitrice, l'individualité primait sur la loi ; avec la conscience vertueuse, le renversement s'opère en faveur de la loi. La confrontation entre la loi et l'individualité est le vecteur de l'ancrage de ses figures, dont l'essence est abstraite, dans le cours du monde. C'est pourquoi, la figure de la conscience vertueuse, dans son procès d'effectuation, met en scène la dualité de l'universalité du cours du monde et la singularité de l'individualité.

Quel est l'enjeu de cette figure dans son inscription dans le cours du monde par la médiation de la vertu ? La configuration de la conscience vertueuse est structurée par la dialectique de l'essence et

[256] *Phénoménologie de l'esprit*, p. 359.

de l'inessentiel dont la forme déterminée est l'individuel. En quoi cette structuration est-elle en adéquation avec l'universalité à travers la nécessité du sacrifice de son individualité ? Il importe de souligner que la relation de la vertu et du cours du monde est le mouvement de l'agir universel avec comme visée, la réconciliation d'une part de l'universel et du singulier et, d'autre part de la loi et de l'individualité. La satisfaction de la singularité par le plaisir n'est plus à l'ordre du jour, il s'agit plutôt de sacrifice et de discipline.
En mettant en jeu la structure de la conscience vertueuse, Hegel écrit : « A la conscience de la vertu la *loi* est l'*essentiel* et l'individualité ce qui est à sursumer, et donc aussi bien en sa conscience elle-même que dans le cours du monde[257]. » Dans son essence, la conscience vertueuse procède par l'activation de l'abstraction de sa particularité en sursumant son individualité dans le sens de se reconnaître à travers le cours du monde lui-même sursumé. Dans cette situation son rapport à l'universel présuppose la discipline et le sacrifice. Autant, la conscience amoureuse voulait le sacrifice de la loi et le cours du monde au profit de sa loi propre, autant la conscience vertueuse est dans la dynamique de la sursomption de son individualité pour faire corps avec le cours universel du monde par là amené à sa vérité. Le sacrifice dont il est question est le mode d'effectuation de la conscience vertueuse comme production de soi en tant qu'agir qui se veut conforme à son essence.
Pour Hegel, l'essence de la conscience vertueuse, est la vacuité même en ce sens que sa critique du cours du monde relève de la prétention décalée et creuse de toute conscience qui veut prendre ses convictions comme étant plus effectives que la réalité du monde. La critique hegelienne de la vertu nous fait penser à sa réfutation constante du formalisme, du criticisme et du romantisme. La vertu ne peut avoir un fondement consistant si elle ne se définit que par son opposition à l'éthos du peuple. C'est pourquoi les propos que tient la conscience vertueuse sont révélateurs de la rhétorique au contenu vide qui ne fait qu'exprimer l'impuissance de la bonne âme qui cherche à justifier sa léthargie en s'attaquant à la configuration de son monde. La conscience de la noblesse de ses idéaux et de la grandeur de son combat contre le cours du monde ne traduit que l'exaltation enflammée de son cœur, reflétant une raison vide. Les beaux discours expriment que la vertu dont il est question est à l'écart de la

---

[257] *Phénoménologie de l'esprit*, p. 360.

substance ; c'est pourquoi elle est dépourvue de substance « une vertu seulement de la représentation et des mots, qui manquent de ce contenu[258]. »

Qu'est-ce qu'une conscience qui ne fait reposer son effectivité que sur l'ordre du discours ? L'essence de la conscience vertueuse est l'intention, la représentation d'un monde idéal au nom duquel elle entend, par les mots, disqualifier le monde réel dans lequel elle vit et auquel elle s'oppose. L'exigence postulée de l'appel du cœur, sous la forme de la raison, caractérise cette figure, dont le vecteur est la production de discours comme pour transformer la représentation pure et abstraite en réalité. Il s'avère que sa faiblesse se manifeste à travers ce qu'elle croit être sa force. L'*emballement de la ferveur pour la vertu sans substance ne produit pas l'effectivité.*

Le sens de l'expérience de la figure de la conscience vertueuse consisterait dans sa logique du discours qui est expressive de la fuite par rapport à la confrontation avec la réalité. Cette attitude de la conscience vertueuse est empreinte de son impuissance à sursumer l'opposition structurant sa posture par rapport au cours du monde. La conscience vertueuse finit ainsi par tomber dans l'ennui, et l'intérêt qu'elle aurait suscité se trouve perdu en ce sens qu'elle se manifeste comme une conscience qui s'enferme dans les déclamations rhétoriques. « Le résultat donc qui vient au jour à partir de cette opposition tient en ce que la conscience laisse filer comme un manteau vide la représentation d'un bien *en soi* qui n'aurait pas encore d'effectivité[259]. »

En fait, le procès de la raison active révèle les difficultés de l'élevation de la conscience singulière à l'universel de façon immédiate comme elle le prétend. C'est sous le signe de l'individualisme que l'autoconscience singulière cherche à se réaliser. La raison individuelle s'est concrétisée à travers ces trois figures de l'individualisme que Jean Hyppolite présente ainsi : « L'individualisme est à considérer sous ses diverse formes- désir de la jouissance immédiate, protestation du cœur contre l'ordre établi, vertu révoltée contre le cours du monde[260]. »

La contradiction inhérente à l'effectuation de la conscience individuelle, dans son expérience du monde où, il s'est agi pour elle

[258] *Phénoménologie de l'esprit*, p. 367.
[259] *Ibidem.*
[260] Jean Hyppolite, *Genèse et Structure de la Phénoménologie, op.cit*, p. 270.

de se déterminer en soi comme effectivité pour soi, prend la forme tragique d'un destin qu'elle ne comprend pas. Entre l'affirmation de son désir et la puissance du destin qui s'impose à elle comme une volonté contre laquelle elle ne peut rien, l'individu éprouve le tragique qui résulte de sa confrontation avec l'ordre du monde. En se représentant son agir sans prendre en compte la réalité effective du cours du monde, elle se réduit au constat impuissant de la succession d'actions qui révèlent son immobilisme.

C'est l'absurdité de l'incompréhension qui succède à l'euphorie et à l'élan du désir conquérant qui, dans le délire de l'illusion, se croit capable de triompher de la nécessité universelle en inversant le cours du destin.

L'agir comme catégorie vivante de l'autoconscience universelle opérationnelle

Les dernières pages consacrées à l'effectuation de l'agir de l'individu en confrontation avec le cours du monde montrent toute la subtilité de la dialectique hegelienne. Hegel veut signifier que l'individu agissant ignore que son action, bien qu'inspirée par le subjectivisme des attitudes de révolte qui le caractérisent, n'en reste pas moins déterminé par le principe d'universalité qui est le moteur de l'agir de la raison. L'autoconscience rationnelle est bien agir universel en ce sens que le concept de l'en-soi dans sa détermination universelle est l'essence de son agir, avec comme finalité son devenir pour- soi. L'individu est conscience en-soi dans son advenir pour-soi. Hegel élève cet en-soi exprimé dans l'égoïsme de l'agir dans la vérité de son universalité.

Il nous semble que la détermination de l'agir de l'individu procède d'une logique plus fondamentale que la simple prise de conscience individuelle sous forme d'intentions et de convictions. L'autoconscience individuelle ne saisit de son agir que sa dimension subjective rapportée à ses visées propres sans la perception de l'universel. Or, sous le régime de la raison, sa détermination essentielle est l'universel, quand bien même il se manifeste sous le jour de la déterminité singulière.

Il y a comme une sorte d'épuisement des ressources de l'illusion telle qu'elle a nourri les figures de l'individualité dans sa révolte contre le cours du monde. La certitude et la vérité de son agir résultent de cette présence active et effective, y compris dans la manifestation de ces attitudes ineffectives. C'est dans le procès de son agir tel qu'il se manifeste que réside l'effectivité. En agissant, l'individu engendre des gestes qui, même s'ils n'ont de réalité que dans la représentation et l'opiner, concrétisent le procès de l'en-soi dans son abstraction opérationnelle. « Lorsqu'elle (l'individualité) opère *pour soi*, c'est là justement la production au jour, jusqu'à l'effectivité, de ce qui est seulement d'abord *en-soi*; la fin de l'*être-pour-soi*, donc, [fin] qui opine être op-posée à l'en-soi [...].[261] »

La conscience progresse dans son parcours parsemé de déceptions multiples et variées vers plus d'effectivité par son agir propre, tel est le sens de la nouvelle configuration de l'individualité agissante. Nous pouvons remarquer qu'au sortir de l'expérience des attitudes universelles de révolte et d'affirmation de soi, la conscience va se confronter avec l'expérience de son agir créateur. En quoi consiste son agir créateur ? Il est question de la transformation de son essence en œuvre, par la médiation de l'opération. Donc, elle se libère de la représentation abstraite de son effectivité par son effectuation concrète, productrice d'œuvres. Ce moment que nous pouvons considérer comme un passage de la raison à l'esprit nous semble traduire une des mutations les plus concrètes du devenir-esprit de la conscience. La signification de la dialectique de l'œuvre qui s'y déploie revêt un sens que nous pouvons dévoiler en saisissant la nature de l'opération en tant que mode de conversion de l'en-soi en pour-soi par la concrétisation de l'intériorité dans l'extériorité. A ce propos, Jean Hyppolite souligne : « Peut-être ce chapitre qui sert de transition entre la Raison et l'Esprit pourra-t-il nous révéler un des sens de l'œuvre hégélienne en nous montrant quelle signification nouvelle va prendre le monde pour la conscience de soi[262]. »

En fait, la configuration conceptuelle de cette venue à l'effectivité de son essence originaire se déploie sous le registre d'une forme de concrétude qui renvoie au procès de l'efficace de l'agir. Comment se présente la structure conceptuelle de l'individualité qui se manifeste en tant qu'effectivité en-soi et pour-soi-même ? « L'autoconscience a maintenant, à propos de soi, saisi le concept qui n'était d'abord que le nôtre à son propos, à savoir être, dans la certitude de soi-même, toute

[261] *Phénoménologie de l'esprit*, p. 368.
[262] Jean Hyppolite, *Genèse et Structure de la Phénoménologie*, *op.cit*, pp. 286-287.

réalité, et fin et essence lui sont désormais la compénétration de l'universel- des dons et capacités- et de l'individualité[263]. »
Hegel expose dans cette partie de la *Phénoménologie* la signification concrète de l'opérer pour la conscience. L'effectivité comme détermination de l'en-soi advenu en tant que pour-soi est au cœur de ce procès dont le but est de montrer la médiation de l'action comme conversion de la possibilité en effectivité. Trois catégories déterminent la structure opérationnelle de la conscience : l'opérer ou l'agir, l'œuvre et la Chose même.
Dans les trois figures de l'autoconscience rationnelle, l'individualité était déterminée par une attitude qui consistait à identifier l'effectivité à son en-soi sans la nécessité de la médiation. L'enjeu de ce procès d'effectuation de l'agir de l'individualité ressort de la sursomption de l'opposition entre l'en-soi et le pour-soi, qui sont désormais déterminés au sein de ce qui constitue l'effectivité en mouvement de l'individualité dans son agir. Cet « agir est en lui-même sa vérité et effectivité, et la *présentation* ou l'*acte d'énoncer l'individualité* lui est fin en et pour soi-même[264]. »
Avant d'entrer dans la mise en scène de l'effectuation de l'agir de l'individualité, il importe de saisir l'individualité dans son devenir. Elle se manifeste dans sa singularité universelle déterminée en tant qu'elle est la conjonction historique et logique de sa dimension d'intériorité et de sa dimension d'extériorité. L'individualité est le procès d'effectuation de l'unité advenue de l'en-soi, de l'effectif, sous la détermination du pour-soi comme contenu. C'est ce qui fait que son agir se déploie sous la figure du cercle, indice de la fluidité opérationnelle de l'individu agissant. « L'agir a par conséquent l'aspect du mouvement d'un cercle qui librement se meut dans soi-même dans le vide, sans entrave tantôt s'étend tantôt se resserre, et parfaitement satisfait joue seulement dans et avec soi-même[265]. »
L'image du cercle est constante dans le philosopher hegelien comme modalité de traduction de la contemporanéité des moments constitutifs du processus logique ou phénoménologique. Il en est ainsi pour la conscience comme pour l'autoconscience déterminée par son agir.
On peut souligner que ce qui constitue l'essence de l'agir est bien la déterminité négative. C'est à ce titre qu'il est mouvement, procès

[263] *Phénoménologie de l'esprit*, p. 368.
[264] *Phénoménologie de l'esprit*, p. 369.
[265] *Phénoménologie de l'esprit*, p. 370.

d'effectuation et manifestation de l'intériorité dans sa propre extériorité. Le sens phénoménologique de la négativité prend toute sa signification à travers le mode d'effectuation de l'agir. La relation de la déterminité de l'être et de la négativité est l'essence dialectique de l'individualité, dont l'activité est phénoménologiquement déterminée par la catégorie de l'agir.

L'agir est en ce sens détermination de la liberté, en se faisant procès sans opposition, en cohérence avec la nécessité du processus de son advenir dont la remarquable fluidité est énoncée en ces termes : « L'agir ne change rien et ne va contre rien ; il est la forme pure du transposer à partir du *se-trouver-non-vu* dans le *se-trouver-vu*, et le contenu qui se trouve amené au jour et se présente n'[est] rien d'autre que ce que cet agir est déjà en soi[266]. »

La dialectique de l'agir de l'individualité se déploie ainsi en tant que procès de l'en-soi se manifestant dans l'élément de l'extériorité telle qu'elle résulte de l'effectuation de la « nature déterminée » de l'individualité. La différenciation constitutive de la réalité de l'individualité dans sa composition duale et contradictoire montre la configuration de sa figure en tant que conscience qui se veut inscrite dans l'horizon de la mobilité du concept, dans la mesure où sa dimension logique détermine son effectuation en tant qu'autoconscience en-soi et pour-soi. Ce qui constitue l'advenir de l'individualité en tant qu'essence s'effectuant pour soi, c'est l'agir ou l'opérer. « L'individu ne peut par conséquent pas savoir ce qu'*il est* avant que, par l'agir, il n'en soit venu à l'effectivité[267]. »

L'individu prend conscience de sa figure réelle à partir de son agir en tant qu'effectué. Ce que l'agir montre, c'est la substance en tant qu'essence spirituelle qui, à l'échelle de l'individu, est « dons, capacités et talent ». Cette nature « originaire déterminée » peut être nommée le talent. Hegel la définit comme la dimension intérieure de la venue du terme à l'effectif : « Le *talent* n'est également rien d'autre que l'individualité originaire déterminée, considérée comme *moyen intérieur* ou *passage* de la fin à l'effectivité[268]. » La détermination de l'intériorité comme talent procède de la nécessité de la transposition de cet en-soi qui se veut effectif en-soi sans la conversion du concept en effectivité extérieure, c'est-à-dire pour-soi.

---

[266] *Ibidem.*
[267] *Ibidem.*
[268] *Ibidem.*

Ainsi l'individu découvre la forme déterminée de l'œuvre comme « effectivité effectuée », vérité de « l'effectivité présente » et de « l'effectivité formelle ». Ces trois aspects divers de l'effectivité constituent le parcours phénoménologique de l'agir. La mise en mouvement de ces trois déterminations dans leur unité circulaire explique que l'individu soit dans une posture où il entre en opération sans se poser la question du commencement de son agir. Le passage à l'opération n'est qu'une conversion de la qualité à l'effectivité déterminée.

La dialectique de l'agir de l'individualité est animée par le procès vivant de la substance éthique qui est aussi esprit universel, esprit du peuple, effectivité universelle, expressions qui traduisent le devenir-esprit de la raison. L'articulation entre la conscience singulière et la substance éthique révèle que l'individu incarne l'effectuation de la raison dans sa dimension autoconscientielle. L'individu fait l'expérience que son effectuation est celle de l'esprit de son peuple dans la mesure où son agir est l'agir de tous. L'individu est donc sujet en s'élevant à la conscience de la substance éthique qui est la Chose même.

En s'énonçant sous le mode de la catégorie comme modalité d'expression de l'universalité qui constitue son enjeu, la raison en tant que vérité de la conscience et de l'autoconscience s'est présentée comme principe de l'identité de la certitude et de la vérité. Que l'objet concret de la raison soit la loi éthique montre que son contenu est autant de l'ordre de l'agir que de l'énoncé de son effectivité en attente dans la mesure où cette loi éthique demeure dans l'horizon du devoir-être. La raison s'est confrontée avec l'« universalité formelle » de la loi éthique comme impératif catégorique sous le mode du commandement dont le contenu effectif est indéterminé. Or, le formalisme de la raison s'est effectué pour libérer la catégorie de son abstraction, sans que la détermination de son effectivité se dépouille encore de son universalisme formel.

Nous pouvons remarquer que le procès de la raison a mis en mouvement les éléments qui vont trouver leur effectivité universelle au niveau de l'esprit. La configuration de la raison à travers le foisonnement de ses figures et de ses expériences a mis en exergue la double dimension du principe d'effectuation comme mode de conversion de la conscience dans ses mutations phénoménologiques et la négativité qui est le ressort de son processus dialectique. La raison a dégagé en quoi consiste l'universalité de l'agir de l'individualité qui est raison individuelle et autoconscience rationnelle. Elle a aussi mis en lumière la singularisation de l'universalité énoncée comme principe de la raison dans son parcours phénoménologique.

En pénétrant la structure de la configuration des figures de la raison, nous avons essayé de saisir la puissance de médiation qui l'anime et qui montre que son mode de réflexivité est constamment traversé par la détermination d'universalité et d'effectivité. Faire surgir l'universalité comme œuvre de la singularité et la singularité comme universalité est le mode d'actualisation qui définit le mouvement de la raison. C'est en ce sens qu'elle ouvre au procès d'effectuation des figures de l'esprit qui vont se déployer en tant qu'effectivités comme contenu en mouvement de la substance spirituelle dans son devenir-sujet.

Conclusion

A travers cette réflexion, il s'est agi d'exposer le devenir de la conscience sous le mode d'un principe qui ne lui est constitutif qu'en s'effectuant. C'est le procès de son devenir à travers le mouvement des figures dans la succession de leur expérience que nous avons énoncé sous le mode du principe d'effectuation. Il importe alors de dégager ce qui, à la lumière du parcours phénoménologique des figures, donne toute sa dimension au procès dont les moments déterminent les étapes de ce processus.

En fait, la logique processuelle qui anime l'autoconception du Soi à travers le procès des figures se conçoit dans son mouvement sous la forme des expériences que porte la dimension effectuante de la négation dans son rôle de transition d'une figure à une autre. Transition, conversion, expérience expriment ainsi la négativité constitutive du périple phénoménologique de la conscience. Ce périple, dans l'élément de la phénoménalité, est l'itinéraire de la négativité qui expose l'épreuve de la succession nécessaire des figures. Le passage d'une figure à une autre se meut alors selon une logique du surgir-disparaître. Point de juxtaposition dans cette « odyssée de la conscience » dont les étapes ne sont que les moments constitutifs d'une totalité spirituelle qui ne s'achève que dans l'émergence de son « ultime développement » au niveau du savoir absolu.

De la certitude sensible à l'agir de l'individualité universelle, s'est effectuée une processualité parvenant à son effectivité à travers la succession des figures dont l'unité résulte de la négativité qui en porte le dynamisme. Celle-ci s'est extériorisée comme tension constituante de l'opposition fonctionnelle du sujet et de l'objet, de la certitude et de la vérité, de la substance et de la conscience. La dualité conscientielle a constitué le premier moment de ce procès du principe d'effectuation en tant que processualité inhérente au devenir de la conscience. Cette première configuration s'est effectuée comme procès du principe d'effectuation au sein de l'esprit dans sa conscience.

Des figures ont déterminé les étapes de cette structure en mouvement sous le régime de la conjonction de la certitude et de la vérité dont la tension est constitutive de la processualité du principe d'effectuation. Il s'est agi du procès de l'esprit dans sa conscience et de son effectuation dans son autoconscience. Au fait le principe d'effectuation nous a-t-il permis d'accéder à l'intelligence concrète de la dimension effectuante de l'expérience de la conscience dans *la Phénoménologie de l'esprit* ? Est-il pertinent d'appréhender le procès de la conscience sous le mode d'un principe qui ne l'est que dans son effectuation ?

Au terme de cette aventure processuelle, il nous semble que le devenir de la conscience est le procès même de l'effectuation par le mouvement de l'expérience. Ce qui constitue l'itinéraire de la conscience comme procès de la phénoménalité, c'est cette processualité qui est inhérente à sa structure comme unité en mouvement.

L'énoncé philosophique hegelien prend ainsi son sens comme effectuation en advenir de soi de l'effectivité par la médiation de son automouvement. Pour Hegel, n'est effectif que l'être qui est parvenu à sa réalité et sa vérité moyennant son effectuation, qui n'est autre que son actualisation. C'est ce mouvement de soi de la conscience comme ressort de son cheminement, qui s'autodétermine comme procès du principe d'effectuation dans sa dimension conscientielle. Logique processuelle, « épure logique », le parcours du principe d'effectuation est la diction effectuante de l'expérience comme « pulsation » du concept dans la sphère de la phénoménalité.

Dans sa dimension processuelle, le principe d'effectuation n'est-il pas l'énonciation en mouvement du geste logique dans sa structuration du procès phénoménologique ? En effet, l'expérience dans le philosopher hegelien est puissance de fluidité, de mouvement et de sursomption, dans la mesure où chaque figure ne s'accomplit que par l'émergence d'une nouvelle figure. Etant donné que l'expérience est le mode de développement, donc de progression des figures, elle est effectuation autant que processualité. Cette expérience qui est fluide, effectuante et processuelle agit comme un principe dans la mesure où elle porte le devenir des figures de leur première expérience jusqu'à leur effectivité.

Au fil de notre lecture de la *Phénoménologie de l'esprit*, les effectuations se sont manifestées comme les modes de mutation des figures de la conscience. Il est vrai que tout le système est effectuation, mouvement, diction de soi par soi-même dans sa circularité processuelle. De même qu'il est cette totalité vivante se concrétisant par ses multiples effectuations à travers un foisonnement d'expériences qui fait que le système hegelien est bien selon l'expression significative de Gwendoline Jarczyk « une totalité-mouvement ».

L'herméneutique d'un principe à l'œuvre dans le discours philosophique hegelien comme principe d'effectuation nous semble ouvrir des perspectives nouvelles de lecture des textes hegeliens dont la fluidité structurelle exprime le mouvement même de son philosopher. Pour Hegel, n'est effectif que ce qui, non seulement résulte d'un automouvement, mais aussi persévère comme effectif en tant qu'il est constamment dans son actualisation. Le mouvement de penser hegelien met en demeure le figé, l'immuable comme expressions de l'ineffectivité, c'est pourquoi Hegel a énoncé l'absolu comme résultat, totalité constitutive de chacune des parties qu'il investit et qui l'exprime.

Le parcours phénoménologique du principe d'effectuation ne trouve son sens et sa concrétude que dans le devenir de la conscience dans *la Phénoménologie de l'esprit*. En énonçant le principe comme diction de la conscience dans son procès phénoménologique, nous avons souligné que l'originalité de la spéculation hegelienne réside aussi dans sa conception du principe comme une totalisation systématique en mouvement. Dans cette perspective, il convient de reconnaître que Hegel est un philosophe du principe comme effectuation.

Il est clair que ce qui définit le procès d'effectuation du principe, c'est le mouvement qui le constitue dans sa processualité constitutive du parcours phénoménologique de la conscience. De même que la conscience se découvre à travers les expériences qu'elle vit et qui se succèdent dans leur progression dialectique, le principe se constitue dans son effectuation. Conscience et principe procèdent de l'effectuation du procès phénoménologique. En régime de penser hegelien, le procès est d'effectuation parce qu'il est celui de la mobilité du concept.

Partant comme le résume Gwendoline Jarczyk : « Le principe est âme, méthode, auto-déploiement, procès ou processualité ; car, si le Système n'est tel que par la cohérence qu'il reçoit du principe dont il est habité, il est tout aussi vrai que le principe n'est principe que par le Système qu'il engendre « méthodiquement »[269]. » Il y a là une synthèse de la processualité totalisante du principe dans son acception authentiquement hegelienne comme processualité systémique et actualisante.

[269] Gwendoline Jarczyk, « la logique de Hegel, principe du système », dans *Hegeliana, op.cit*, p. 211.

L'énonciation du principe d'effectuation nous a permis d'exposer ce que l'expérience de la conscience comme structuration des figures comporte de dimension constituante. Il s'agira dans cette perspective de poursuivre l'herméneutique du principe d'effectuation dans ses dimensions logique, politique, esthétique, religieuse et historique.

Au terme de cette méditation sur l'activité processuelle du principe d'effectuation dans *la Phénoménologie de l'esprit*, nous pensons qu'il y a un principe à l'œuvre dans le discours philosophique hegelien qui mérite de faire objet d'investigations et de réflexions pour l'accès aux ressources d'une pensée dont l'actualité est devant nous.

En effet la diction du concept hegelien se définit comme la trajectoire d'une expérience de pensée dont les formes d'effectuation procèdent d'une dialectique constamment en mouvement. S'il est vrai que *la Phénoménologie de l'esprit* est l'exposé de ces effectuations dans l'élément de la conscience, il demeure vrai qu'elle est aussi constituée d'une épaisseur logique qui a trouvé son ampliation concrète dans le procès encyclopédique de l'Idée. Le chemin hegelien de pensée s'est concrétisé comme l'aventure spirituelle d'une liberté processuelle dont le principe en mouvement dans sa dialecticité circulaire est d'effectuation. La configuration de ce principe est porteuse du Sens qui est au cœur de l'effectuation du Système hegelien comme identité advenue de l'effectivité et de la rationalité. C'est cette conjonction en mouvement de l'effectif et du rationnel que nous avons envisagée dans ce travail comme procès du principe d'effectuation dans son parcours phénoménologique.

BIBLIOGRAPHIE

G. W. F. Hegel, *La positivité de la religion chrétienne*, publié sous la direction de G. Planty- Bonjour, Epiméthée PUF, Paris, 1983, 138 pages.

- l'esprit *du christianisme et son destin*, texte traduit, présenté et commenté par Franck Fischbach, Presses Pocket, (Agora classiques), Paris, 1992, 246 pages.

- *Différence des systèmes philosophiques de Fichte et de Scheling*

- *Foi et savoir*, Traduction, introduction et notes par Marcel Méry, Ophrys (4ème édition) Gap 1975, 329 pages.

- *La relation du scepticisme avec la philosophie* suivi de *l'Essence de la critique philosophique*, traduction et notes par Bernard Fauquet, préface de J.-P. Dumont, seconde édition, Vrin, Paris, 1986, 99 pages.

- *Des manières de traiter scientifiquement du droit naturel ; de sa place dans la philosophie pratique et de son rapport aux sciences positive du droit*, traduction et notes par Bernard Bourgeois, Vrin, Paris, 1972, 102 pages.

- *Les Orbites des Planètes*, (disssertation de 1801), traduction, introduction et notes par François DE GANDT, avec une introduction sur la critique de la mécanique newtonienne chez Hegel, préface de Dominique DUBARLE, Vrin, Paris, 1979, 203 pages.

- *Logique et Métaphysique*, (Iéna 1804- 1805), présentation, traduction et notes de Denise Souche-Dagues avec un commentaire d'André Kaan, Gallimard, Paris, 1980, 297 pages.

- *Notes et fragments*, Iéna 1803-1806, texte allemand, traduction et commentaire par Catherine COLLIOT-THELENE, Gwendoline JARCZYK, Jean-François KERVEGAN, Pierre-Jean LABARRIERE, Béatrice LONGUENESSE, Denise SOUCHE-DAGUES, Steve WAJSGRUS, Aubier, Paris, 1991, 320 pages.

- *Phénoménologie de l'esprit*, traduction Jean Hyppolite, Aubier, (Bibliothèque philosophique) le premier volume1939, 355 pages, le deuxième volume Paris, 1941, 357 pages.

- *Hegel, Préface à la Phénoménologie de l'esprit* (*Vorrede zur Phänomenologie des Geistes*) traduction, introduction, notes par Jean Hyppolite, Aubier, collection (Bibliothèque philosophique bilingue), Paris, 1966, 222 pages

- *Phénoménologie de l'esprit*, traduction de Jean-Pierre Lefebvre, Aubier, (Bibliothèque philosophique), Paris, 1992, 565 pages

- *Hegel, Préface de la Phénoménologie de l'esprit*, traduction, introduction et vade-mecum par Jean-Pierre Lefebvre, GF-Flammarion, (Bilingue), Paris, 1996, 245 pages.
- *Phénoménologie de l'esprit*, traduction, présentation et notes par Gwendoline Jarczyk et Pierre-Jean Labarrière, Gallimard, (Bibliothèque de philosophie), Paris, 1993, 916 pages.
- *Phénoménologie de l'esprit*, traduction et notes par Gwendoline Jarczyk et Pierre-Jean Labarrière, Gallimard, (folio essais), Paris, 1993, 2 volumes, 1346 pages.
- La *Phénoménologie de l'esprit*, texte présenté, traduit et annoté par Bernard Bourgeois, Vrin, Paris, 2006, 701 pages.
- *La Théorie de la Mesure*, traduction et commentaire par André Doz, PUF, « Epiméthée », Paris, 1970, 204 pages.
- *La Science de la logique*, Traduction, présentation, notes de Gwendoline Jarczyk et Pierre-Jean Labarrière, Bibliothèque philosophique, Aubier-Montaingne :
1812, *l'Etre*, premier tome, premier livre Paris, 1972, 414 pages.
- *l'Etre*, seconce édition revue et corrigée, Kimé, Paris, 2006, 413 pages.
- 1813, *la doctrine de l'Essence*, premier tome, deuxième livre, Paris, 1976, 355 pages.
1816, *la logique subjective ou la doctrine du Concept*, deuxième tome, Paris, 1981, 464 pages.
- *L'Encyclopédie des Sciences philosophiques en abrégé*, traduit de l'allemand par Maurice de Gandillac sur le texte établi par Friedhelm Nicolin et Otto Pöggeler, Gallimard, Paris, 1970, 550 pages.
-*L'Encyclopédie des Sciences philosophiques*, texte intégral présenté, traduit et annoté par Bernard Bourgeois, bibliothèques des textes philosophiques, Vrin :
- 1817 (1827, 1830) Tome I : *La Science de la logique*, Paris, 1970, 646 pages.
-1817 (1827, 1830) Tome III : *La Philosophie de l'esprit*, Paris, 1988, 604 pages.
- 1817 (1827, 1830) Tome II : *La Philosophie de la nature*, Paris, 2004, 778pages.
- *Précis de l'Encyclopédie des Sciences Philosophiques, la logique, la philosophie de la nature, la philosophie de l'esprit*, traduction par J. GIBELIN, Vrin, quatrième édition, Paris, 1978, 320 pages.
- *Hegel,* ***Concept préliminaire*** *de l'Encyclopédie des Sciences Philosophiques en abrégé*, traduction, introduction, notes et

commentaires par Bernard Bourgeois, Vrin (Bibliothèque des textes philosophiques), Paris, 1994, 286 pages.
- *Principes de la philosophie du droit*, traduit de l'allemand par André Kaan et préfacé par Jean Hyppolite, Gallimard (collection Idées), Paris, 1940, 380 pages.
- *Principes de la philosophie du droit ou Droit naturel et science de l'Etat en abrégé*, texte présenté, traduit et annoté par Rober Dérathé, seconde édition revue et corrigée, Vrin (Bibliothèque des textes philosophiques), Paris, 1993, 370 pages.
- *Principes de la Philosophie du droit*, texte traduit et commenté par Jean François Kervégan, PUF, première édition Paris, 1998, seconde édition revue et augmentée, Paris, 2003, (collection Quadrige), 500 pages.
- *Principes de la philosophie du droit*, Traduction inédite et présentation par Jean-Louis Vieillard- Baron, Flammarion (GF), Paris, 1999, 444 pages.
- *La Raison dans l'Histoire*, *Introduction à la Philosophie de l'Histoire* par G.W. F. Hegel, traduction nouvelle, introduction et notes par Kostas PAPAIOANNOU, Union Générale d'Edition (collection 10/ 18), Paris, 1965, 307 pages.
- *Les leçons sur la philosophie de l'histoire*, traduction par J. GIBELIN, troisième édition remaniée, Vrin, Paris, 1979, 349 pages.
- *Les leçons sur l'esthétique* en quatre volumes, traduction de S. Jankélévitch, Flammarion, Paris, 1979, 373 pages, 377 pages, 402 pages, 312 pages.
- *Hegel, Esthétique*, Traduction de Charles BENARD, revue et complétée par Benoît TIMMERMANS et Paolo ZACCARIA, Librairie Générale Française, (le livre de poche, classiques de la philosophie), Paris, 1997, 2 volumes, 768 pages et 767 pages.
- *Les leçons sur la philosophie de la religion*, traduit de l'allemand par J. GIBELIN, Vrin, seconde édition, Paris, 1970-1972, Cinq volumes.
- *Les leçons sur l'histoire de la philosophie*, traduction et notes par Pierre GARNIRON, Vrin, Paris, 1971-1991, 7 volumes, 2210 pages.

Etudes sur *la Phénoménologie de l'esprit*

BOEY Conrad, *L'aliénation* dans « *la Phénoménologie de l'esprit* » de G. W. F. Hegel, préface de Joseph GAUVIN, Desclée de Brouwer, Paris-Bruges, 1970, 311 pages.

GAUVIN Joseph, « Entfremdung et Entäusserung dans la Phénoménologie de l'esprit de Hegel », *Archives de Philosophie*, Juillet-décembre. 1962, p. 165 sq

- « Plaisir et nécessité (I et II) », *Archives de Philosophie*, octobre-décembre. 1965, p. 483 sq. et avril-juin 1966, p. 237 sq.
- « 'für'uns dans la Phénoménologie de l'esprit », *Archives de Philosophie*, octobre-décembre. 1970, p. 829 -854.
GUIBAL Francis, *Dieu selon Hegel, essai sur la problématique de la Phénoménologie de l'esprit*, Aubier, collection « Philosophie de l'histoire », Paris, 1975, 350 pages.
HEIDEGGER Martin, *Chemins qui ne mènent nulle part*, traduit de l'Allemand par Wolfgang Brokmeier, Gallimard, Paris, 1962, nouvelle édition 2004, 461 pages.
- « *La Phénoménologie de l'esprit* » de Hegel, texte établi par Ingtraud Görland, traduit de l'allemand par Emmanuel Martineau, Gallimard, collection (Bibliothèque de philosophie), Paris, 1984, 238 pages.
- *Hegel, La négativité, Eclaircissement de l'Introduction à la Phénoménologie de l'esprit de Hegel*, traduit de l'allemand par Alain Boutot, Gallimard, collection (Bibliothèque de philosophie), Paris, 2007, 174 pages.
HYPPOLITE Jean, *Genèse et Structure de la Phénoménologie de l'esprit*, Aubier-Montaigne, (Philosophie de l'esprit), Paris, 1946, 596 pages.
KOJEVE Alexandre, *Introduction à la lecture de Hegel*, leçons sur la Phénoménologie de l'esprit professées de 1933 à 1939 à l'Ecole des Hautes Etudes réunies et publiées par Raymond Quéneau, Gallimard, Paris, 1947, 597 pages.
LABARRIERE Pierre-Jean, *Structures et Mouvement dialectique dans la Phénoménologie de l'esprit de Hegel*, Paris, Aubier-Montaigne, (collection Analyse et Raisons), première édition 1968, nouvelle édition, Paris, 1985, 314 pages.
- *Introduction à une lecture de la Phénoménologie de l'esprit*, Aubier-montaigne, collection (Analyse et raison), Paris, 1979, 287 pages.
- *Phénoménologie de l'esprit de Hegel*, Ellipses (Philo-œuvres, collection dirigée par Jean-Pierre Zarader), Paris, 1997, 62 pages.
JARCZYK Gwendoline et **LABARRIERE Pierre-Jean**, *Les premiers combats de la reconnaissance, Maîtrise et Servitude dans la Phénoménologie de l'esprit de Hegel*, Aubier (Bibliothèque du Collège International de Philosophie), Paris, 1987, 146 pages.
- *Hegel : le malheur de la conscience ou l'accès à la raison*, texte et commentaire, Aubier (Bibliothèque du Collège International de Philosophie), Paris, 1989, 161 pages.

MARQUET, Jean-François, *Leçons sur la Phénoménologie de l'esprit de Hegel*, Ellipses, Paris, 2004, 443 pages.
PHILONENKO Alexis, *Lecture de la Phénoménologie de Hegel, Préface-Introduction*, Vrin, Paris, 1993, 258 pages.
- *Commentaire de la « Phénoménologie » de Hegel, de la certitude sensible au savoir absolu*, Vrin (Bibliothèque d'Histoire de la philosophie), Paris, 2001, 290 pages.
TINLAND Olivier, *Maîtrise et Servitude, Phénoménologie de l'esprit* (B, IV, A) Hegel, traduction nouvelle et commentaire, Ellipses (Philo-textes, texte et commentaire, collection dirigée par Jean-Pierre Zarader), Paris, 2003, 72 pages.

Ouvrages et Etudes consacrés à Hegel

BOURGEOIS Bernard,
- *La pensée politique de Hegel*, PUF (Questions, collection dirigée par Blandine Barret-kriegel), Paris, 1969, 147 pages.
- *Hegel à Francfort ou Judaïsme – Christianisme – Hegelianisme*, Vrin, Paris, 1970, 124 pages.
- *Eternité et Historicité de l'Esprit selon Hegel*, Vrin, Paris, 1991, 129 pages.
- *Etudes Hégéliennes, Raison et Décision*, PUF (Questions, collection dirigée par Blandine Barret-Kriegel), Paris, 1992, 404 pages.
- ***Préface et Introduction** de la Phénoménologie de l'esprit*, texte, traduction et commentaire précédé de : *Sens et intention de la Phénoménologie de l'esprit*, Vrin « Bibliothèque des Textes philosophiques, Paris, 1997, 314 pages.
- *Hegel*, Ellipses, « Philo-philosophes », collection dirigée par Jean-Pierre Zarader, Paris, 1998, 63 pages.
- *L'idéalisme allemand, Alternatives et Progrès*, Vrin (Bibliothèque d'Histoire de la Philosophie), Paris, 2000, 319 pages.
- *Hegel, les Actes de l'esprit*, Vrin (Bibliothèque d'Histoire de la Philosophie), Paris, 2001, 354 pages.
BLOCH Ernest, *Sujet-Objet, Eclaircissement sur Hegel*, édition augmentée, traduit de l'allemand par Maurice de Gandillac, Gallimard (Bibliothèque de Philosophie), Paris, 1977, 496 pages.
BOUTON Christophe, *Temps et Histoire dans la Philosophie de Hegel, de Francfort à Iéna*, Vrin « Bibliothèque d'Histoire de la philosophie », Paris, 2000, 319 pages.
- *Le procès de l'Histoire, Fondements et Postérité de l'idéalisme historique de Hegel*, Vrin « Bibliothèque de l'Histoire de la philosophie », Paris, 319 pages.

CHATELET François, *Hegel*, Seuil, collection « Ecrivains de toujours », Paris, 1968, 190 pages.
D'HONDT Jacques, *Hegel, philosophe de l'histoire vivante*, PUF (Epiméthée, essais philosophiques, collection fondée par Jean Hyppolite et dirigée par Jean-luc Marion), Paris, 1966, 486 pages.
-*Hegel secret, Recherches sur les sources cachées de la pensée de Hegel*, PUF, « Epiméthée », Paris, 1968, deuxième édition 1986, 345 pages.
- *Hegel en son temps*, Editions sociales, Paris, 1968, 299 pages.
- *De Hegel à Marx*, PUF, Paris, 1972, 228 pages.
- *L'Idéologie de la Rupture*, PUF, Paris, 1972, 181 pages.
- *Hegel et la pensée grecque* (sous la direction de), PUF, Paris, 1974, 183 pages.
- *Hegel et le siècle des Lumières* (sous la direction de), PUF, Paris, 1974, 183 pages.
- *Hegel*, PUF, collection sup « philosophes », deuxième édition, Paris, 1975, 119 pages.
- *Hegel et l'hégélianisme*, PUF, collection « Que sais-je ? », Paris, 1982, 127 pages.
- *Textes et Débats*, Librairie Générale Française, collection « poche », Paris, 1984, 379 pages.
- *Hegel, Biographie*, Calmann- Lévy, Paris, 1998, 424 pages.
FISCHBACH Franck, *Du commencement en philosophie. Etude sur Hegel et Schelling*, Vrin, Paris, 1999
- *Fichte et Hegel, la reconnaissance*, PUF, « Philosophies », Paris, 1999, 128 pages.
GOUIN, Jean-Luc, *Hegel ou de la Raison intégrale*, suivi de « AIMER PENSER MOURIR » Hegel, Nietzsche, Freud en miroirs, préface de Jacques Dufresne, Editions Bellarmin, Bibliothèque Nationale du Québec, 1999, 223 pages.
HYPPOLITE Jean, *Logique et Existence*, PUF (Epiméthée), troisième édition, Paris, 1991, 247 pages.
- *Introduction à la philosophie de l'histoire de Hegel*, Seuil (collection Points), Paris, 1983, 124 pages.
- *Figures de la pensée philosophique*, Tome I, Ecrits 1931-1968, PUF (collection Quadrige), Paris, 1991, 512 pages.
JARCZYK Gwendoline et **LABARRIERE Pierre-Jean**, *Hegeliana*, PUF (Philosophie d'aujourd'hui, collection dirigée par Paul-Laurent Assoun), Paris, 1986, 366 pages.

- *Le syllogisme du pouvoir, y a-t-il une démocratie hegelienne* ?, Aubier (Bibliothèque philosophique), Paris, 1989, 362 pages.
- *De Kojève à Hegel, 150 ans de pensée hégélienne en France*, Albin Michel (Idées), Paris, 1996, 262 pages.

JARCZYK Gwendoline, *Science de la logique de Hegel*, Ellipse « Philo-œuvres », collection dirigée par Jean-Pierre Zarader, Paris, 1998, 63 pages.
- *Système et Liberté dans la Logique de Hegel*, Kimé, seconde édition revue et corrigée, Paris, 2001, 240 pages.
- *Le négatif ou l'écriture de l'autre dans la logique de Hegel*, Postface de Pierre-Jean Labarrière, Ellipses, (Philo collection dirigée par Jean-Pierre Zarader), Paris, 1999, 622 pages.
- *Le mal défiguré, Etude sur la pensée de Hegel*, Ellipses (Philo collection dirigée par Jean-Pierre Zarader), Paris, 2000, 284 pages.
- *Au confluent de la mort, l'universel et le singulier dans la philosophie de Hegel*, Ellipses (Philo collection dirigée par Jean-Pierre Zarader), Paris, 2002, 253 pages.
- *La réflexion spéculative, le retour et la perte dans la pensée de Hegel*, Postface de Pierre-Jean Labarrière, Kimé, Paris, 2004, 342 pages.
- *Le concept dans son ambiguïté, la manifestation du sensible chez Hegel*, Postface de Pierre-Jean Labarrière, Kimé, Paris, 2006, 312 pages.

KERVEGAN Jean-François, *Hegel et l'hégélianisme*, PUF « Que sais-je ? », Paris, 2005, 127pages.

KERVEGAN Jean-François et MARMASSE Gilles (sous la direction de), *Hegel, penseur du droit*, CNRS éditions, Paris, 2004, 298 pages.

LARDIC Jean-Marie, *Hegel, Comment le sens commun comprend la philosophie*, traduction et présentation, suivi d'un essai sur *la Contingence chez Hegel*, Actes Sud, série « le Génie du philosophe », Paris, 1989, 114 pages.
- *L'infini et sa Logique*, *Etude sur Hegel*, l'Harmattan, collection « la philosophie en commun », Paris, 1995, 301 pages.

LEBRUN Gérard, *La patience du Concept*, *Essai sur le Discours hégélien*, Gallimard, « Bibliothèque de philosophie », Paris, 1972, 421 pages.

J. BIARD, D. BUVAT, A. LECRIVAIN, J.-F. KERVEGAN, J.-F. KLING, A. LACROIX, M. SLUBICK, *Introduction à la lecture de la Science de la logique de Hegel*, Aubier « philosophie de l'esprit » :

I- *L'Etre*, Paris, 1983, 302 pages
II- *La Doctrine de l'essence*, Paris, 1983, 392 pages
III- *La Doctrine du concept*, Paris, 1987, 448 pages.

LONGUENESSE Béatrice, *Hegel et la critique de la métaphysique*, Vrin « Bibliothèque d'Histoire de la philosophie », Paris, 1981, 217 pages.

MABILLE Bernard, *Hegel, l'épreuve de la contingence*, Aubier, Paris, 1999, 384 pages.

- *Hegel, Heidegger et la constitution de la métaphysique*, *Recherches pour une constitution*, Vrin « Histoire de la Philosophie », Paris, 2004, 400 pages.

MALABOU Catherine :

- *L'avenir de Hegel, Plasticité, Temporalité, Dialectique*, Vrin « Bibliothèque d'Histoire de la philosophie », Paris, 1996, 272 pages.
- *La plasticité au soir de l'écriture, Dialectique, destructruction, déconstruction*, Variations I, Editions Léo Scheer, Paris, 2005, 121 pages.

MARCUSE Herbert, *L'Ontologie de Hegel et la Théorie de l'historicité*, Traduit de l'Allemand par Gérard Raulet et Henri-Alexis Baatsch, préface de Mimica Cranaka, Gallimard, Paris, 1991, 342 pages.

NANCY Jean-Luc, *La Remarque Spéculative*, Galilée, collection « la philosophie en effet », Paris, 1973, 179 pages.

- *Hegel, L'inquiétude du négatif*, Hachette, Paris, 1997, 149 pages.

PLANTY-BONJOUR Guy, (sous la direction de), *Hegel et la philosophie du droit*, Travaux du Centre de Recherche et de Documentation sur Hegel et Marx (ERA CNRS- Université de Poitiers), PUF, Paris, 1979, 156 pages.

PÖGGELER Oto, *Etudes hégéliennes*, traduction de Jean-François Courtine, Marcel Régnier, Pierre Garniron, Thomas De Koninck, Puf, Vrin « Reprise », Paris, 1985, 236 pages.

RENAULT Emmanuel, *Hegel, la naturalisation de la dialectique*, Vrin, « Bibliothèque d'Histoire de la philosophie », Paris, 2001, 320 pages.

RITTER Joseph, *Hegel et la Révolution Française, suivi de Personne et Propriété selon Hegel*, Bibliographie de H.M. SASS, Paris, Beauchesne, Paris, 1970, 142 pages.

SOUCHES-DAGUES Denise, *Logique et politique hégélienne*, Vrin, Paris, 1983, 133 pages.

- *le Cercle hégélien*, Paris, PUF, « Philosophie d'aujourd'hui », 1986, 186 pages.
- *Hégélianisme et Dualisme, Réflexions sur le phénomène*, Vrin « Bibliothèque d'Histoire de la philosophie », Paris, 1990, 160 pages
- *Recherches logiques, Infini et dialectique*, Vrin, Paris, 1994, 221 pages.
STANGUENNEC André, *Hegel critique de Kant*, PUF, « Philosophie d'aujourd'hui », Paris, 1985, 356 pages.
- *Hegel*, Vrin « Bibliothèque des philosophes », Paris, 1997, 247 pages.
- *La dialectique réflexive, Lignes fondamentales d'une ontologie du Soi*, Paris Presses Universitaires du Septentrion, Villeneuve d'Ascq, 2006, 222 pages.
TINLAND Olivier (Sous la direction de), *Lectures de Hegel*, Librairie Générale Française, collection « Le livre de poche », Paris, 2005, 506 pages.
VIEILLARD- BARON Jean-Louis, *Hegel, penseur du politique*, Editions du Félin, Paris, 2006, 258 pages.
- *Hegel, Système et Structures Théologiques*, Editions du Cerf, collection « Philosophie & Théologie, Paris, 2006, 321 pages.
WAHL Jean, *Le malheur de la conscience dans la philosophie de Hegel*, Riedier, Paris, 1929, 264 pages.
WEIL Eric, *Hegel et l'Etat*, cinq conférences, Vrin, Paris, 1985, 116 pages.

Autres commentaires et Ouvrages

BOULARD Claude, *Principes de la Philosophie du droit* « L'histoire du monde » § 341- 360, Hegel, Ellipses collection « Philo-textes », Paris, 2002, 92 pages.
CARON PARTE Maxence, *Lire Hegel*, Ellipses « Philo », collection dirigée par Jean-Pierre Zarader, Paris, 2000, 94 pages.
- *Identité et Essence, méditation sur la Logique de Hegel et sur son essence*, préface de Bernard Mabille, Editions du Cerf, Paris, 2006, 365 pages.
DOZ, André, *Parcours philosophique*, Tome 1 Avec Hegel, L'Harmattan, « Ouverture philosophique », Paris, 2001, 205 pages.
FUKUYAMA Francis, *la Fin de l'Histoire et le dernier homme*, traduit de l'anglais par Denis Armand Canal, Flammarion, collection « Champ », Paris, 1992, 449 pages.
LABARRIERE Pierre-Jean, *L'Unité plurielle, Eloge*, Aubier, « Présence et Pensée », Paris, 1975, 181 pages.

- *Dimensions pour l'Homme, Essai sur l'expérience du Sens*, Desclée Belgique, 1975, 159 pages.
- *Dieu aujourd'hui, cheminement rationnel, décision de liberté*, Desclée, Belgique, 250 pages.
- *Le Discours de l'altérité, une logique de l'expérience*, PUF « Philosophie aujourd'hui », Paris, 1983, 361 pages.
- *Le Christ avenir*, Desclée, collection « Jésus et Jésus-Christ » dirigée par J. DORE, n° 19, Paris, 1983, 178 pages.
- *L'Utopie logique*, L'Harmattan, « La Philosophie en commun », Paris, 1992, 144 pages.
- *Poïtiques, quand l'utopie se fait histoire*, PUF, « Philosophie aujourd'hui », Paris, 1998, 327 pages.
- *Au fondement de l'Ethique, Autostance et Relation*, Kimé, Paris, 2004, 106 pages.

LACROIX Alain, *Hegel et la philosophie de la nature*, PUF, collection « Philosophies », Paris, 1997, 123 pages.

LECRIVAIN André, *Hegel et l'Ethicité*, commentaire de la troisième partie des « Principes de la philosophie du droit », Vrin « Bibliothèque d'Histoire de la philosophie » Paris, 2001, 174 pages.

LI VIGNI Fiorinda, *JACQUES D'HONDT et le parcours de la raison hégélienne* l'Harmattan, collection « La philosophie en commun », Paris, 2005, 225 pages.

PLANT Raymond, *Hegel, Religion et Philosophie*, traduit de l'Anglais par Jean-luc Fidel, Seuil, collection « Les grands philosophes », Paris, 2000, 76 pages.

MARION, Jean-luc et PLANTY- BONJOUR Guy, (sous la direction de), *Phénoménologie et Métaphysique*, PUF, (Epiméthée), Paris, 1984, 278 pages.

SOUAL Philippe, *Intériorité et Réflexion, Etude sur la Logique de l'essence chez Hegel*, Préface de Jean-François Marquet, l'Harmattan, « Ouverture philosophique », Paris, 2000, 361 pages.

TIMMERMANS Benoît, *Hegel*, Société d'édition les Belles Lettres, Figures du savoir, collection dirigée par Richard Zrehen, Paris, 2000, 179 pages.

VAYSSE Jean-Marie, *Hegel, Temps et Histoire*, PUF, collection « Philosophies », Paris, 1998, 127 pages.

Etudes et Revues

KERVEGAN, Jean François, « Hegel et l'Etat de droit », *Archives de Philosophie*, Tome 50, 1987, pp. 55- 94.

« Hegel aujourd'hui », *Annales de l'Institut de Philosophie de l'Université libre de Bruxelles*, coordination scientifique de Pierre Verstraeten, Vrin, Paris, 1995, 232 pages.
« Hegel : études », *Philosophie*, numéro 52, les éditions de minuit, décembre 1996, 96 pages.
« Hegel », *Revue internationale de philosophie de la France et de l'Etranger*, N° 1- Janvier-mars 1998, 144 pages.
« Futur antérieur », *Hegel passé, Hegel à venir*, l'harmattan, Paris, 1995.
« Les conceptions du conflit dans l'idéalisme allemand », *Les Etudes philosophiques*, n°2 avril 2006, 271 pages.
« La Phénoménologie de l'esprit de Hegel », *Revue internatioanale de philosophie*, n° 2 juin 2007, 230 pages.
« Hegel », *Les cahiers d'Histoire de la Philosophie*, numéro 2 avril 2007 sous la direction de Maxence Caron, 665 pages.
« Hegel, Phénoménologie de l'esprit » *Revue de Métaphysique et de Morale* N° 3 juillet septembre 2007.

Table des matières

Philosophie
aux éditions L'Harmattan

Dernières parutions

ALAIN BADIOU
Vivre en immortel
Vinolo Stéphane
À la différence de penseurs comme Deleuze ou Derrida, Alain Badiou est un philosophe classique, cherchant à apporter des réponses aux questions les plus anciennes de la philosophie. Pour Badiou, la philosophie n'est plus au coeur du processus de production des vérités. Toute la pensée de Badiou nous enjoint donc à cesser d'être des animaux humains pour devenir des sujets, à ne plus survivre à l'aune de nos seuls intérêts, pour vivre pleinement, c'est-à-dire, vivre enfin comme des immortels.
(Coll. Ouverture Philosophique, 20.00 euros, 196 p.)
ISBN : 978-2-343-05087-4, ISBN EBOOK : 978-2-336-36612-8

CENT MILLIONS D'ORGASMES
Essai sur la pornographie
Rubino Francesco
La pornographie sera l'un des objets les plus invasifs des réglementations morales à venir. Aux positions naïves (M. Marzano) et aux reconstructions puristes (C. MacKinnon) et relativistes (M. C. Nussbaum, L. Williams), ce «pornouvrage» oppose le sens authentique de cette anomie érotique : le sens d'un corps opprimé qui, pourtant, pornographiquement écrit (A. J. Magliacane) et se resymbolise dans un cri (P. Pat Califia) ou se désymbolise dans un fantasme (Ch. Ackerman, E. Lemoine-Luccioni).
(Coll. Ouverture Philosophique, série Arts vivants, 24.00 euros, 240 p.)
ISBN : 978-2-343-05144-4, ISBN EBOOK : 978-2-336-36662-3

COURT TRAITÉ D'ONTOLOGIE
Bouvier Pascal
Pourquoi existons-nous ? Est-ce que nous existerons après la mort ? Autant d'interrogations profondément humaines qui sont prises en charge par la philosophie. Au sein de celle-ci, une discipline spécifique se consacre à la question de l'être : l'ontologie. Elle semblait tombée en désuétude et dans l'oubli depuis les critiques sévères de certains courants philosophiques. Ce traité tente de saisir les grandes lignes de cette histoire de l'être.
(Coll. Ouverture Philosophique, 14.50 euros, 148 p.)
ISBN : 978-2-343-04094-3, ISBN EBOOK : 978-2-336-36722-4

CRITIQUE (LA) RADICALE DE L'ARGENT ET DU CAPITAL CHEZ LE DERNIER-MARX
Matériaux pour une refondation du marxisme
Bayer Philippe
Ce livre s'inscrit dans une réflexion sur la Critique radicale associée à ce qu'on peut appeler le Dernier-Marx. Ce Dernier-Marx, on peut le lire dans l'édition française du *Capital* en un repositionnement de Marx, venant problématiser sa pensée objective précédente, qui réceptionnait un donné du mode de production capitaliste pour l'interpréter comme un donné de l'histoire. À

cette entreprise ruineuse pour le mouvement ouvrier, le Dernier-Marx substitue une problématique radicalement subjective à partir d'une ontologie de l'identité vitale.
(Coll. Ouverture Philosophique, 25.00 euros, 248 p.)
ISBN : 978-2-343-04705-8, ISBN EBOOK : 978-2-336-36730-9

DÉCONSTRUCTION PHÉNOMÉNOLOGIQUE ET THÉOLOGIQUE DE LA MODERNITÉ OCCIDENTALE
Awazi Mbambi Kungua Benoît
Le puissant travail de déconstruction phénoménologique et théologique de la modernité occidentale fait apparaître l'autisme épistémologique qui caractérise son horizon de la Mathesis Universalis à la base de ses productions scientifiques, techniques, athées, consuméristes et médiatiques. À travers cet ouvrage, l'auteur opère un puissant tournant prophétique, mystique et thérapeutique de la théologie négro-africaine de la libération holistique, échappant ainsi aux schèmes idéologiques et politiques des théologies occidentales frappées d'obsolescence.
(33.00 euros, 320 p.)
ISBN : 978-2-343-03719-6, ISBN EBOOK : 978-2-336-36791-0

ÉVEIL BOUDDHIQUE ET CORPORÉITÉ
Marcel Antoine
«Voir dans sa propre nature», dans le bouddhisme zen, est une expression convenue qui désigne l'éveil. Pourquoi, et comment ? Observant l'importance première donnée au corps dans la pratique méditative, la mise à l'écart de la noèse, l'auteur, s'appuyant sur les développements de la pensée phénoménologique à la suite de Maurice Merleau-Ponty, tente une investigation de l'éveil bouddhique.
(Coll. Ouverture Philosophique, 12.00 euros, 108 p.)
ISBN : 978-2-343-05191-8, ISBN EBOOK : 978-2-336-36785-9

PROBLÈME (LE) KANTIEN DE L'ÉTHIQUE
Habiter le monde
Gaudet Pascal
La philosophie critique de Kant peut être interprétée comme une éthique, qui signifie non pas seulement l'impératif de la vertu, mais l'exigence d'une réalisation du souverain Bien en l'homme et dans le monde. Ce livre montre comment la recherche d'un passage de la liberté à la nature fonde le projet d'une « habitation » du monde et permet de penser le sens éthique de la philosophie en ses domaines théorique et pratique.
(Coll. Ouverture Philosophique, 12.00 euros, 110 p.)
ISBN : 978-2-343-05328-8, ISBN EBOOK : 978-2-336-36702-6

RACINE (LA) DE LA LIBERTÉ
Urvoy François
À l'issue d'un siècle qui a vu le plus grand écrasement des hommes et des peuples et en ce début qui en prend bien le relais, les préoccupations de liberté ont pris une urgence plus grande et plus sensible. Les investigations obtiennent jusqu'ici des résultats très décevants car elles s'attachent aux moyens externes sans jamais chercher qui et surtout comment on sera en mesure de les produire et de les mettre en œuvre. Il s'agit, ici, de remonter à la racine de la question : ce qui dépend de nous, ce que nous pouvons par nous-mêmes dans un monde qui nous produit et nous conduit.
(Coll. Ouverture Philosophique, 27.00 euros, 258 p.)
ISBN : 978-2-343-03005-0, ISBN EBOOK : 978-2-336-36731-6

SYMBOLIQUE (LE) ET LE TRANSCENDANTAL
Verley Xavier
Ce livre part du différend qui a opposé Frege et Husserl à propos du psychologisme. Comment ces deux pensées tournées vers une réflexion sur l'arithmétique ont-elles pu parvenir à deux conceptions si différentes de la logique ? Il est apparu qu'il s'agissait d'évaluer l'idée de représentation qui est au cœur du problème. Ainsi, faut-il se (re)présenter pour penser ou y a-t-il la place pour une pensée symbolique et aveugle ?
(Coll. Ouverture Philosophique, 30.00 euros, 294 p.)
ISBN : 978-2-343-02833-0, ISBN EBOOK : 978-2-336-36557-2

CRITIQUE ET ÉMANCIPATION
Recherches foucaldiennes sur la culture arabe contemporaine
Beghoura Zouaoui - Préface de Jacques Poulain
Cet ouvrage utilise les pensées de Michel Foucault dans la culture arabe. Il joint à une histoire socio-politique de cette culture une critique qui vise à y établir les conditions d'une émancipation réelle, indépendante de l'actualité brûlante qui semble la rendre aujourd'hui impossible. Cette expérience de critique socio-politique développe en effet les critères d'une émancipation intellectuelle qui conditionne toute émancipation sociale.
(Coll. La philosophie en commun, 17.00 euros, 176 p.)
ISBN : 978-2-343-04092-9, ISBN EBOOK : 978-2-336-36304-2

DU FÉMINISME DANS L'ŒUVRE DE MICHEL FOUCAULT
A demain le bon sexe
Essai
Sastre Danièle
«Le sexe, disait Foucault, ça s'administre, la sexualité, ça se subit ; quant à la sensualité, elle est chaque jour à inventer.» L'auteur a voulu rouvrir le dossier, emprunter les chemins qu'il a tracés en 1976 en écrivant son Histoire de la sexualité, qui est l'histoire des discours sur la sexualité, eux-mêmes histoire des corps investis par le pouvoir.
(27.00 euros, 268 p.)
ISBN : 978-2-343-04763-8, ISBN EBOOK : 978-2-336-36305-9

GASTON BACHELARD, UNE POÉTIQUE DE LA LECTURE
Buse Ionel
L'éthique bachelardienne est une éthique simple, mais pas du tout simpliste : l'homme du théorème est complété par l'homme du poème. Mais, si l'éthique est une direction de la pensée qui doit maîtriser notre avenir, la poétique est la source ontologique de cette pensée. C'est-à-dire la liberté de rêver doit être à l'origine de la liberté créatrice de la pensée ou de l'homme des théorèmes. En fait, il ne s'agit pas d'une éthique fermée dans les modèles artificiels d'une pensée techniciste, mais toujours d'une éthique soutenue, à l'origine, par une poétique de la pensée ouverte.
(Coll. Ouverture Philosophique, 16.50 euros, 160 p.)
ISBN : 978-2-343-04292-3, ISBN EBOOK : 978-2-336-36292-2

HOMME (L') EST-IL UN ANIMAL POLITIQUE ?
Physique de la misanthropie, entre littérature et philosophie
Ainseba Tayeb
Le compartimentage disciplinaire hérité du XIXe siècle pousse à opposer les intentions esthétiques de la littérature au chemin vers la vérité que serait la philosophie. Cette opposition nie la possibilité d'une philosophie littéraire tant que, réduite à un dogme, elle n'est pas critiquée. Ce livre, plutôt que d'opposer la littérature et la philosophie, raconte ce qui les rapproche en prenant un thème qui leur est commun, celui de la misanthropie.
(30.00 euros, 298 p.)
ISBN : 978-2-343-04870-3, ISBN EBOOK : 978-2-336-36346-2

LOGIQUE ET RHÉTORIQUE SELON CHAÏM PERELMAN
ou le jugement partagé
L'éloquence de la raison
Melcer Jean-François
Des trois volets de l'oeuvre de Chaïm Perelman – la philosophie du droit, l'éthique et la logique – le troisième est le moins connu. Les précédents tomes de *L'éloquence de la raison* ont mis l'accent sur les deux premiers. Il s'agit, à présent, d'expliciter les conditions épistémologiques de possibilité de la nouvelle rhétorique, conçue comme logique argumentative, non comme technologie persuasive.
(Coll. Ouverture Philosophique, 31.00 euros, 304 p.)
ISBN : 978-2-343-04209-1, ISBN EBOOK : 978-2-336-36286-1

MERLEAU-PONTY - FREUD ET LES PSYCHANALYSTES

Le Baut Hervé

Le parcours de Maurice Merleau-Ponty ne peut se comprendre sans le fil rouge de la Psychanalyse : dès sa thèse, il restaure le primat de la perception et du corps sexué à la lumière de Freud et de Binswanger. A la Sorbonne, il renouvelle la Psychologie de l'enfant en y intégrant M. Klein, J. Lacan et F. Dolto. Au Collège de France plusieurs cours font des rêves et de la libido une dimension inéluctable de l'humain. De nombreux psychanalystes et psychiatres se sont « laissés interroger par lui « : citons : H. Ey, A. Hesnard, P. Fédida, A. Green, J. Laplanche, J.-B. Pontalis, Luce Irigaray...

(Coll. Ouverture Philosophique, 24.00 euros, 296 p.)

ISBN : 978-2-343-04080-6, ISBN EBOOK : 978-2-336-36381-3

NAÎTRE MÈRE

Essai philosophique d'une sage-femme

de Gunzbourg Hélène

Cet essai est la réflexion d'une sage-femme qui, depuis trente ans, a accompagné des femmes pendant leur grossesse et après la naissance de leur enfant, écoutant leur questionnement sur l'arrivée au monde d'un enfant désormais « désiré ». La révolution dans la procréation et la transformation de la famille concerne chacun d'entre nous. Faut-il redouter que les forces aveugles de la nature ou du destin soient remplacées par la rigueur glaciale et anonyme de la technoscience et de son « expertise » ?

(Coll. Ouverture Philosophique, 28.00 euros, 274 p.)

ISBN : 978-2-343-04437-8, ISBN EBOOK : 978-2-336-36405-6

PENSÉE DIALOGIQUE, LANGAGE ET INTERSUBJECTIVITÉ DANS LA PHILOSOPHIE DE FRANZ ROSENZWEIG

Muller Alain - Préface de Bernard Forthomme

L'originalité de cet ouvrage, c'est de tenter d'éclairer le « retour » de Franz Rosenzweig au judaïsme, - et le concept de « révélation » qui s'y rattache -, à partir de l'itinéraire intellectuel et de la philosophie de celui-ci, et en s'appuyant sur les philosophies d'Hermann Cohen et d'Eugen Rosenstock, et cela en plaçant le premier dans le contexte historique de la « symbiose judéo-allemande », le second dans le cadre du dialogue interreligieux entre le christianisme et le judaïsme.

(Coll. Ouverture Philosophique, 28.00 euros, 270 p.)

ISBN : 978-2-336-00746-5, ISBN EBOOK : 978-2-336-36432-2

PENSÉE (LA) POSITIVISTE SOUS LE SECOND EMPIRE

Charlton Donald Geoffrey - Traduction : René Boissel

Le Second Empire fut l'époque charnière dans la construction de la France moderne : développement exponentiel de la science qui repousse les frontières de l'inconnaissable, culte du 'Progrès' sans limite qui atteindra son apogée à la veille de la Première Guerre mondiale. Parallèlement, une nouvelle philosophie se construit avec pour base la science et remet en cause les profondes certitudes préalablement acquises : le positivisme, esquissé par Saint-Simon et structuré par Auguste Comte. Le professeur Donald Geoffrey Charlton (1925 – 1995) présenta sa thèse à l'Université de Londres.

(Coll. Ouverture Philosophique, 26.00 euros, 260 p.)

ISBN : 978-2-343-01340-4, ISBN EBOOK : 978-2-336-36430-8

PHILOSOPHIE ET SPÉCIFICITÉ AFRICAINE DANS LA REVUE PHILOSOPHIQUE DE KINSHASA

Massamba-Makoumbou Jean-Serge

La revendication d'une rationalité purement africaine par les milieux scientifiques ou universitaires africains, depuis des décennies, dérive de la minorisation de l'Afrique. Cette étude s'interroge sur le sens et la signification de la notion d'africanité attachée à sa philosophie. Elle tente de répondre à la question de l'identité africaine de cette philosophie et partant de celle du philosophe africain, telle qu'elle se donne à lire dans la Revue philosophique de Kinshasa.

(Coll. Ouverture Philosophique, 16.50 euros, 168 p.)

ISBN : 978-2-343-05119-2, ISBN EBOOK : 978-2-336-36416-2

L'HARMATTAN ITALIA
Via Degli Artisti 15; 10124 Torino

L'HARMATTAN HONGRIE
Könyvesbolt ; Kossuth L. u. 14-16
1053 Budapest

L'HARMATTAN KINSHASA
185, avenue Nyangwe
Commune de Lingwala
Kinshasa, R.D. Congo
(00243) 998697603 ou (00243) 999229662

L'HARMATTAN CONGO
67, av. E. P. Lumumba
Bât. – Congo Pharmacie (Bib. Nat.)
BP2874 Brazzaville
harmattan.congo@yahoo.fr

L'HARMATTAN GUINÉE
Almamya Rue KA 028, en face
du restaurant Le Cèdre
OKB agency BP 3470 Conakry
(00224) 657 20 85 08 / 664 28 91 96
harmattanguinee@yahoo.fr

L'HARMATTAN MALI
Rue 73, Porte 536, Niamakoro,
Cité Unicef, Bamako
Tél. 00 (223) 20205724 / +(223) 76378082
poudiougopaul@yahoo.fr
pp.harmattan@gmail.com

L'HARMATTAN CAMEROUN
BP 11486
Face à la SNI, immeuble Don Bosco
Yaoundé
(00237) 99 76 61 66
harmattancam@yahoo.fr

L'HARMATTAN CÔTE D'IVOIRE
Résidence Karl / cité des arts
Abidjan-Cocody 03 BP 1588 Abidjan 03
(00225) 05 77 87 31
etien_nda@yahoo.fr

L'HARMATTAN BURKINA
Penou Achille Some
Ouagadougou
(+226) 70 26 88 27

L'HARMATTAN SÉNÉGAL
10 VDN en face Mermoz, après le pont de Fann
BP 45034 Dakar Fann
33 825 98 58 / 33 860 9858
senharmattan@gmail.com / senlibraire@gmail.com
www.harmattansenegal.com

L'HARMATTAN BÉNIN
ISOR-BENIN
01 BP 359 COTONOU-RP
Quartier Gbèdjromèdé,
Rue Agbélenco, Lot 1247 I
Tél : 00 229 21 32 53 79
christian_dablaka123@yahoo.fr

639948 - Février 2016
Achevé d'imprimer par
1livre.com
du rêve à la réalité !